優婆塞戒經講記

——第五輯

——平實導師　述著

ISBN-13:978-986-82992-0-7
ISBN-10:986-82992-0-9

ISBN 13 978-986-83992-0-7 以上
ISBN 10 986-83992-0-9

目錄

自序

宣講菩薩戒的經典，有《梵網經、地持經、菩薩瓔珞本業經、優婆塞戒經》以及《瑜伽師地論》，此書所宣講之經典是其中一部經典，全名為《菩薩優婆塞戒經》。

此經專為在家菩薩宣示菩薩戒的精神，詳細的說明：在家菩薩修學佛法以布施為第一要務。佛陀如是開示之目的，實因佛菩提道之修證，必須先修集見道、修道、入地、成佛所必須具備之福德；若福德不具足者，即無可能進入大乘見道位中；欲求修道實證及成佛者，即無可能；是故菩薩以修施為首，次及持戒、安忍、精進、禪定，然後始能證悟而發起般若智慧，進入大乘見道位中。

非唯見道必須有福德為助，乃至見道後修學相見道位觀行所得之智慧，亦須具備福德作為進修之資糧；如是次第進修諸地，莫不如是；乃至即將成佛之前的等覺位中，尚須百劫專修布施，頭、目、腦、髓、舍宅、妻、子，無一不可布施，都無貪著；以如是百劫難施能施所得福德，方能成就佛地三十二大人相及無量隨形好，具足如是廣大福德之後始能成佛。由是緣故，佛說菩薩六度乃至諸地所修十度波羅蜜，都以行施爲首要。

然而布施與成就佛道之因果與關聯，屬於因果之了知，其中原理並非等覺菩薩所能全部了知，故說因果之深細廣大，唯佛與佛方能究竟了知。而菩薩盡未來際之修行，恆以施爲上首，若不先行了知施因與未來受果之關聯者，即不能了知布施與異熟果報間之關係；若不知者，欲求諸菩薩盡未來際行施而成就佛果，殆無可能；由是緣故，佛爲菩薩弟子四眾宣演此經，令得知悉行施與果報間之因果關係。於此部戒經中，佛爲菩薩四眾細說「布施與菩薩世世不斷之可愛異熟果間之因果關係」，解說極爲深入；若能了知其義者，即可不退於菩薩六度，是故選取此經而爲菩薩四眾詳解之，欲助當代、後代菩薩四眾。

復次，此經亦詳說第一義諦之眞義，故於業行之說明中，宣示異作異受即是自作自受之眞義；如是正義，於一般經典中難得一見。若能確實了知其義，則於行施之際，既可不執著於未來世必將獲得之菩薩可愛異熟果報，亦可繼續行施，修集廣大福德，亦不致因此而壞世間法，導致家屬及世人之側目，令菩薩修施易得成功，道業因此而得助益；緣是，故選此經而爲眾人宣講，冀能助益菩薩四眾，同得見道而證菩提。

此外，初機學人樂種福田，然而大多不知福田與毒田差別所在；往往正當種福田時，所種卻是破壞正法之毒田。如是求福反成助惡之因由，端在不知三乘菩提差異所致，是故聞說深不可測之如來藏妙法時，即因名師誤導之故，即等視如來藏妙法同於外道神我，由是而極力護持否定如來藏之邪師，產生了力助破法者之愚行，以冀如來藏妙法消失不傳。由是緣故，欲藉此經中　佛所宣演三乘菩提異同所在之正法智慧力，令諸學人悉得了知眞實福田與假名福田——毒田——之差異所在，由是而令修學菩薩行者所作布施，悉皆正得廣大福德。今此戒經之中，對於三乘菩提之差異所在，有極爲詳盡之剖析；學人讀已，即能深入了知同異所在，以後修學佛道之時，庶幾有眼能判、功不唐捐。

又：戒爲修行之基本，未有不持清淨戒而能證得見道、修道功德者。此經中對於菩薩戒戒相施設之精神，以及戒之犯重與犯輕、性罪與戒罪，都有極爲詳盡之開示；了知戒相及 佛設戒之精神者，即可把握持戒之精神，以戒法之智慧來持戒，不被戒相所繫縛而得身心自在、自不犯戒；如是生起戒體而自然不犯，庶能進道，是故選取此經而說之。

又如十善業道與十惡業道，其中之因緣果報正理，亦有詳細說明。並且特別說明：有人行於少施而得解脫分，有人行於大施而不得解脫分，悉皆各有其原因。若人能細讀此經，並且深解其義趣者，則求二乘解脫之道，輕易可得；然後進求大乘菩提，易得入道，未來成佛之道歷然於心，終無疑惑。如是眾理，於此戒經悉有開示。今將講記發行於世，願我佛門四眾弟子證解 佛旨，悉蒙法益。即以爲序。

菩薩戒子 **平實** 敬識

於公元二〇〇五年中秋

【「如來從觀不淨，乃至得阿耨多羅三藐三菩提；從莊嚴地至解脫地，勝於聲聞辟支佛等，是故如來名無上尊。如來世尊修空三昧、滅定三昧、四禪、慈悲、觀十二因緣，皆悉爲利諸衆生故。如來正覺發言無二，故名如來。如往先佛從莊嚴地出，得阿耨多羅三藐三菩提，故名如來。具足獲得微妙正法，名阿羅呵。能受一切人天供養，名阿羅呵。覺了二諦：世諦、眞諦，名三藐三佛陀。修持淨戒，具足三明，名明行足。更不復生諸有之中，故名善逝。知二世界：衆生世界、國土世界，名世間解。善知方便，調伏衆生，名調御丈夫。能令衆生不生怖畏，方便教化離苦受樂，是名天人師。知一切法及一切行，故名爲佛。能破四魔，名婆伽婆。」】（上承第四輯〈息惡品〉未完部分）

講記 如來十號具足，當我們瞭解如來十號的由來，就大略了知佛的境界相了。由於大略了知佛的境界相，終於知道諸大菩薩、諸大阿羅漢、辟支佛都無法測度如來，何況凡夫未悟衆生？所以對佛就有了殷重的恭敬心，如此心態，念佛時就會使戒行次第轉變清淨。如來的十號是怎麼來的？如來從因地還沒有見道的三大無量數劫之前，在凡夫地中爲求離欲，因此修不淨觀。修不淨觀能使人離開欲界地而生起初禪境界，捨報後可以生到初禪天中；乃至善根比較好的人，由不淨觀可以取證聲聞的初果境界，這就是四念處中的觀身不淨。由於如來從因地時修不淨觀，是最初、最基本的觀行；再從最基本的不淨觀往上進修種種法門，乃至最後階位的無上正等正覺。這樣次第的修行，從莊嚴地，也就是從莊嚴佛菩提的資糧位、加行位，從莊嚴佛菩提的見道位、通達位、十地位，一直到究竟解脫的如來地，在在處處所修諸法，都勝過聲聞阿羅漢、緣覺辟支佛，所以如來名爲無上尊。無上尊是最上第一的稱號。若能了知成佛的次第、內涵與所證的解脫內容，以及佛菩提的境界相，念佛時一定會使戒行清淨，就能快速取證解脫果，所以應當念佛。

除此以外，如來世尊修學空三昧等。空三昧有很多種，我們這裡只簡說空、無相、無願三昧的空；或者說空、無相、無作三昧的空。二乘人親證空、無相、無作三三昧，但是世間定的四禪八定也稱爲三三昧，但這種三昧是通外道的，是講禪定中的有覺有觀、無覺有觀、無覺無觀三昧，屬於世間定的三種三昧，通有漏法，且不談它。單說這無漏法的空、無相、無作三昧，就有二乘與大乘的不同。二乘所修的三三昧，是因爲親證五陰、十二處、十八界全都無我、無我所，所以證得蘊處界等一切法緣起性空的無我觀。緣起性空而無常，所以無我、無我所，全都無常故苦；既然如此，蘊處界等一切法當然是空，這就是親證二乘菩提的空三昧。證得空三昧就了知五陰我、十二處我、十八界我悉皆無相；既然統統無相，則無所得；無所得，所以心中無願、無求，不會再起願：願我得到一百萬美金、願我長壽千歲；都不會再起世間法的種種願求了。無願、無求，當然也就無作，這叫做空、無相、無作三昧，或者說空、無相、無願三昧。這是二乘聖人所證的三三昧。

可是大乘菩薩不但要證二乘聖人所證的這種三三昧，而且是在加行位的滿心「世第一法」時就要完成取證，大乘菩薩還得要親證另一種三三昧，仍然稱爲空、無相、無願三昧；這是說，菩薩另外要再親證心眞如。證得心眞如——如來藏——觀察如來藏離見聞覺知，於一切法皆無所得，無形無色，所以是空，空故無所得，這就是空三昧。既然空無所得，所以於一切法中無相；既然無相，還需要再起心求願嗎？不需要了！因爲本來都無所得，未來也一樣都無所得；無所得，所以心中無願無求；無願無求而不起任何希望，自然而然就無所作了；從此以後凡有所作都是爲了利益眾生，不爲自己計較，這就是大乘法中依心眞如的親證而發起的空、無相、無作三昧，這不是二乘聖人所能知道的。菩薩必須具足證得這兩種三三昧。至於四禪八定的三三昧，從菩薩的立場來看它，從二乘俱解脫聖人的立場來看它，以及從證得四禪八定的凡夫來看它，又都有所不同，所以每一種三三昧是無量無邊的，並不是只有一種。而且菩薩還得修學種種三昧，所以三昧不是只有少數幾種而已。同理，諸佛如來在因地所證的三三昧，到達佛地來反觀時也會不一樣，所以諸佛如來所得的空三昧、滅盡定的三昧也都不同於二乘聖人。所以諸佛如來所證的四禪，也不同於二乘聖人；所證得的慈與悲三昧，更不是二乘聖人所能了知的。而且諸佛如來現觀的十二因緣，不是單只有十二因緣，而是從心眞如來現觀十二因緣的，也是基於十因緣觀（或說九因緣觀）而說十二因緣的，所以也有不同的十二因緣觀。這些都是爲了利樂諸眾生而必須親證的。能這樣修行而獲得的解脫智慧和佛菩提智慧，都是究竟而無人能加以質疑的。因此，如來正覺發言開示時，不會有前後不同的二法，永遠是前後如一而深淺有異，但是永遠都不會自相衝突，以此緣故而稱爲如來——從諸法法性究竟如如而來世間。

有許多凡夫讀大乘經典時往往會毀謗，或是心中有所懷疑：如來不是講空、無常、無我嗎？爲什麼到第二轉法輪般若系諸經裡面會說有眞實我、實際、如來藏、眞如、非心心？似乎前後有一點自相衝突吧！讀到第三轉法輪諸經時疑心就更重了：竟然說如來藏常住，說有常住的我，還說常樂我淨，這不是與原始佛法的苦、空、無我、無常前後矛盾嗎？有些凡夫們常常這樣懷疑。但事實上完全沒有衝突，那些凡夫們不懂，就說：「如來發言有二，兩種說法前後衝突。」但在初轉法輪的四阿含中說緣起性空時，其實就已經明講了：是依無餘涅槃的實際、本際來說蘊處界諸法的緣起性空；所以，原始佛法所說的空、無我、無常是蘊處界的空、無我、無常，卻早已說有實際、本際了。二轉法輪的般若經是爲了引導阿羅漢們迴小向大，所以就更明確的說有「無念心、無住心、無相心、無心相心、非心心」，把祂叫作菩薩心。以這個涅槃心來說諸法的緣起性空、說蘊處界的無常、苦、空、無我，以涅槃的實際常住不壞及蘊處界緣起性空來說中道與實相而不落兩邊，所以蘊處界的緣起性空與涅槃實際的中道——緣起性空與眞如心——根本就沒有衝突或矛盾！未見大乘道的凡夫不懂阿含、般若、唯識的眞實義，才會說：「如來說法前後自相矛盾。」佛在第三轉法輪時更進一步作深入的開示：**成佛的內涵就是一切種智的修證圓滿**。一切種智具足圓滿時更不會落於斷滅空、常見有，所以釋迦如來前後三轉法輪諸經「發言無二」，怎可說諸佛如來發言有二呢？諸佛也都如是發言無二，凡是通達三乘法義的人絕對不愚佛、不愚法、不愚僧；而凡夫總是愚佛、愚法、愚僧，甚至更大膽的誹謗佛陀說法前後有二、自相衝突。當我們瞭解了三乘菩提中的種種異同時，就可以如實了知諸佛如來確實是正等正覺而無上的，所以諸佛如來發言無二，因此應該叫作如來——從諸法法性究竟如如而來世間。

又因爲猶如往昔過去諸佛都從莊嚴地出生：從布施莊嚴、持戒莊嚴、忍辱莊嚴，以及精進、禪定、般若的莊嚴，加上方便善巧莊嚴、智慧莊嚴，要具足十波羅蜜來莊嚴，這些都是莊嚴地。最後還要百劫修相好，專做布施：內財外財一切時、一切人、一切地皆施。這樣具足了莊嚴，才能稱爲無上正等正覺，所以諸佛如來才叫作如來。當我們心中能這樣念佛時，戒行自然清淨了！所以應當如是念佛。

佛有第三個名號，叫作阿羅漢。爲什麼諸佛又叫作阿羅漢呢？第一、因爲諸佛都具足獲得微妙正法。二乘聖人成爲阿羅漢而被稱爲人天應供，是因爲他們能出三界生死，而凡人與諸天都未能出離三界生死，所以出三界生死的人都可以稱爲阿羅漢，阿羅漢的意思就是應供：**一切人、一切天都應當供養他們**。他們在人間只是人類之身，但是一切人與天都應供養他。因爲一切諸天不能出三界生死，他能出，所以人天都應供養。諸佛具足獲得微妙正法，遠遠超過諸阿羅漢，當然也應該稱作阿羅漢，所以諸佛也是人天應供。諸佛遠遠超過諸阿羅漢的解脫證境，而諸阿羅漢尚且是人天應供，何況諸佛呢？當然能夠受一切人、一切天的供養，所以諸佛也稱爲阿羅漢。當我們念佛時，知道佛也有人天應供的證境與名號，當然念佛時一定會生起慚愧之心，就必定會使得我們的戒行越來越清淨，心地就漸漸變得清淨了，所以應當念佛來清淨戒行。

第四、佛還有一個名號，叫作正等正覺。佛爲什麼叫作正等正覺？因爲祂具足覺了二諦：世俗諦、眞諦。證嚴法師怎麼解釋世俗諦呢？她認爲：「在家人以財物來供養出家人，這叫做世俗諦。」所以，現在眞的是末法，連大法師都會誤會世俗諦。這樣教導下去，幾百萬的信眾都相信說：我們在家人以財物供養出家人，這就是我們證得世俗諦了，這樣就是修世俗諦了。眞是誤會大了！佛所說的世俗諦是什麼？是說：對世俗法蘊處界，現觀其無常、苦、空、無我，才是證得世俗法的眞諦，世俗法是指蘊處界，不是指財物，也不是以世俗財物供養出家人。現觀世俗法的緣起性空，就是證得世俗法的眞諦，才是證得世俗諦。因爲苦、空、無常、無我，是指五陰十二處十八界的緣起性空而無常住的眞實我性，而五陰十二處十八界是世俗法，如此親證者名爲證得世俗諦。

現觀五陰的一一陰、十二處的一一處、十八界的一一界都是無常、苦、空、無我，這是世俗法中的究竟正理，所以稱之爲諦。這樣現觀而斷我見，乃至進而斷我執，都叫作世俗諦的親證，這樣修行才叫做修學世俗諦，這樣親證才叫做世俗諦的親證與現觀。不是說「在家人以財物供養出家人就稱爲世俗諦」，如果依證嚴法師這樣的說法，外道也應該有世俗諦了！因爲外道也有很多人出家修行，他們也有很多在家信徒來供養出家人，所以外道們也應該有世俗諦——在家人以世俗財物供養出家人。可是外道爲什麼還被 佛陀稱爲外道？因爲他只有世俗法而非諦——有世俗而無諦。他們所謂出生死的涅槃境界，都是錯誤的，不能現觀識蘊的生滅無常，所以不是諦——諦是眞實理——所以他們有世俗而無諦。現在證嚴法師所講的世俗諦跟外道的世俗法一樣，同皆有世俗而無諦，怎麼叫作佛法呢？所以世俗諦不許弄錯：定義錯了，法就錯了。諸佛如實覺察現觀究竟了知世俗諦，所以能教導阿羅漢們出三界生死。

諸佛所證的第二諦是眞諦。眞諦是說：有一個法是正眞無二的，正眞無二的法就是一切諸法的實相，諸法的實相一定是常住而不可壞的。一切諸法的實相講的就是心眞如，就是第八阿賴耶識、異熟識、無垢識，另有種種名稱。因爲祂是一切諸法的根本，沒有一法不從祂出；所以祂是一切法的眞相，是一切法的眞際、實際、本際，當你證得第八識時就是親證眞諦而入門了。諸佛對一切法根本的第八識究竟了知，對第八識中的一切種子已經具足現觀、具足親證，所以稱之爲具足眞諦。佛具足了這二諦，所以稱爲正等正覺。

證嚴法師怎麼解釋眞諦呢？她的《心靈十境》書中說：「出家人以四聖諦、八正道來教導在家人，這就叫做眞諦。」這種「眞諦」根本與諸法實相的如來藏無關，怎能說是眞實諦？而且她們所說的眞諦，卻又是離開第八識而講蘊處界緣起性空，成爲無因論而且是斷滅空的一切法空，這怎麼叫作眞諦呢？她們這種「眞諦」連世俗諦都扯不上，怎能說是眞諦呢？我說這些話都是有證據的，不是空口白話，她的《心靈十境》是白紙黑字的現成證據。所以說現在還眞的是末法！統領數百萬信眾的大法師，對於世俗諦與眞諦等粗淺的名相和內容都不能瞭解，把佛教的二諦世俗化到這麼徹底、這麼嚴重的地步，你能說現在不是末法嗎？可喜的是末法之中還有諸位能進入正法，確實的了知二諦而入門了！如果諸位還沒有受持不飲酒戒的話，回家以後眞的應該要浮一大山，爲自己慶賀一番。只有眞實覺了二諦而且透徹源底了，才能稱之爲正等正覺。二乘人哪裡有覺了二諦呢？二乘極果的聖人們只能覺了一諦，名爲世俗諦；所以他們都不能稱爲正等正覺。所以 佛滅度之後，所有大阿羅漢、所有大菩薩都不敢自稱正等正覺，都沒有人敢自稱成佛，也沒有人敢以佛地自居來統理大眾，因爲連等覺菩薩都不敢這樣自居，何況二乘聖人只覺了一諦？而且還不是究竟的覺了！所以究竟的了知二諦，就是具足親證二諦；二諦已經具足究竟了，才能稱爲正等正覺。

佛又因爲修持淨戒，所以具足三明，才能稱爲明行足，這是第五個名號。明行足就是具足三明：天眼明、宿命明、漏盡明。什麼是天眼明？任何一個人只要到達不退轉位時，佛就會知道這人未來多少劫之後將會成佛，他的佛世界是什麼名稱，他的佛號是什麼，他有多少聲聞弟子、菩薩弟子，他的正法住世多久，像法、末法各住世多久。因爲諸佛都有天眼明。這種天眼明不是阿羅漢所有的，因爲三明六通的大阿羅漢只能看到未來八萬劫，超過了就看不到了！但諸佛的天眼明沒有限制時劫。

關於宿命明，大阿羅漢的宿命明最多只能了知八萬大劫前的事，超過八萬大劫就看不見了，諸佛則無限制。還有漏盡明，三明六通的大阿羅漢雖然也有漏盡明，可是他們的漏盡明只在世俗諦上漏盡，世俗諦中的法無所不知，但是一碰到眞諦就絲毫不知了；諸佛不然，包括習氣種子隨眠如何斷盡，也包括智慧障的所有上煩惱如何斷盡，都無所不知，這樣的漏盡非諸聲聞緣覺所知。因爲具足修了這三種明法，所以也都稱爲明行足——三明已圓滿具足。阿羅漢有三明而未具足，所以不能稱爲明行足；辟支佛也不能稱爲明行足，所以這是諸佛才有的第五個稱號。當我們了知諸佛有明行足的境界時，以這種念佛心來持戒，戒行當然會清淨，心地也就跟著清淨了，證果就容易了，所以應當念佛。

這三明要如何達成？基本條件就是戒行清淨。可是阿羅漢也戒行清淨，爲什麼他們無法像諸佛這樣？我告訴你：阿羅漢無法自由自在的轉變自己的內相分，所以他們無法斷盡習氣種子的隨眠。但是諸佛都要經過二地滿心的階段，在這階段已經可以自由轉變自己的內相分，使惡法種子都不能再熏進第八識心田中了。但是阿羅漢連無生法忍的基本的條件——明心——都沒有實證，他們如何能究竟清淨自己的習氣種子隨眠呢？當然無法究竟清淨戒行。戒行的究竟清淨是要從無生法忍中修來的，阿羅漢根本不懂大乘般若種智的無生法忍，如何能證得諸佛的三明究竟境界？當我們了知這一點，就知道：想要成就諸佛的明行足境界，得要親證大乘無生法忍果，應該先明心，然後清淨自心才能證得；想要清淨自心就是嚴持戒行。當你了知這一點，念佛時當然會使戒行清淨，不會違犯，所以應當如是念佛，使自己的戒行漸次清淨。

諸佛的第六個名號是善逝。諸佛可以永遠不再受生於二十五有之中。有人也許想：阿羅漢也可以不再受生於三界二十五有之中，因為他們都可以出離生死。可是阿羅漢如果想要成佛，還得要再受生於三界諸有之中。阿羅漢如果是三明六通者，已經離胎昧了，也可以不再受生於二十五有之中；但因為迴小向大及悲願和成佛的善法欲，因此發願受生於三界中，但是卻能在每一世都很清楚的知道自己不會再輪轉於三界中。不過，並非所有阿羅漢都是三明六通的聖人；如果俱解脫的阿羅漢還沒有修學五神通，他還是會有胎昧的；如果是慧解脫的阿羅漢，當然更離不開胎昧，當他們迴小向大再來學大乘佛菩提時，一樣要重新受生於三界二十五有中，當然不能稱爲善逝，因爲他們的異熟果種都存在，都還有變易生死存在，不是究竟離生死了。但是諸佛究竟斷盡阿羅漢所斷的分段生死，也究竟斷盡變易生死，所以諸佛能稱爲善逝，所以阿羅漢、辟支佛都不能稱爲善逝。

三明六通的大阿羅漢若迴心大乘，就會像四、五、六地的菩薩一樣：乘願重新來到人間時，前世的姓名與行業都能了知，可是當你要求他：「你下一世來示現時，能否像佛一樣示現爲凡夫而把一切往世的事情都忘掉？」他們都沒有辦法，八地、九地菩薩也都沒辦法，但是諸佛就有這個能耐：明明已經成佛了，乘願去某世界的某星球受生時，在肉胎出生時示現意生身，指天指地而行七步說「天上天下唯我獨尊」，接著把往世的一切事情都忘掉，示同凡夫，這只有諸佛才做得到，任誰都做不到。這也是善逝的境界，能故意隱蔽威神之力、智慧境界與解脫境界，示同凡夫一世修成佛道：以凡夫之身示現成佛。天上天下有誰能做得到呢？沒有人做得到！所以諸佛因此才能稱爲善逝。化緣已畢，捨壽而去，又在另一星球重演一遍這種戲碼，不斷的度化有緣眾生，沒有人能如此，所以稱爲善逝。已經知道善逝的意涵以後再念佛時，心地當然會開始轉變清淨，所以應當以念佛心來令戒行清淨。

諸佛還有一個名稱：世間解。因爲佛已具足了知二種世界：眾生世界、國土世界。眾生世界就是我們每一個人的世間：你的五陰世間、十二處世間、十八界世間，這是每一個眾生各自的世間。這種世間：人有人的世間，天有天的世間，鬼道眾生有鬼道眾生的世間，乃至地獄有地獄的世間，各各不同，諸佛都具足了知，所以是世間解。有些人學佛一、兩年，就說他知道天世間了，其實都是妄語；不說別的，光問他最粗淺的：「初禪天人的五陰世間是怎麼回事？」講不出來了，就反問說：「初禪天人？我又沒生到那裡去，我怎麼知道！」就扯上一大堆理由。初禪天人都有五支功德，所謂覺、觀、一心、喜、樂。我不問他五支，我只問：「初禪天人的天身是怎麼回事？」就答不出來了。這樣的人說他已經明白天人的世間了，也太荒唐了吧！光是一個初禪天人的色陰就不知道了，還能知道什麼呢？所以說他不是眞正的了知世間。眞正了知世間的人，得要從欲界天人的天身，初禪天、二禪天，一直到非想非非想天，他們五陰、四陰的內涵都能了知，才只是世間解的一部分。但是諸佛都具足了知三界五趣眾生的五陰世間，所以包括畜生世間、餓鬼世間、地獄世間，無不了知，這只是世間解的第一部分。

還有器世間也得了知。器世間：十方虛空無窮無盡，世界國土不可限量。問他說：「十方虛空有哪些世界？」不知道！有些人甚至連聽都沒聽過，從七金山、鐵圍山……等等十重山，七香水海；暫時別說到那麼大的世間吧！光是說我們這個世界海就好，就不知道了。虛空中有「無量無邊的世界」，所以再問他：「這些世界從哪裡來的？這些世界為什麼都會有成、住、壞、空的不斷轉變呢？」他也答不出來！說是自然就會如此。可是為什麼會這樣？一定有原因，不可以說它自然就會成住壞空。凡事皆必有因，不可能無因而有那些現象出現的。十方虛空的器世間從哪裡來的？且不說十方虛空的器世間，光說我們這個地球世間就好，是從哪裡來的？其實都是從你們各人以及我的如來藏，是從地球上所有有情的如來藏共同運作而來的。為什麼能夠這樣來？這是佛地才能具足知道的，我們目前所知的也只是少分知而已。諸佛對器世間也能具足了知，所以稱爲世間解。所以，要具足了知眾生世間及國土世間，才能稱爲世間解。這是什麼境界？是一切種智的境界，不是諸地菩薩道種智的境界。當你了知世間解的眞義，以這種念佛心念佛時，戒行一定會清淨，心地也會清淨，成佛就很迅速，所以應當念佛。

諸佛的第八個尊稱是調御丈夫，因爲能調御一切眾生，所以稱爲調御丈夫。有一句話說：「**女中丈夫，女中豪傑。**」爲什麼現女人身而被稱爲丈夫、豪傑？因爲能在世間法統理大眾無礙，不是因爲有力氣，而是因爲在理，並且沒有小家碧玉的扭捏心態，直爽而不偏心，所以處置種種事務時使得大家都心服口服，這就是能調御眾生的世間豪傑，以妳成爲女中丈夫，表示妳有調御的能力。諸佛又稱爲調御丈夫，是因爲善知眾生心與眾生境界，並且善知一切器世間境界，因此具備了無量無邊的方便善巧來調伏眾生心，教導眾生如實、如法的利益自己。教導就是「御」，調伏就是降伏其心；這必須有無量無邊的智慧與福德，若無福德而單單只有智慧，也是做不到的；當福德無量無邊時，若有貪求無厭的眾生來求，也都能調伏他們。他需要一百萬，就應允贈送；但是同時要求他遵守約束：不生氣、不邪淫、不竊盜、不殺生……等等，立誓遵守而受戒了：若是破了這些戒，就得下地獄。然後送給他一百萬元，他若接受了受戒的條件，你就調伏了他；所以有時調御眾生，還得要有大福德，不光是靠智慧。諸佛善知眾生世間，了知一切眾生心，又因爲福德、智慧具足，威德極大而成爲大丈夫；又因爲諸佛智慧無量無邊，有種種方便，所以能調御眾生而成爲調御丈夫。我們要與諸佛相比，實在相差太遠了。如果想要修到這個境界，只有效法精進修行。可是效法精修的第一個條件就是不許破戒，一定要保持你的戒行清淨，這樣就不會違戒了，所以應當如是了知佛是調御丈夫而修行念佛法門。

諸佛第九個尊號是天人師，因爲祂能方便教化眾生離苦得樂。眾生在三界六道中，有種種苦，也有種種恐懼怖畏，都無法消除，但是佛有能力施給眾生一切無畏，因爲這個緣故，眾生樂於親近祂；因爲只要依於佛座而住，什麼恐懼都可以消除；既然如此，就可以安心學法。佛當然可以用無量方便來教化眾生離苦得樂，諸天天人有苦來求，佛也可以讓他一念之間，免離天人的生死，這在經中也有現成的典故，所以天主的五衰之相，當下消除了。這就是說，他的一期生死在 念之間就解決了。 佛能這樣教導眾生離苦得樂，當然是天人師。諸地菩薩因爲沒有這種大功德，所以在人間示現時有人尊稱他說：「您眞的是天人師！」他說：「對不起！受當不起。」因爲天人師是 佛的稱號，明明知道自己還沒成佛，哪敢受這個稱號？所以最多只稱度人師，不敢稱天人師。縱使諸地菩薩說法時，常常有天人來聽法，也不能這樣自稱，因爲這是 佛所用的名號，不應當僭越。

最後一個尊稱是「佛」，「婆伽婆」。 佛也就是婆伽婆，叫作佛陀、Buddha。但是，爲什麼稱爲佛？有兩個原因：一是知一切法及一切行，所以稱爲佛；另外是因爲能破四魔，所以稱爲佛。 佛具足了知一切法，無所不知，一切法指的是眾生心所起的一切法，所以佛智就稱爲一切種智。而且， 佛具足行一切行，修證成佛所應當修的一切行，都已修過了，具足圓滿了，所以稱爲佛。而且，還要能破四魔；諸位還記得四魔嗎？煩惱魔、生死魔、天魔、五陰魔。你們想想看，這四魔，你破了哪一魔？五陰魔都還沒有破盡，怎麼叫作破魔呢？破五陰魔是慧解脫阿羅漢的證境。大乘菩薩的初步摧破五陰魔成爲能取證慧解脫的人，至少也得初地滿心。因爲初地滿心是可以破盡五陰魔的，但是故意不破而保留最後一分思惑；因他覺得破不破盡都沒關係，反正那是七地滿心的事，眼前不必管它，所以都不以爲意，他是能破盡而故意不破盡。可是初地滿心能破五陰魔，其他的三魔也還是破不盡的，因爲鬼神魔來搗蛋時，若沒有護法大善神護持，戒慧直往的初地菩薩是趕不走他的，只能不受影響而已。但是諸佛可以趕走他，只是因爲慈悲而不趕他，還要攝受他。五陰魔，光是我們在《楞嚴經》講那五陰的境界，你們好多人聽過了，可是整理錄音帶時，整理到「同生基」三個字時已經遺忘了！我們不是講過了嗎？同生基就是行陰，那時不是說行陰熠熠嗎？眞的講過了！結果還是忘了，何況能破五陰魔？

至於煩惱魔，其實就是一念無明的四住地煩惱，這也不容易破；對一般學人與大師而言，光是了知就不容易了。所以能破四魔的人就能破天魔，天魔攝在鬼神魔之中。四魔都能破，所以才稱之爲佛，所以佛另外有一個尊號叫作怖魔。比丘的意思也是怖魔，因爲出家了，漸漸會出離魔所掌控的境界，所以魔就恐懼了：「我的魔子魔孫又少了一個。」他恐怕世界眾生都入無餘涅槃，就空掉了！世界空掉以後，他就沒有發揮的舞台，他眞的不安於寂寞。比丘就是安於寂寞，這不是魔的境界；所以如法修行的比丘們才能破四魔。若知一切法而且具足一切行，這就稱之爲佛，稱爲婆伽婆。當你了知佛這十號的內涵時，你念佛時一定會想：「我爲了修學佛法，所以來受戒；受戒是爲了想要成佛，然而佛是這樣不可思議的境界，所以我應該要清淨一些。」想要清淨時還能犯戒嗎？心心念念想著我要戒行清淨，當然戒行就不會被玷汙了，所以念佛能讓戒行清淨。

【「復觀如來行戒定慧，爲益眾生，久於無量無數世中怨親等利、無有差別，悉斷一切無量煩惱，一一皆知。一一眾生爲一煩惱，無量世中受大苦惱；如來世尊爲眾生故，難施能施，難忍能忍。」】

講記　除了以十號對佛觀行之外，如果想要讓自己的戒行清淨，還有另外的方法，就是觀察：如來所行與如來的戒定慧，全部都是爲了利益眾生。如來行一切行、如來修三種增上學，都是爲了利益眾生，都不曾有過一念是爲自己而修的。如果心中想著：「我修增上慧學、增上定學、增上戒學，可以迅速成佛。」我告訴你，你將無法修三種增上學，只能夠修一般的慧學、定學、戒學，談不到增上學，增上是指初地開始所修的三學。從初地開始，絕不會起過一念爲了自己而求進步，他想的只是爲了佛教、爲了眾生，想去把它圓滿；不會想要先把自己的目標達成再來爲眾生、爲佛教做事。除非爲佛教、爲眾生所應做的種種事都已經有人在做了，用不著他了，他才會樂得清閒而爲自己修道。如果需要用得著他，絕對不會推辭，他會馬上出來做事，不必等人家開口。假使要等人家開口才出來做事，那個人不可能修增上三學的。菩薩應該這樣觀察：如來無量劫來都是這樣修，一切行乃至修戒定慧都是爲了利益眾生而修的，所以諸佛如來都是以很長久的時間，在不可計算的一世又一世中，對怨家、親眷都是平等的加以利益而沒有差別。

諸地菩薩在無量劫弘法的每一世中，都會遇見過去世的眷屬，也都會遇見過去世的怨家，可是當他知道某人是過去世的怨家時，不會起心動念加以排斥。如果有一天自認爲是某地的菩薩了，可是遇見過去世的怨家時，心中不高興而不想幫助他證道，那你的自認爲第幾地就是大妄語了！因爲諸地菩薩都不會這樣想的，明知道是怨家，也不會有所計較；乃至當世的怨家，他也願意接受他們懺悔，然後繼續幫助怨家，這樣才算是諸地菩薩。諸地菩薩都沒有記恨的，會記恨就表示他仍然是地下菩薩——尚未入地。已成爲如來，當然是超越諸地的，那當然是怨親等利，不會有差別心。若說諸佛如來會有差別，那只是觀察眾生的得道因緣成熟與否：若遇緣未熟的眾生，勉強幫助反而會揠苗助長。如來對眾生只會有這個差別，但不會有怨親的差別，因爲已經斷了煩惱。在諸地已經開始斷習氣種子隨眠時，就不可能會有排斥怨家的事情出現了，何況是佛地呢？所以，佛地已經斷盡一切無量煩惱。無量兩字就包括所知障的上煩惱在內了。四住地煩惱是有量的，只不過四種住地煩惱而已，但是所知障的上煩惱是無數量的。所以「無量」二字是包括無始無明的恆河沙數上煩惱（又名塵沙惑），諸佛把這些煩惱也都斷盡了，所以一切無量煩惱當然一一皆知。既然如此，我們知道佛的境界時，你的念佛心就一定會清淨下來，一定不會再去犯戒。這樣念佛，戒行當然就會清淨；能這樣念佛就是眞正懂得念佛的人。所以，眞正懂得念佛，還眞的是在見道以後。沒有見道而說懂得念佛，只是方便說；因爲光是十號就不懂了，還能懂得念佛啊？所以應當如是念佛，就能令戒行清淨。

再來觀察：諸佛都很清楚知道：一一眾生都是單純的爲了一個煩惱而無量世中受大苦惱。諸位想一想：眾生從無始劫以來不斷的生死苦惱，無量世的生死就是眾生最大的苦惱，而眾生會受這些大苦惱，都是爲了一個煩惱：我見。單單只爲了一個我見煩惱，所以在無量生死中受大苦惱。四種住地煩惱就是：見一處住地（我見煩惱），以及欲界愛、色界愛、無色界愛。這四種煩惱，歸根究柢仍是基於我見而有的。譬如欲界愛是貪愛欲界法，就是貪愛欲界中的色聲香味觸；但是欲界的貪愛也是從我見而來的，因爲有「我」在欲界五欲中享受，所以貪愛欲界法，因爲眾生覺得「我」眞實存在啊！你隨便找一個學佛人，向他說：「五蘊無我。」他會說：「對啊！無我。」你突然給他一巴掌：「是誰在痛？」

「你為什麼打我?很痛欸!」「我」就跑出來了。你向他說:「這個痛既然也是無我,你幹嘛生氣?所以你挨我這麼一巴掌,算是活該!」他不信,就跟你爭執:「我又沒有講錯話,你憑什麼打我一巴掌?」又是「我」,正因為這個「我」,所以他生氣起來了。

眾生輪轉於欲界中起貪,是因為這個「我」;色界愛也是這個「我」,放不下覺知心自己,不願滅掉覺知心自己;無色界眾生還是執著這個「我」,都是因為這個煩惱而輪轉無量生死中。外道也有很多人可以不貪,所以他們也有少數人能離開欲界地而證得初禪,所以稱為離生喜樂地,死後不再生於欲界中,可是他仍然會再輪轉下來人間繼續受苦;所以顯然不是斷貪,只是藉禪定來伏貪。所以想要遠離無量世的大苦惱,就得要斷我見,才能漸漸離開無量世的大苦惱。只要一斷我見,猶如《阿含經》講的,最遲鈍的初果人,最多也只不過是七次的人天往返受生,最後生也可以遠離三界生死苦惱。那你想想:所有的眾生為了一個煩惱而受無量世大苦惱,當然是指我見。由此可知斷我見的重要,明不明心倒是其次,見不見佛性倒是其次,斷我見才是最重要的。所以,請大家期待《正覺電子報》，再過兩、三期就會開始連載《識蘊眞義》，要叫你們大家一個個死光光：要你們自己從心中徹底把我死掉。我見最難斷的部分是識蘊，假使看得透識蘊的內涵及虛妄，我見是一定可以斷的。

「我」如果沒有死，幫你悟了如來藏，你將來還是會否定祂，因爲仍會認爲離念靈知是眞實常住的心；這就是古時禪師所罵的：「人家是死了活不了，你是從來不曾死。」就是指這種人：我見根本沒有斷。我見沒有斷，幫他悟了實相心以後，還眞是後患無窮；你幫他悟了，他還會反過來否定你，還會回頭去認離念靈知爲常住心、佛地眞如。所以，一一眾生爲一個煩惱而在無量世中受大苦惱，這個煩惱當然就是我見；只要一斷我見，最多七次人天往返，必然會出三界生死。可是，如果斷或離貪瞋等法，但是我見沒有斷，那還是要繼續輪轉生死；斷、離貪瞋等法只是一個短時間離開人間的生死，最多只有八萬大劫，仍然要回來人間又重新開始人間的生死。所以，斷我見才是最重要的，遠比明心與見性更重要；明心與見性的重要是爲整體佛教，爲全體眾生而說的；因爲如果能明心、見性，漸漸發起道種智，就能護持正法，不讓任何人破壞，所以是爲全體眾生考量，也爲整體佛教考量的。但是若從每一個人自身的切身利害來考量，我告訴你：斷我見才是最重要的。

所以，這個使人流轉生死的最主要煩惱——我見——諸位去禪三之前可得先好好觀行，先把它斷除。先別急著想：「再過一、兩週，我要去禪三了，要趕快參出來：如來藏在哪裡？」錯了！你要做的是先觀行蘊處界的一一法虛妄，先斷我見，不可漏掉任何一蘊、一處、一界。我見若能觀行很徹底，把它斷除了，找到如來藏時稍微爲你點一下，你就知道怎麼整理了。如果我見斷除的觀行沒做好，找到了如來藏時教你整理，你還是不容易整理好；喝了一整天的水，可是進了小參室一問，什麼都不知道，白喝了！但是別人喝無生茶是越喝越歡喜，有好多法出來了，智慧越來越增上；結果你不是，這時越喝越痛苦：「好難喝！這杯水比什麼苦藥都苦。」原因就在這裡。所以斷我見的觀行，你在禪三前得要獨自坐下來，好好去思惟弄清楚，色受想行識一一弄清楚，十二處一一弄清楚；十八界一一弄清楚：六根、六塵、六識都弄清楚，都觀察出來：果然六塵虛妄，六識虛妄，六根也虛妄。當你觀行清楚時，就把破參明心的前方便完成了，就不必在禪三道場一次又一次被打回票。只要我見斷了，平時也有熏習如來藏體性的正見，當你一找到如來藏時就能承擔，自己就能確實體認祂是不是如來藏了。所以修學佛法最重要的還是二乘聲聞法的見道——斷我見——要你現觀能取與所取都是虛妄。

問題是：能取是什麼？大師們都弄不清楚。諸位都知道所取了，所取是六塵，六塵虛妄，大師們都會接受，但在能取上面都會誤會了。爲什麼在能取上面產生誤會？因爲很多大法師、大居士都會教導大家：「我們一念不生時，什麼都不分別，心中只要沒有語言文字在分別，這時了了分明就是不分別，就是無分別心，就是不取。」錯了！請問：「了了分明是不是已經分別完成？」（大眾回答：完成了！）是啊！了了分明時就已經是完成分別了，才能了了分明；突然打你一巴掌，你心中還來不及生起罵人的語言文字，就已知道別人打你一巴掌了，也知道別人是沒有理由的打你一巴掌；連別人沒有理由的打你一巴掌，你都知道，都了了分明了，那不正是分別嗎？分別完成了就是取塵啊！換句話說，四加行最後一個階段，就是要能親證能取和所取全部虛妄，最主要部分還是在能取的了知心虛妄上做觀行，並且要能印順二取的虛妄，心無懷疑的印定而隨順。能取就是這個覺知心，當你了知六塵時就已經是取六塵完成了，這個能取是虛妄的。換句話說，你要確認了知、能知的心是分別心，分別心就是虛妄法；不但如此，還要觀察了知心是否能恆時常在不滅？若不能遍一切時都常在不滅，那祂是依什麼藉緣而存在的？要一一把祂存在的藉緣都找出來。當你全都找出來時，就已確認了知心、覺知心是虛妄法，是依他起性而緣起性空，並無自己就能單獨存在的自性，這樣才算是眞正的斷了我見。

大乘別教見道前有四加行，四加行就是讓你現觀能取與所取都是虛妄法，完成現觀時就斷了我見。接著就是大乘的眞見道，就是明心而親證如來藏了。在斷我見的前提下證得如來藏阿賴耶識，你就不會再輪轉生死，也不會退轉了！永遠不會再去懷疑說：「這個可能不是如來藏，離念靈知應該才是如來藏。」我們會中以前三批退轉的人，都是我不好：沒有先斷除他們的我見就直接明示如來藏，所以就會退回離念靈知意識心中。已經現觀「知就是取」，如此斷了我見，接著幫你證得如來藏時，你就不會再退轉了。這就是諸位所有親教師愛護你們的地方，都不爲你明講如來藏，教你自己去參。你經歷參究的過程，就是在不斷的否定離念靈知的變相，意識心離念靈知有很多種的變相，你藉著參禪過程而不斷的觀行，了知確認祂的種種變相全都虛妄，那就是斷我見的過程；在這個前提下找到如來藏時，你就不會退轉了！所以斷我見煩惱是很重要的，若能先斷我見，就算是沒有明心，也不會無量世再受大苦惱，最多就是七次人天往返受生，也能證得阿羅漢果而出三界生死。

如來世尊知一切法，所以爲了眾生而難施能施、難忍能忍。難施能施，大家往往以爲最難施的是所有財產，年老時醫師叫我別牽掛財產，全都布施給子女，這最難了！有的人說：「不！這不難。」因爲眞的有人可以把所有財產都捐出去，然後他自己回復到一無所有的狀況而出家了。他說：「最難施的是內財。」你要眼睛就挖眼睛，要手就剁手，要整個色身就死給你。可是我告訴你，這還不是最難施的，因爲縱使你能作內財外財布施了，但我請你來布施無生法忍，你做不做得到？沒辦法了！連阿羅漢都做不到，他們最多只能布施二乘的無生忍，但是大乘菩薩的無生法忍就做不到了；因爲連般若的總相智都不懂了，還能布施大乘無生法忍的道種智？還早哩！若是連大乘無生法忍都能施，才眞的是難施能施，這只有諸佛才做得到；布施一切種智，連等覺菩薩都做不到，最多是布施道種智。

還有難忍能忍，有眾生來問 佛：「世尊啊！我年老了，快死了！我都沒什麼依靠，要如何去未來世？」 佛絕對不會罵說：「你來見了佛，應該請法，怎麼問這個？」這麼愚癡的眾生， 佛也能忍，眾生來求人天善法，祂也能教，這叫做能忍。若是一般人，可能心中這麼想：「我如果有了無生法忍，誰要是來跟我請法時，問得太淺，我就給他一棒。」這就是沒有「生忍」。所以眾生來學法時雖然請問的題目很淺，你也願意爲他詳細解答；若當時沒有充裕時間，就指示：「在下一章會解答，現在沒時間，你那時再來聽。」絕不會說：「你不該問這個問題，太粗淺了！」不管眾生詢問多麼淺的問題， 佛也爲你詳說。所以 佛對那個老人說：「你這一世以來眞的慳貪，沒有供養三寶，也不對眾生布施，所以你往生後世時沒有福德可以依靠。」老人家又問：「那我怎麼辦？」

佛說：「你可以先讚歎三寶，讚歎完了就供養三寶，三寶供養完了就孝順父母，父母如果已經過世，你就去布施眾生、利樂有情，有這些善法作依靠，下一世就可以好好的過日子。」佛對世俗眾生也是很有耐心的開導，這也是難忍能忍，並不是只有忍眾生的瞋恚、貪求無厭。此外，還要在法上忍於眾生的愚癡，這也是難忍能忍，佛都能忍。

對凡夫眾生而言，最難忍的是如來藏。當你爲他明講如來藏時，眾生都沒有辦法安忍的，心中老是懷疑：祂是不是如來藏？所以必須讓眾生自己參究出來，才有可能安忍不退。悟了以後能安忍下來，確定祂眞正是如來藏，有智慧確認祂是如來藏，有信力認定祂是如來藏，這也是難忍能忍。對眾生，你如果直接指出如來藏，告訴他：「這就是如來藏，這是佛法最大密意，法界的最大密意。」我告訴你，他一定忍受不了，他會跟你開罵、誹謗；所以對一般眾生來講，最大的難忍能忍，就是證得法界實相的密意之後而能安忍，確認他自己的如來藏所在而不疑，這是最大的難忍能忍。好在我們現在已有很多人能忍下來，沒有退轉，眞是可喜可賀。諸位可以回想當年：剛找到如來藏時，是不是也很懷疑：

「這眞的是如來藏嗎？」現在能忍下來，安住下來，以一切經教來印證確實，這就表示你已是難忍能忍者，所以從今以後，能以忍者自居了。

【「佛有二淨：一莊嚴淨，二果報淨；如是二淨因緣力故，從初十十，至後十十，無有人天能說其過。如來具足八萬音聲，衆生聞之不生厭離。以是因緣，如來出勝一切聲聞、辟支佛等。善男子！若人受持優婆塞戒，欲淨戒者，當作如是修念佛心。若修念佛，是人則離內外諸惡不淨因緣，增長悲慧，貪瞋癡斷，具足成就一切善法。善男子！菩薩二種：一者在家，二者出家；出家菩薩修念佛心，是不爲難；在家修集，是乃爲難；何以故？在家之人多惡因緣所纏繞故。」】

講記　佛在前面的開示是：在受戒之後，可以使戒行清淨而速證解脫果的方法，所以講解了佛地的功德，教導已受戒的菩薩們要憶念諸佛，使心地轉變清淨而速證解脫果。接著說，諸佛有二種清淨法：第一是莊嚴清淨，第二是果報清淨。莊嚴清淨是說：在成就佛道的資糧上，都是以正行來成就，不以非正行來成就。譬如福德資糧的莊嚴，有人是正正當當做生意的；有的人是朝九晚五奉公守法，對自己很苛刻、很勤儉的省下錢財來護持正法，或為眾生做事；但是有人實在是不得已，因為他永遠都是貧窮的，所以他使了小聰明去小騙，用來護持正法。他想：「我下輩子得要還他一千倍，但我用這些錢財來護持正法，下輩子可以得到無量倍，就能還那個被騙的人，也可以從此離開貧窮。」因為他這一世根本沒辦法賺錢。這樣莊嚴來的福德，他的莊嚴就是不清淨的。有人借錢不還，把借來的錢去護持正法，都是屬於福德莊嚴不清淨。到未來世雖然能有很多福報來還清欠債了，也還有剩餘好多倍的錢財，但這是投機取巧，是在不得已的情況下想出來的花招，也成功了。但這樣的福德莊嚴是不清淨的，若往世曾經這麼做過，千萬千萬不要再做了！因為這件事情會使他未來成佛時的福德莊嚴不很清淨，也會把成佛的時間拖長。然而諸佛的莊嚴都是清淨的，從不以不清淨的行為莊嚴佛菩提。

第二、果報清淨：諸佛在佛地的果報，沒有不淨之法，所以經上說習氣煩惱隨眠永斷無餘；因為永斷無餘，沒有一絲一毫習氣，所以說果報清淨。這二種清淨因緣的力量，會導致初十十到後十十，也就是從最前面所作的一百件事情或一百次說法，到最後做的一百件事情或一百次說法，都沒有人或天主、天人能說　佛有什麼過失。

如來還具足了八萬音聲，所以眾生聞之不生厭離。換句話說，諸如來都有無量的方便善巧而爲眾生說法，讓眾生各個歡喜接受，所以眾生聽聞諸佛說法時，都不會產生厭離之心。譬如我說法時，偶而會見到一、二個人中途離席不聽了，因爲他聽了不喜歡：「你蕭平實老是批評人。」但我其實不是批評別人，而是舉證出來作法義辨正，法義辨正與批評別人的身口意行是不同的，有智慧的人都能分清楚。佛若評論外道的法說錯了，總是會破斥到體無完膚，但是外道不會當場走人，還是會繼續聽下去，所以後來就證果而成爲佛弟子了。這就是說，佛的八萬音聲有無量的善巧，讓眾生聽聞以後縱然不願接受，但也不會討厭。由於這些因緣，如來超出、勝過一切聲聞阿羅漢、緣覺辟支佛。因此說，如果有人受持了優婆塞戒以後，想要清淨戒行的話，應當如此了知諸佛的種種功德以後而修念佛之心。當這樣想念到　釋迦佛時，這個人就一定會遠離內心的惡不淨因緣，使意根、意識相應的不淨惡因緣滅除；也可以遠離外面的——身口——所造的種種邪惡不淨因緣，就可以增長悲慧。增長了悲慧，貪瞋癡就可以次第斷除，就能夠具足成就一切善法。

佛又開示說：「有二種菩薩：一種是在家菩薩，第二種是出家菩薩。」如果是出家菩薩，他們修這種念佛心，就沒有什麼困難，因爲週遭的環境都使他比較容易生起念佛心；但如果在家菩薩要修集念佛心，就不容易了；因爲朝九晚五，心神散亂、事情繁多，不像住在寺院人少事寡、容易念佛；這表示在家人惡因緣的纏繞比較多，較不容易念佛。但是諸位也別灰心，因爲現在已經是鬥爭堅固、聚斂錢財堅固的末法時代，所以現在反而是小廟好，不是大廟好，反而是在家好修、出家難修了。大廟有好多比丘、比丘尼都很難過，後來就不得不離開，因爲晚上忙到十一點半、十二點才能安眠，但是早上四點半打板又得要起床了；在寺院中要接待眾生，爲了擴建更大的道場，招募更多人來成就世界第一道場的美名，所以早起晚眠而把大家都累垮了。所以大道場中有很多人身體累出病來，這是很常見的。所以我有時說：末法時代眞要出家的話，不一定要去大道場。但又說，想要出家時應該去大道場出家：是去法大的道場出家，不是去硬體建築大的道場，這是事實現象。所以比起他們來，你們在家人其實不會吃虧到哪裡去，所以在修學佛法的時間上，以及在親證菩提的事實上來講，你們在家人不會比現代的出家人差，特別是指大山頭的出家人；所以你們都不必怨嘆沒有出家的因緣，因爲現在看來在家與出家是半斤與八兩，在學法及修行時間上看來並沒有高下差別。寺院中的惡因緣也不比你們在家人少，因爲想學正法時往往被錯誤的大法師禁止；所以你們在家人不必因此灰心喪志，還是可以繼續勇猛直前；因爲現在你們在家人的惡因緣纏繞，其實不比出家人多。

〈供養三寶品〉第十七

接下來要講布施的因果律：布施爲什麼能得來世的大福報？不布施爲什麼就不能得到福報？佛爲我們開示這個因果：

【善生言：「世尊！菩薩已受優婆塞戒，復當云何供養三寶？」「善男子！世間福田凡有三種：一報恩田，二功德田，三貧窮田。報恩田者，所謂父母、師長、和上。功德田者，從得煖法，乃至得阿耨多羅三藐三

菩提。貧窮田者，一切窮苦困厄之人。如來世尊是二種福田：一報恩田，二功德田。法亦如是，是二種田。衆僧三種：一報恩田、二功德田、三貧窮田，以是因緣，菩薩已受優婆塞戒，應當至心勤供養三寶。」

講記 先講福田的種類和布施的因果律。善生菩薩又爲我們請問：「世尊！菩薩既然已經受了優婆塞戒，受戒之後應當如何供養三寶？」佛開示說：「善男子！世間的福田總共有三種：第一是報恩田，第二是功德田，第三種是貧窮田。」報恩田是說這個福田對你有恩，你應當要報恩，所以這個福田叫作報恩田。功德田是說這個福田有功德在身，所以是功德田。貧窮田是說他自身沒什麼功德，或是沒有回報財物給你的能力，所以叫作貧窮田。田的意思是：如同田地下種及耕耘以後，未來就會出生果實。福田則是被下了善業種子以後，未來世會出生可愛的果報，所以未來世能造福於種田者。 佛詳細解釋說：報恩田是指父母、師長、根本上師。也就是說，生養我們的父母是我們應當要報恩的對象，如果我們長大了，有能力回報父母時，我們以恭敬心來孝順父母，這也是種福田，但只是回報恩德而種的福田。布施當然是拿了錢往外去行善，但是有人把本來供養父母的錢財刪減甚至取消了，拿去外面大道場為自己做面子，心想：「我有能力每個月供養許多錢。」譬如每月供養師父一萬元。這其實是向父母剋扣了月銀來布施的，這是愚癡人！因為父母是首先應該要報恩的人，當你報恩時，不但報了他們撫養你的恩德，同時也已種了福田，來世福德無量。佛特地指出：父母也是福田的一種，所以稱為報恩田。

除了父母以外，師長——在世間法及出世間法上曾教導你的人——縱使他們無法幫你證悟，但畢竟都是你的師長，對你有恩德而應該回報，所以師長也是報恩田。除非他未悟言悟，並且害你成就大妄語罪。只要沒有害到你，他所說的是表相正法或世間正理，對你有啟蒙的恩德，不管他的法層次多麼低，也都應該回報他們的恩德，所以也是報恩田。你回報他們的恩德時也是在種福田，不單是報恩而已。和上有時寫作和尚，在佛世只有一人能被稱為和上，就是 釋迦牟尼佛。佛入滅之後，和上就有很多了！相對於所度的眾生，每一位化主都是和上。特別是根本上師——幫你證悟的師長——他就是你的和上。不管和上有沒有幫你證悟，只要剃度了你，他也算是你的和上。幫你得法的上師也是和上，又稱爲得法和上；這些和上都是報恩田，因爲他們都有恩於你，你如果報恩的話，既是種福田，也是報恩，一舉兩得。既然在報恩田中種福田是一舉兩得的事，有智慧的人應當如是做。

第二個功德田，是說他有功德在身。譬如在佛法中親證了三乘菩提之一或全部，乃至只是大乘菩提中完成四加行的觀行者，都有功德在身。譬如四加行初步的煖法已經獲得，已能了知所取的六塵是緣起性空，就已經是功德田了。始從獲得四加行的煖法，到頂、忍、世第一法，其中的煖、頂、忍是屬於初果向，世第一法就已經是初果人了。初果向也是有功德的，因爲已能了知所取六塵緣起性空，證得所取空了，從此不會再因爲求取財物、享受五欲而造作惡業了！雖然還沒有斷我見，仍不入初果，但是初果向者不會造作惡業，因此有功德在身。從初果向到阿羅漢，乃至第五果的辟支佛，或菩薩道從六住滿心位開始到成佛爲止，都是有功德在身的人，因此這些人都是功德田。換句話說，只要在三乘菩提上有了證量，從初果向開始都算是功德田。

貧窮田是沒有能力在世間法上回報的眾生，比如你做無畏施，但被施者無法在世間法上回報你，所以是貧窮田，指的是一切窮苦困厄之人。窮苦人是說很貧窮的人，困厄則如很有錢的人，但是被凍結而無錢可用了！或是被羈押、無期徒刑，永遠無法提領錢財來使用，就是困厄的人。你救濟他們，都屬於在貧窮田中種福田。

佛接著說明：如來世尊具有二種福田的性質：如來世尊於眾生有恩，所以眾生供養如來世尊，是在報恩田中種福田。如來世尊於世、出世間法究竟證知，所以具足世、出世間一切功德，所以如來世尊同時也是功德田。三乘菩提法義一樣具有兩種田的特性，因為三乘菩提正法於眾生有恩，所以我們護持正法時，就是在報恩田中種福田。三乘菩提也具有無量無邊功德，能讓我們成就三乘菩提，也能讓我們依之而利益無量眾生，所以也是功德田。所以，我們弘揚三乘菩提正法，護持三乘菩提正法，就是在功德田與報恩田中種福田。

眾僧就不一樣了，眾僧具足三種田。因為出家以後修學佛法來教導眾生，於眾生有恩，所以是報恩田；眾生在僧寶身上種福田，是在報恩田中種福田。眾僧也都或多或少有其功德，從未得煖法的凡夫僧，到已得煖法乃至已得四向、五果，甚至菩薩僧與究竟佛地（因爲諸佛也攝屬僧數），所以在聲聞僧與菩薩僧身上種福田，都是在功德田中種福田。眾僧也是貧窮田——但是示現在家相的諸地菩薩僧除外——因爲眾僧都不經營事業賺錢，他們修道所需的一切物資都由眾生來供應，當然不可能賺錢來回報你的供養，所以同時又是貧窮田。不過，這個貧窮田如今在台灣、大陸已經不同了！本來 佛的規定是：僧眾不許積聚房舍財產，也不許經商。但現在你們看凡夫眾僧，台灣四大名山有多少財產？完全不同了！也有出家人經營飲食、書店……等等，都不如法，因此末法時的眾僧已經不單單是貧窮田了，那些大法師們都是已經很有錢財的人，一般人根本都無法與他們相提並論的了，所以早已不是貧窮田了。甚至於有法師死後，留下好幾億的現金、一大片的房地產，讓出家徒弟們在法院告來告去、互相爭奪，鬧得社會矚目。但是一般而言，絕大多數僧寶都還是屬於貧窮田，也有很多人出家後很努力在修行辦道，根本不向信徒勸募錢財，從來不開口：「**我現在辦道缺少資糧。**」日子過得很清苦而專心在修行，這種僧眾也是很多的，他們是如法的貧窮田。由以上所說，可知眾僧具足三種田：報恩田、功德田、貧窮田。

因爲是田，以能生福的心田因緣，在家菩薩們既然受了優婆塞戒，就應以至誠心殷勤供養三寶，應該至心供養佛、法、僧。田的意思是可以種下福德，也能在未來世收割福德果實。如果想要在未來世中年擁有許多糧食，你就得要種下稻子、高粱、大麥；不肯下種而每天翹著二郎腿等著收割，是不可能的。想要收穫就得先種田，在出世間法中說的修集資糧，以及世間法中說的「行善得福報」，所謂「善有善報」是一樣的道理：福田下種了，未來就得福果的回報。

福田有三種，每一種都可以種，除非一種狀況：眞的不富裕，只好集中所有的資財去種一次最好的福田；否則，各類福田都可以種。種福田、得果報的原因就在這裡，因爲它是田——能生福德之田地——種了以後在未來世可以得到該有的福德回報，這就是布施的因果。布施的因就是種福田，未來世收割福報的果實，布施的果就是來世收取大量的福德回報。既然布施有因果，又因爲布施的行爲有很多種差別，當然會導致未來世的福報有很多種差別不同，這在稍後 佛將會提到。所以 佛說三種田，意思是在說明這三種是菩薩修集福德的田地，在福田種下布施的因，就有了未來世福德的果，福田的道理就是如此。所以，若有人不布施而求來世富裕，就是妄想者。

由布施於福田而出生了世間福德果報，所以不論此世擁有多少財富，自己都要安分：只管努力經營，不要怨天尤人，都是往世的自己修來的。如果修集福德時，是你單獨種下的福田，來世別人都無法截取。若你未來世小時生在貧窮家庭，你是老么，還沒有能力賺錢，但其實你將來很有福報，可是別人無法從你身上截取你該有的福報。等到你成家立業了，開始賺大錢時，大家都分家了，也拿不到你的錢，除非你願意幫忙他們。所以布施的因果是確實存在的，這也是我們所親自體驗的。這部分，後面 佛還會再說到，我們這裡就暫時不說；只說明因爲它是福田，所以你下種一定時間後，就會有福德果報的回收，誰都無法來劫奪，因爲這是你所獨有的，因爲不是與人共同種下的福田。

既然發願要修學佛道，那是很長遠的事，要歷經三大無量數劫。在三大無量數劫中，想要行菩薩道時一直都能輕鬆愉快，就該有世間的福德資糧；然而世間的福德資糧不是憑空而有的，也不是單靠聰明就能得到。常常可以看見聰明人與憨厚人，同樣一種買賣，聰明人每次經營都賠錢；憨厚人看來笨笨傻傻的，很容易相信別人而似乎常常會受騙上當的人，卻是每次都陰錯陽差而賺大錢，這種現象太多了！所以，福報不是靠小聰明得來的，而是過去世種了多少福田，這一世就有多少福報。不種福田而想要有收穫，是不可能的。所以，種福田就是布施因，未來世的收穫就是布施果。

【「善男子！如來即是一切法藏，是故智者應當至心勤心供養生身、滅身、形像、塔廟。若於空野無塔像處，常當繫念尊重讚歎；若自力作，若勸人作；見人作時，心生歡喜；如其自有功德力者，要當廣教衆多之人而共作之。既供養已，於己身中莫生輕想，於三寶所亦應如是。凡所供養不使人作，不爲勝他。作時不悔，心不愁惱，合掌讚歎，恭敬尊重。若以一錢至無量寶，若以一綖至無量綖，若以一花至無量花，若

以一香至無量香，若以一偈讚至無量偈讚，若以一禮至無量禮，若繞一匝至無量匝，若一時中乃至無量時，若自獨作，若共人作；善男子！若能如是至心供養佛、法、僧者，若我現在及涅槃後，等無差別。】

講記　佛接著開示：如來就是一切法藏。因爲只有如來能把最究竟、最了義、最勝妙的法教導我們。法界眞實相的究竟了義正法，只有如來能告訴我們，一切人、天皆做不到，一切阿羅漢、辟支佛都做不到，而菩薩也都是隨從如來受教的。所以 釋迦世尊入滅後，沒有一位大阿羅漢敢自稱成佛，因爲智慧相差太遙遠了。因此說如來是一切法藏，一切法都含藏在如來心中，如來能說一切法。由此緣故，有智慧的人應當以至誠心，以精進、殷勤心供養如來生身，供養如來舍利，供養如來形像、如來塔廟。生身是如來應化在人間的有生死法的應身：感應眾生得度的因緣而來人間受生化現的肉身。我們現在是百年之壽，如來應現的生身就會與我們一樣是百年之身；如果我們將來人壽八萬歲，那時如來應現時也將同樣是八萬歲，這就是生身。滅身是說如來的生身入滅度時留下的舍利，包括還沒有火化之前的色身及三昧火燒化以後的舍利子。

形像就是雕塑出來的如來身像。塔廟是供奉如來形像或舍利的塔或寺院，都是菩薩們應當至心、勤心供養的。如果是在空曠荒野，沒有如來的舍利塔、佛教寺院、如來聖像的地方，也應當常常繫念於如來、尊重讚歎。若在空野沒有塔、像的地方，我們可以自己的力量興建塔廟，或勸別人與我們一起來作。看見別人正在作如來形像、塔、寺時，若是自己沒有能力共同合作，也應當心生歡喜，就會有隨喜的功德。

如果在法上有所修證了，應當憑藉你實證的智慧功德，廣教眾人共同興建寺廟來供養如來形像。供養如來形像以後，千萬不可對自己生起輕視之想，不須老是崇他抑己，不該認爲自己在佛法修證上永遠低劣，應當像儒家說的：「舜何人也！予何人也！有爲者亦若是。」譬如有的人一天到晚貶抑自己：「明心與見性，在末法時代根本不可能，我是一定沒有希望的。」那他就眞的沒希望了。如果有信心：「善知識可以證悟，我也應當如是。」若不看輕自己，將來總有機會證悟的，所以「於己身中莫生輕想」。對自己如是，對於三寶也應當如是莫生輕想。若對三寶生起輕想，對佛法就無法具足信心，就脫離不了十信位了，所以對三寶千萬不可生起輕想。

塔廟、如來形像都作好了，將來供養時，可別準備了供養物品之後就開口說：「某某人啊！你幫我去供佛。」因爲這裡面是有布施因果的。供佛的福德無量無邊，你這樣做，就是把供佛的無量無邊來世福德交給別人來控制了。這個因果後面會說明，現在且先不談。所以凡所供養時都應該親自去供養，不要使喚別人替你去做。假使你今天得到了很好的、極品的供物，可別教別人幫你帶到正覺講堂來供養，應該親自來供養，所以 佛說「不使人做」：不使喚別人替你做。

供養時也不要爲了勝過別人而做供養。有些人供佛時是在與人比較高下的，這心態不好，但爲供佛而供養，不爲勝他而供養。做任何布施勝行時，心中不起愁惱之心，若有愁惱之心就不好了。剛開始學佛的人，往往會有愁惱之心，諸位聽了也許覺得很奇怪。他們想：「我去廟裡面拜神，拜完了都是拿回家自己吃；可是在佛寺供了佛，卻說不應該拿回家，要請和尚吃。」他不懂供養三寶的道理，就起了愁惱，因爲不曉得僧寶功德無量無邊。佛弟子總是想：「最好有僧寶願意享用我的供品。」

有時遇到一位聖僧，若他願意在你的供品上吃一口，你來世的福德就大了，還愁惱什麼？眞是沒智慧，所以是世俗人。以前要是有誰，親自供養了廣欽老和尚，那福德可大了！但是多少人有這個機會？不多！因爲他不標榜自己，不到處示現說他是開悟的聖僧。如今有正覺的如來藏親證妙法，聖僧將會越來越多，如果有誰供養上了，來世的福德可就大了！所以在供養時，心中不應愁惱。供養時也不該後悔：「我花了這麼多錢，買了這麼好的日本水梨供僧。」後悔的人可眞是傻瓜呢！所以佛說「作時不悔，心不愁惱」，並且要「合掌讚歎、恭敬尊重。」才是有智慧的人。若以至誠心供養，或以後悔心供養，未來世的福報是有所差別的。

如果只能以一錢來供養，乃至多到十錢、百錢、萬錢或無量寶來供養三寶；若是窮人，有時甚至窮到只能用一條線來供養也可以，總不能說你連一條線都沒有吧？這也可以供養啊！所以沒有不布施的理由。供養一條線能做什麼？可以讓比丘們縫補僧服。不過這是古時，如今想要找一位比丘、比丘尼衣服有破洞的還眞困難。當然也有比丘專門穿補丁的衣服，那當然是故意穿的；並不是沒有好的僧衣，而是故意穿著有補丁的僧袍。古時的人眞是很窮，出家比丘多是山洞住、樹下坐的，而他們的僧衣——特別是糞掃衣——都是在棄屍林的死人堆中，或有人火化親屬時，把裹屍布的最外層剪下來洗乾淨，再染了不美的顏色做成僧衣來穿的，所以都要縫縫補補；因此，那時供養棉線也是好供養之一，卻不用花很多錢財。如今的佛弟子可別買了一團縫衣服的線來供養師父們，現在用不著啦！但是古時可以用一條線乃至無量條線供養三寶；也可以用一朵花乃至無量花來供養，或以一香乃至無量香來供養。若有文才的話，可以用一首偈來讚歎三寶，乃至以無量偈來讚歎三寶；也可在塔廟形像面前頂禮作爲供養，或以無量的禮拜替代供養。也許有人想：「禮拜也算布施？」算啊！當你禮敬三寶時，眾生看了就說：「這尊像一定有什麼功德，才値得他這樣頭頂禮拜，這究竟是什麼聖像？有何功德？」就會好奇的探究起來，也就入佛門了！所以禮拜也是法布施，也會使很多人對三寶生起信心，也會增加一些人來供養三寶，僧團的道糧就不怕沒著落了！因此，一禮也是施，無量禮也是施。乃至繞佛像一匝或無量匝，在如來塔廟或如來形像前右繞，也是供養。若是只於某一時間供養護持，乃至於無量時間都供養護持；若有時獨自一人供養護持，若有時和許多人共同供養護持，佛說：「若能如此以至誠心供養佛、法、僧三寶，若能在我釋迦牟尼佛住世時來供養，或於我涅槃後供養形像，未來世中所得福德相等而無差別的。」這就是先爲大家建立布施的平等心。在布施時，佛希望大眾都以平等心來布施；但是在後面也會顧念到比較貧乏的人如何布施而得到大福德，所以也會爲大眾分別不同的布施所得到的來世不同果報差別。既然大家都是以居士身來修學佛法，這個牽涉大家行菩薩道的未來世間福德資糧，佛當然會爲大家詳細開示，這在後面將會再細說。

【「見塔廟時，應以金、銀、銅、鐵、繩鎖、幡蓋、伎樂、香油燈明而供養之。若見鳥獸踐踏毀壞，要當塗治、掃除令淨。暴風水火之所壞處，亦當自治；自若無力，當勸人治——或以金銀銅鐵土木。若有塵土，灑掃除拂；若有垢汙，以香水洗。若作寶塔及作寶像，作訖當以種種幡蓋香花奉上。若無眞寶，力不能辦，次以土木而造成之；成訖亦當

幡蓋香花、種種伎樂而供養之。若是塔中草木不淨、鳥獸死屍，及其糞穢、萎花臭爛，悉當除去。蛇鼠孔穴，當塞治之。」

講記　當我們看見供養如來形像或舍利的塔廟時，應以金銀銅鐵來供養。你說：「供養鐵做什麼？」供養鐵當然有作用，有許多地方是需要用鐵來堅固的，所以鐵也可以供養。繩鎖是用在晚上綁門、鎖門，不讓野獸跑進來；晚上關門時如果有鎖，就用鎖鎖上；若無鎖，就用繩子綁住門扇，所以供養了繩鎖都是供養。幡蓋的「幡」就是掛在佛像兩旁莊嚴用的，譬如現在繡了「南無本師釋迦牟尼佛」字樣的掛幡；「蓋」是寶蓋，就是在佛像上面吊一個圓形的寶蓋。我們正覺講堂沒辦法做，因為我們講堂是大樓，高度不夠，所以不能供養寶蓋。伎樂則是於佛像前以偈唱誦讚歎，是以伎樂作供養。燈、油、香也都是供養，香的供養最普遍，可以分為立香、臥香、燃香、塗香、末香、盤香……等。油有二種，一種是供養僧身用的，譬如年長的僧寶皮膚容易裂傷時可以用來塗敷，叫作香油，另外一種就是點燈用的油。供燈就是以光明來供養。總之，見到如來寺廟、舍利塔、如來形像時，應當作種種供養。

若是塔廟有鳥獸來踐踏毀壞，鳥屎沾污、野獸亂咬踐踏而髒污了，要把它補平、塗淨。古時地板不是用水泥鋪的，更不會貼瓷磚；我們四、五十年前的鄉下，地板都還是泥巴，要把它搥平砸實，都是泥土地；當時的水泥地，是醫生家才有。當我們有水泥地時，醫生家中是鋪瓷磚的；古時既然是泥地，所以鳥獸進來拉屎灑尿而臭味難聞，就應當「治」之，就是把它挖除，然後再用泥土塡平以後塗抹平整，這就是塗治。掃除令淨，就是把鳥糞或不淨的雜物掃除掉，使寺院中清淨。

若是暴風吹壞或水淹壞了、火燒壞了的地方，若自己有力量時就把它治理好，意思是儘量不必讓別人共同來做。言外之意是：這福田你自己種，不必分給別人種；因爲這是無量報，在後面將會說到。既然無量報，這麼好的生意爲什麼自己不做？所以亦當自治。若是自己眞的沒有能力，那就勸別人一起來做，人多了就可以用金銀銅鐵土木來做。

如果塔、廟有塵土不淨，就灑掃除拂。灑掃是因爲泥地容易塵土飛揚，又會坌污了佛像，所以在地上先灑一點水，然後再掃除。供桌及如來形像就用淨刷或拂塵來清淨，不能夠用掃把去掃；如果有污垢而拂不掉，可以用香水擦洗。若是泥土做的佛像，當然就不可用香水了；若是石雕或金銀銅鐵所做的，可以用香水把它洗乾淨。假使建造寶塔，製造了佛像，做好以後要以種種幡蓋、燃香、鮮花奉上。若沒有眞實的寶物，自己的能力辦不成，就退而求其次，改用泥土或木頭來造像；做成以後同樣以幡蓋、香花及種種伎樂來讚歎、供養。

如果是塔中長了草、雜木，或有不清淨的鳥獸死屍，或有鳥獸進來留下糞穢，或以前供的鮮花萎爛了，都應當除掉。若看見牆壁有蛇鼠進出的孔穴，要塞起來，並且治理平整。有些人是很鄉愿的，主張說：「你把鼠洞、蛇洞塞住，那老鼠們不是要凍死了嗎？」別擔心！牠們自有謀生之處。這裡供養三寶、佛的聖像所在之處，應當要莊嚴它，怎能讓鼠蛇來髒污呢？

【「銅像、木像、石像、泥像、金銀、琉璃、頗梨等像，常當洗治，任力香塗。隨力造作種種瓔珞，乃至猶如轉輪聖王塔。精舍內，當以香塗，若白土泥。作塔像已，當以琉璃、頗梨、眞珠、綾絹、綵綿、鈴磬

繩鎖而供養之。畫佛像時，綵中不雜膠、乳、雞子。應以種種花貫、散花、妙綍、明鏡、末香、塗香、散香、燒香、種種伎樂歌舞供養。如晝，夜亦如是；如夜，晝亦如是。」

講記　如果所造的佛像是銅像、木雕、泥做、金銀、琉璃、頗梨物所造的聖像，都應加以香水清洗或泥土補治。做好之後再依自己的能力，以種種自己所能提供的香粉塗上，不要讓它有臭味。如果連香粉也沒有，至少把泥土做成的佛像，用白土泥塗好，不要讓它顯出黃土、紅土的模樣。建造了塔像之後，應以琉璃、玻璃供養（以前玻璃很名貴，把窗戶換成玻璃也是大供養），或以眞珠、綾絹、綵綿、鈴磬、繩鎖而做種種供養。綾絹的供養並不是買來一整匹就放上去供養，而是把綾絹做成種種莊嚴的模樣來莊嚴塔廟；若有僧寶，就在供佛形像以後轉供僧寶，這就是綾絹的供養。

畫佛像時，在繪畫佛像的綵料中，不要雜進膠乳與雞子。因爲古時的膠都是把動物的骨頭煉成黏黏的膠，加上顏色而做成畫佛像用的顏料，這種動物膠的顏料就不許用。也不可雜進乳汁去做，不管是牛奶或羊奶都不要用，凡是動物性的都不可用。雞子就是雞蛋，有時為了讓顏料它有黏性，不用膠時就加上蛋白，這些都不能用。佛像造好時，要用種種花貫（花貫是把花瓣撕開，一瓣一瓣的串起來，就像夏威夷人迎賓時把整串花瓣掛在頸子上）掛在佛像上供佛；散花則是把花瓣一瓣一瓣撕下來，用手一把抓起來，往佛像上方撒下來；同時也在塔廟中把花瓣到處撒，用以莊嚴道場，這就是散花供養。妙拂就是拂塵子，看你能做多好的拂塵，做好了就送來供養。還有供養明鏡，讓大家禮佛前先莊嚴儀容，大眾就不會在塔廟中披頭散髮、威儀不整的禮佛及做事，這是明鏡供養。再加上末香、塗香、散香、燒香等，作為供佛形像之用；也可以加上種種伎樂歌舞來供養。如同白天時這樣供養，晚上也應如是供養。換句話說，塔廟建成後，佛像也安立好了，應當一日一夜供養。供養時該注意那些事項呢？

【「不如外道燒酥大麥而供養之，終不以酥塗塔像身，亦不乳洗。不應造作半身佛像。若有形像身不具足，當密覆藏，勸人令治；治已具

足，然後顯示。見像毀壞，應當至心供養恭敬，如完無別。如是供養，要身自作；若無自力，當爲他使；亦勸他人，令佐助之。若人能以四天下寶，供養如來；有人直以種種功德，尊重讚歎，至心恭敬；是二福德，等無差別。」

講記　佛又交代說：供養時不可以像外道那樣燒酥、燒大麥來供養。千年來一直有佛門外道這麼做，他們叫作火供。知道什麼宗派嗎？（大眾答：西藏密宗！）正是西藏密宗嘛！那其實是外道法，也是　佛所禁止的，可是他們到現在仍在做。其實那是供養鬼神的作法，所以不如法。這也有開緣：譬如有時你以檀香粉供養，上面撒了幾顆芝麻，增加香味，那是可以的。但是藏密不是這樣，他們是整整一大盤芝麻，或一大盤大麥，或者整盤牛乳煉成的酥，都是整盤火焚而作供養，叫做火供，正是外道法。這種供養不是清淨的供養，是供養外道神祇，作爲祂們的食物。　佛交待要供養如來形像的目的，並不是要你供養給如來食用，而是表示崇敬，同時也可以給護法神眾享用，所以不必像藏密那樣多。所以燒香供養只是表示清淨供養與崇敬，並不是要以酥和大麥、穀類等食物做爲鬼神的供養；所以佛門四眾都不應違背　佛的告誡而像藏密外道一樣燒酥、燒大麥、穀物供養。他們做火供，有時是十幾盤，三、四十盤的大麥，倒進一個大桶裡面燒，那是以外道法的火供方式作供養，當然供養的都是鬼神，諸佛菩薩都不受這種不如法的供養，所以佛門四眾都不應效法藏密以外道法方式作的供養。

也不可用酥粉來塗抹塔或佛像，更也不可以用牛奶、羊奶來洗浴佛像。也許你們會想：「哪有人這麼奇怪，用牛奶在洗佛像的？」我說有啊！而且還有人用酥油洗神像的。假使因緣成熟了，有一天我們去朝聖時，你們會在「瓦拉那西」看到：那裡的街道都是窄窄的，房子都是用石頭建造的，每一家房子都有一個轉角處的牆腳凹進去，凹進去的地方都是四方形的，裡面就放著一尊石雕的濕婆神像；他們的信徒每天早上都要去濕婆神大廟中供神，路途看見了濕婆神像時都要以洗浴作供養；有錢人家就用銀做的小茶壺，沒錢的人家就用鋁做的小茶壺；茶壺中裝著牛乳或香油，他們都不敢拿低，都是高舉過眉，免得不敬；一出門就嘴裡不斷唱唸著：「喔！南無希哇嚕！」意思是：「喔！歸命濕婆神。」

一面走一面唱唸。我去朝聖時聽到這一句話，就在心中記下來：「南無希哇嚕。」當時不懂是什麼意思，後來定中、夢中稍微憶起梵咒，才懂得那句話的意思。他們往神廟的路上，要經過很多人家，路上櫛比鱗次的房子，每一戶牆腳都有一尊濕婆神的石像；他們就口中唸著「歸命濕婆神」，同時把壺中的香水或香油、牛乳，往神像頭上淋一些。但是那一次去朝禮聖地時，在瓦拉那西街道上，只看見香水或香油，沒有看到用牛奶的。他們這樣供養洗浴的結果是：每一尊濕婆神像都是烏漆抹黑的。我們佛門不該學這個，所以千萬不要用酥油來塗抹塔身或如來形像，也不可用牛奶洗浴佛像，必須保持塔廟與聖像的清淨與莊嚴。

也不可以造做半身的佛像；雕佛像時必須是全身的，或立、或臥都可，但不可以雕半身的。有的人只雕頭像，那是不如法的。如果有人做半身的佛像，也就是只做胸像，是不如法的；若是得到了古董級的佛像頭部，應該趕快找到身像，迅速合併完整，才是如法的行爲，不可收藏起來作爲古董。有的佛像身形已經不具足了，要秘密的藏起來，不可讓人瞧見，但是要找人來修補好。有人在傳說：「你們那本《學佛之心態》

的封面佛像都斷了一隻手，你們還在用？」我說：正是要用那一尊斷手的佛像，象徵正法被他們搞斷了一隻手！除此以外，我們不會再用這種形像不全的佛像。那本書的封面，就是顯示當時的狀況，平常都不能用這種佛像。所以我們書籍的封面設計，如果是用殘缺的半身佛像，或殘缺成只有頭像的，我都不同意，就只有那本書會採用。佛像缺漏、毀壞的部分都修補好了，才可以顯示給大眾看。如果有看見寺院中的佛像毀壞了，這是說已經荒廢了的寺院，可能有小孩子調皮、不懂事，或者野獸加以毀壞了，我們應當要至心恭敬供養，然後稟告清楚再撤下來修補；撤下來之前要至心供養、恭敬，好像完好如初一樣。這樣的供養與修補，最好是自己身體力行去做；若自己沒有財力，應當勸請別人出資，我們為他出力。「當為他使」是我們自己讓有財力的人使喚，共同把佛像修補好；同時也要勸請別人一起來幫助完成。

照經文開示，我們將來若有因緣去朝聖時，可得要準備一些物品，因為那邊有很多地方都沒辦法買得供品來供養了。所以應該準備一些風燈——煤油燈附有玻璃燈罩的——帶一些去。到了那邊，再臨時買一些煤油就可以供養燈明了。就把燈放在那邊供佛，假使有人偷拿了去，那是別人的事，與我們無關；一旦供上去，未來世就光明無量、福德無量。到時也得在當地買一些花、香去供養。甚至可以委託旅行社幫我們準備一些掃把，若遇到荒廢的寺廟就掃乾淨，掃了以後就放在那邊，不要帶走；萬一有人要把它掃乾淨時也可以用，這些物品都是可以供養的。

佛又接著開示：如果有人能以遍滿四天下的寶物供養如來，福德當然很大；但若有人沒有錢財，而以佛地的種種功德法相，至心恭敬的說出來讚歎，這兩個人的福德是相等而沒有差別的。所以請諸位記得把前面所說佛地種種功德記住，將來去朝聖時，如果人家以種種寶物供養；你就與大眾以種種偈頌恭敬唱出來供佛。如果你能用印度話讚歎，讓當地的印度人聽見，喚起他們對 佛陀的記憶，功德、福德就更大了，因爲他們現在都誤以爲 釋迦佛的證量與福德是不如濕婆神的，所以他們現在把 釋迦牟尼佛收編成印度教的四大護法神之一。但是他們根本不知道 佛陀有什麼偉大功德了，不知這是濕婆神永遠都無法想像的。假使有人會印度話，去朝聖時就在那邊唱給印度人聽，喚起他們對 佛的恭敬心，這個福德也是一樣大的。這就是說，隨喜的功德並不輸給財寶供養的功德。所以看見有人護持正法時，你就趕快隨喜：「某某師兄、師姊功德無量啊！你這功德多麼偉大！」你就讚他護持正法利益了多少眾生，護持正法能使人證得大乘或二乘菩提，加以宣揚之後就獲得廣大福德與功德了。不可如同某些愚癡人，心中嫉妒就背地裡說：「哼！他有錢啦！我沒有錢嘛！我沒辦法。有錢！有錢也不必在我面前護持炫耀嘛！」這眞是愚癡人！不但少了隨喜的福德，又增加了自己學法的障礙。所以隨喜功德、隨喜福德都是很重要的，那就看他懂不懂得把握了。

【「所謂如來，身心具足；身有微妙三十二相，八十種好，具足大力。心有十力、四無所畏、大悲三念、五智三昧、三種法門、十一種空觀、十二緣智、無量禪定，具足七智，已能度到六波羅蜜岸。若人能以如是等法讚歎佛者，是人則名眞供養佛。」】

講記 接下來解說諸佛的偉大功德，所以大家應當供養，也說眞正的供佛應該如何供養。佛開示說：佛教中所說的如來是身心具足的。

也就是說，如來是具足身所有法、心所有法的，但是眾生並不知道。身法，譬如藉由融通妄想而可以改變身相與內相分，這些法眾生何嘗知道呢？乃至很普遍可以見到的融通妄想，也是身所有法，但是眾生也都不知道。有很多人學佛數十年，都沒有想到過融通妄想的心能轉物。心能轉物的融通妄想，也有許多不同的層次。證悟以後很清楚知道眞心如何轉物，還沒有悟的人至少也可以知道一點心如何轉物的事情，譬如把你拉到懸崖邊站著，你的腳心就酸了，手腳就冒汗了（不是指手汗症的冒汗），這也是心能轉物的一種，這也是融通妄想的一種，也是身所有法，但是通於心所有法。可是，學佛人有多少人知道這個呢？幾乎沒有人知道。所以，心與色身這個物，是可以相通的；但是相通卻有相通的道理：得要有末那識，也得要有阿賴耶識，你才能相通，不然絲毫都無法相通的。但這已經沒有人知道了，然而諸佛都具足了知；不但如此，八識心王的一切法也都具足了知，所以說諸佛是身心具足的。

又說諸佛身相具足：諸佛都有微妙的三十二種大人相，還有八十種隨形好，一一好相中又有無量好相，也具足無量無邊的威神之力，這就是如來身。如來心還有十力、四無所畏。十力、四無所畏，以前講過了。還有大悲三念、五智三昧。五智，五智是四智心品（平等性智等四智）再加上因地就已證得的法界體性的智慧，合稱五智。三昧是指種種的三昧，另有三種法，就是戒定慧學：增上戒學、增上定學、增上慧學。十一種空觀是內空、外空、內外空、大空、無所得空……第一義空等十一種空觀，是屬於般若系經典所講的空觀。十二緣智是依十因緣而說的十二因緣觀的智慧。以及無量的禪定，無量的禪定主要指四無量心，當然還包括無量的禪定三昧所生的種種法。又「具足七智」，七智是：知法智、知義智、知時智、知節智、知己智、知眾智和知人智，顧名思義就可略知。諸佛也都是自己能度到六波羅蜜的彼岸。如果有人能以這些內涵詳細的說出來讚歎如來，這個人就是眞正的供養佛。所以我在這裡解說如來的功德，也是在供養 佛陀；諸位聽了歡喜，也是隨喜供養 佛陀，這就是「眞供養佛」。供佛的意義，一般人觀念中總是侷限在一個很小的範圍中：每天買了飲食、水果、香花來供佛。其實有很多方法都可以說是供佛，我過去世的習慣是：凡是有人供養我僧服時，我就先拿來轉

供　佛陀；因爲我往世的習慣是不收錢財供養的，所以自己也沒什麼錢財；因此常常會有人送水果來供養我，我就先拿來供養　佛陀。往世也常常有人供養我僧服，我就先拿來供佛，供佛以後就直接送到方丈室去供養　克勤和上，這是我的習慣；如果方丈不用就會賜回來給我，我就轉送給師兄弟們，所以有很多往世的師兄弟收過我供養的僧服，這一世都忘了，還在背後罵我邪魔外道，等到以後有緣見面時可能就會心中難過了。這種習慣到現在印象還是很深刻的存在，這也是供佛的好方法：別人在我身上植福，我在佛身及　克勤大師身上植福，所以這一世早早就可以退休專修佛法了！所以供佛的方法有很多，不必侷限在一個小事相上。你能宣揚佛地的功德，這也是眞供佛啊！因爲你是以至誠心使眾生對　釋迦佛產生了欽仰，這就是眞正的供養　釋迦佛了。

【「云何名爲供養於法？善男子！若能供養十二部經，名供養法。云何供養十二部經？若能至心信樂、受持、讀誦、解說、如說而行；既自爲已，復勸人行，是名供養十二部經。若能書寫十二部經，既書寫已，種種供養如供養佛，唯除洗浴。若有供養、受持、讀誦如是經者，是則名爲供養法也；供養法時如供養佛。又復有法：謂菩薩、一根、辟支佛人，三根三諦；若信是者，名供養法。」

講記《優婆塞戒經》主要爲在家菩薩說的，所以在布施的因果、原理與方法上有很多說明，很注重布施的原理與果報。既然細談布施的因與果，就一定會談到法供養；這在供養三寶上來說，是非常重要的事。供佛與念佛在前面已經說過了，接下來說供養法。什麼叫作供養法？佛開示說：供養十二部經就是供養法。供養十二部經又是什麼意思呢？有兩種供養：有愚人的供養法及智者的供養法。供養十二部經的第一種是有智慧者的供養，佛說，若有人能以至誠心相信，而且歡喜快樂的接受十二部經，受持而使十二部經不會消滅、散失，可以繼續流傳而不致消失，就是受持十二部經。如果有人不只這樣，還把十二部經加以讀誦及爲人解說，也是供養十二部經。大部分人都以爲受持就是把它保存起來，不讓它遺失或毀壞；但是還有另一種受持，譬如印刷出來與有緣人結緣；還有一種現代很流行的方法，是印了以後送給各圖書館保存起來，這也是受持。但是智者的受持而供養法，不只是這樣；有智慧的人供養十二部經，並不是擺在經櫥中保管好，而是常常請下來讀它、誦唸它。讀是瞭解經中的義理，誦是讀不懂而把它作爲早晚課誦的內容。若是讀不懂時可以每日誦唸它，誦一年還不懂時就誦兩年，兩年不懂就誦三年，久了以後會有一小部分突然懂了，這就是課誦的功德。課誦時當然不只有這個功德，課誦的時候也會有鬼神在聽經，所以課誦也是度眾生的一種，也是法供養的一種。

有些老人家，你把佛經課誦的錄音帶送給他，可是他卻裝在錄音機中擺在佛像前放音，你問他說：「怎麼你不跟著誦？」他說：「我要放給佛聽啊！」有智慧的人就說：「這是佛陀講的，你放給佛聽做什麼？佛又不是不懂！這是要給你聽的。」可是有些老人家就是轉不過來，眞沒辦法。法供養的眞義是要自己去讀、誦，漸漸瞭解其中的義理。如果義理瞭解了，就應該爲人解說。譬如你爲人宣講阿含解脫道的眞實義，教導大眾不要在我所上執著，也不要在自我上執著，也得要自己不執著我所與自我，所以不但要爲人解說，還得要自己也如說而行，才是眞正的供養法。自己這樣供養法，同時也要勸別人同樣的供養法。自己至心信樂、受持、讀誦、解說、如說而行，也勸別人同樣信樂乃至如說而行，能這樣做的人就是能自利利他的人，就是眞實的供養十二部經。這才是有智慧者的作法，沒智慧的人就書寫十二部經，然後供在佛案上，每日以鮮花、飲食、燒香來供養，如同供養佛一樣。

供佛時，佛像如果髒了就要洗浴，再把它擦乾淨。但是供養法時，經典若有污垢時不可比照辦理，所以「唯除洗浴」。供養完了就放進經櫥中收藏起來，可是愚人不但收藏起來，還不許人家請下來研讀。其實供養十二部經的目的，是要讓有緣人請去讀誦及理解眞實義，不是要擺在那邊供養的，那是世俗人的供養。如果書寫、抄經完成以後供養起來，若能再加上受持、讀誦，那也算是法供養，但這個就是一般凡夫的供養。愚人則是在燒香……等供養後，請上經櫥不許別人取下來閱讀；二十年前常常有寺院不許徒弟打開經櫥請下來讀，會挨罵的。現在這幾年似乎沒有這種現象了。而且現在印刷術發達，不用抄寫，不像以前貴重得很。印刷出來以後應該要供大家讀誦，然後爲人解說、如說而行。不但自己要這樣，還要請別人一樣這樣做，那才是眞正的供養法。

但是這種供養並不是人人都做得到，所以一般人能受持讀誦，再加上印經（助印）就算很好了，因爲如實理解經中的眞實義並不容易。大家想想看，別說第三轉法輪的方廣經典，光是第二轉法輪的般若經典都沒辦法懂得了，甚至於有人出家了六十幾年，現在都要慶祝白歲壽誕了，卻對般若經都嚴重的誤會，那麼一般人更是談何容易呢？鼎鼎大名的大師——佛學導師——都誤會而說第八識心以外另外有法，還說他講的那個法才是眞正的佛法；他創立新說，說有一個法性是眞實存在的，那個法性是外於我們的實相心第八識獨立存在的，這不是成了心外求法的外道嗎？佛說心外求法就是外道，所以連出家六十幾年、已經快要七十年了，即將慶祝百歲壽誕了，連這種專業弘法的人都沒辦法如實了解經中的意思，當然更不可能如說而行，何況是一般學佛人呢？

至於如說而行，這又有層次差別不同，若是一般凡夫，因爲經中說應該爲人說法，他就爲人說法；經中說應該護持正法，他就護持正法，就是如說而行。但是一旦證悟了，如說而行又不同了，學人來請法：「如何是佛法大意？」「你問什麼？」他會反問你，這已經是如說而行了。有時禪師根本不和你說話，對你踹一腳就走了，他也是如說而行。乃至諸大菩薩，那是超越禪宗祖師境界的，玄奘菩薩不就是這樣嗎？他以道種智爲大眾宣講一切種智，那也是如說而行。所以，如說而行是有很多種的層次差別不同，就看個人的因緣及證量修爲，這些都是供養法。所以，供養法有很多種層次差別不同。還有另一種供養法，就看你的信具足與否：信，有信根，有信力。信根具足，也是供養法；信力發起了，也是供養法。

法有三種（因爲學佛法的人根性有三種，所以法就有三種），本來是只有一法，一法就是唯一佛乘，就是《法華經、華嚴經、大般涅槃經、勝鬘經》講的唯一佛乘；可是因爲修學佛法的人有三種根性：第一種根性是菩薩，最上無比故名第一，又能生生世世不斷受生而度眾生，所度眾生極多，如同大白牛車載人極多，故又名爲大乘。第二種根性叫做一根，他的根性是永遠不會轉變的，叫作定性聲聞，決定性的不迴心聲聞人；因爲法小如同羊車，所以稱爲小乘法、小乘人，又稱爲聲聞乘，名爲一根。第三種人是緣覺乘，如同鹿車能度較多人，故又稱爲中乘，就是辟支佛人。學人有三種根性所以就有三種諦——三種眞實的正義。三根三諦講的就是三乘菩提及三乘法的修行人，但是修學聲聞乘，不能專在四聖諦、八正道、七覺支上面講，那只是聲聞法門中的方便法；聲聞菩提的修證應該偏重於我所及我見、我執的斷除，所以不能專在四聖諦、八正道、七覺支上講，那都只是幫助大眾斷除我所執著而已，應該特別在我見、我執上面來講四聖諦、八正道、七覺支，這才有意義。但是現在我們看到的南傳佛法、原始佛法的道場，大多不叫你斷我見與我執：嘴裡說要斷我見、我執，實際上說法者自己的我見都沒有斷；他們強調：「你如果要證初果，就要保持清淨念、清淨覺。」請問：「清淨念跟清淨覺又是何許人？」（大眾回答：意識。）正是眾生我！所以那些南傳佛法的說法者，我見從來不曾斷過，如何能教導別人斷我見、證初果？

但是斷除我見，從菩薩與聲聞人的證境來看，還眞的有深淺差別，因爲聲聞初果斷我見，他是從覺知心的總相上斷；菩薩的斷我見則是連覺知心的許多種變相也斷除的。舉個現成例子好了：我們這幾次禪三精進共修，照例一開始就先殺掉大眾的我見；講了一個多鐘頭，大家已如實理解了！最後問到：「我見斷了沒？」答：「斷了！」大家好歡喜，斷了我見。接著一一講解三縛結，然後請大眾現前觀察，然後又問大眾：「三縛結斷了沒？」「斷了！」也很歡喜。但這其實都只是總相斷，覺知心的別相仍然沒有斷盡。所以開始參禪找眞心如來藏時，好多人進了小參室說找到了，結果找到的卻是意識心的變相，還是在我見範圍中，我見還是沒斷盡啊！還好！只不過是我見的變相——別相——沒有斷除。這就是說，覺知心有多種的變相，祂變化出很多種不同的法相來，因爲變相很微細，不是聲聞初果人所能斷的；所以菩薩斷我見和聲聞斷我見，是有差別的。從這裡就顯示出來，大乘法所修的解脫道是深細的，聲聞乘所修的解脫道是粗淺的，所以大乘、二乘是不同的。

聲聞法是純從蘊處界的緣起性空來作現觀的，緣覺法則是從十二因緣來作現觀的。聲聞親從　佛聞因緣觀，緣覺獨悟因緣觀，都只有二種：流轉門與還滅門。可是菩薩的十二因緣有十種，每一種又都有流轉門與還滅門，我們現在還沒機會去講。你說，菩薩的因緣觀和二乘人所修的因緣觀，怎麼會相同呢？當然是截然不同的。就像我們書中寫：阿羅漢不證無餘涅槃。初學人聽到我這麼講，罵將起來：「你這個蕭平實好大膽！連阿羅漢你也敢毀謗。」可是等到《邪見與佛法》讓他讀過，他再比對四阿含諸經以後：「喔！平實居士還眞的對了，阿羅漢眞的不證涅槃。」是不證涅槃啊！因爲入涅槃時，阿羅漢十八界都滅了，純然無我了！哪能知道涅槃中的本際──如來藏──離見聞覺知？而本際如來藏自身也沒有六塵中的證自證分而不能反觀自己，又有誰知道無餘涅槃中的境界？所以說阿羅漢不能實證涅槃，他們哪有到彼岸？根本就沒到彼岸！他們只是免掉分段生死而已，都沒有到彼岸，只有菩薩隨同諸佛親到涅槃彼岸。所以菩薩寫出正論時，阿羅漢縱使有人不服氣，卻沒有膽子來找菩薩理論。

菩薩說：「我還沒有取證無餘涅槃，但是我已經親到涅槃彼岸了。怎麼說呢？彼岸就是如來藏境界、自心現量境界，我還沒有捨報，但我已經在彼岸了，不離生死卻已親到不生死的涅槃彼岸了。」你們這回禪三破參的人現前觀察一下：看看是不是這樣？目前在不在涅槃彼岸啊？

（大眾回答：在！）在啊！你住在如來藏境界，而無餘涅槃中正是如來藏獨住的境界，你眼前就已經與如來藏的自住境界同在了，而你蘊處界都沒有滅失，當然可以現觀無餘涅槃中如來藏獨住的絕對寂滅境界，那不是正在無餘涅槃的彼岸中嗎？可是你眼前仍然還在輪迴生死。這是二乘無學聖人所不能測度思議的，所以佛法絕對是有三乘差別的。但是佛法本來是唯一佛乘，隨著眾生根性的不同，分出不可思議解脫法中的一小部分來，施設爲聲聞乘；又分出一小部分來，施設爲因緣觀，聲聞人也可以聽聞佛說緣覺的因緣觀，可以現世證得解脫，就有極大信心而願意追隨 釋迦牟尼佛到處去說法利眾，以他們親證解脫的現前事例而使眾生信受了，然後 佛觀因緣成熟了，再爲他們宣講般若；等到有人迴心大乘而親證如來藏了，能現觀中道境界了，再轉第三轉法輪來提升大眾，要讓大眾發起種智而轉進初地中，這樣一步一步誘導大眾升進，漸次邁向佛地，這才是眞正的成佛之道。所以眞正的成佛之道是以第八識如來藏爲中心的，不是以緣起性空的無常斷滅境界作爲成佛的境界。

可是應成派中觀的學人不信，他們說：如來藏是外道神我，第八識只是一種思想，是你們大乘人編造出來的，第三轉法輪的大乘經典也都是晚期佛教的後人編造的。他們這個意思是說：菩薩比 佛陀厲害，寫出比 佛講的更勝妙的法義來。但是我們在這裡用《長阿含經》來舉證，《長阿含經》 佛說：此界的過去劫諸佛，有佛一轉法輪，有佛是二轉法輪，有佛是三轉法輪，又說：我釋迦牟尼也是三轉法輪（註）。這是《長阿含經》中說的，那他們要怎麼說呢？這不就有三轉法輪了嗎？若阿含中說有三轉法輪，那第二、第三轉法輪的般若系、唯識系諸經，不正是佛陀親說的經典嗎？印順他們爲何還要處處暗示是 佛入滅後的菩薩們集體創造的僞經呢？這還是他們所信受的原始佛教經典明說的前後三轉法輪，正是他們認定爲人間最眞實的佛教經典。如今我就用原始佛教經典來與他們講，要讓他們啞口無言，除非他們把四阿含諸經也都否定了！但是這樣一來，他們就是不依經典而說法的人了！這就等於向佛教界宣告：他們是外道，所以不依佛教經典眞義弘法。（註：三轉法輪義理，詳見《阿含正義》第一輯舉證與說明。）

所以，有時眾生都是菩薩根性，就讓他們從明心見性修般若別相，再修一切種智，一步一步進修無生法忍，但解脫果是特地留到七地滿心時才完成的。雖然在初地滿心時已可完成解脫果，卻不教他斷盡思惑，不要他取證慧解脫果；三地滿心時可以證滅盡定，卻不教他取證，不讓他成爲三明六通的俱解脫者；乃至六地滿心不得不證滅盡定，還要教他故意保留一分思惑不斷，留惑潤生而入七地初心中；七地滿心證得念念入滅盡定，阿羅漢連想都無法想：什麼是念念入滅盡定？雖然已證這種境界而不得不斷盡思惑，卻不許入無餘涅槃中，要依七地所修的善巧智慧仍在三界中受生，如此轉入八地心；所以七地滿心才斷盡思惑而轉入八地中，卻還不許他入無餘涅槃，要繼續盡未來際自利利他。但是二乘的決定性者都未親證如來藏，所以都不懂般若、不懂大乘法；而且他們一旦斷盡思惑就一定會入無餘涅槃，不可能還留在人間，絕對與菩薩不同，這就是因爲無爲法有所不同，所以導致有三乘聖人的不同，不可能只有聲聞乘的聖人而無緣覺乘與菩薩乘的聖人。《金剛經》不是說嗎：「一切賢聖皆以無爲法而有差別。」講的正是這個道理。

所以顯然是有三乘法，那些認爲只有一乘、只有解脫道，以解脫道來解釋般若、解釋成佛之道的印順派法師們，他們所信的原始佛教經典《長阿含經》中，早已明講佛法有三乘法了，只是原始佛法的聲聞道諸經中說到大乘法時，都是一、兩句話就帶過去，留待未來大乘法的第二轉法輪般若系、及第三轉法輪的唯識系經典中才加以廣說，所以他們的主張錯了。《長阿含經》中　佛已經講出二觀了：二乘法的**出離觀**、大乘法的**安隱觀**。**出離觀**就是蘊處界我消滅而進入無餘涅槃，出離三界生死。但是出離三界而出生死苦，阿羅漢們不是覺得很安隱的，心中總是想：「**我把六根六塵六識都滅了，最重要的意根與意識都根本不存在了，一切所知的我都已不存在而稱爲無餘涅槃，完全的無我時是不是斷滅？**」諸位想想看！會不會疑？如果你成爲阿羅漢了，會不會疑？（大眾回答：會！）當然會疑嘛！因爲阿含是專講解脫道的，可是爲了恐怕後人會像應成派中觀一樣誹謗，所以　佛早就預先埋了伏筆在阿含中，所以才會說無餘涅槃中實有本際常住不壞，無餘涅槃不是斷滅境界，但都只細說出離三界生死苦的**出離觀**而已，仍然不是究竟安隱的，因爲本際何在？阿羅漢們對此仍是無所知的，只是信受　佛說而不懷疑罷了！

所以就暫時安隱下來。

但在長阿含說的**安隱觀**，只是以一句話讓阿羅漢安隱：你們雖然滅了十八界而入無餘涅槃，但是無餘涅槃裡面有本際常住不滅。這就是**安隱觀**。阿羅漢們聽說無餘涅槃中實有本際常住不滅，雖然沒有證得，但知道入了無餘涅槃而滅盡自己以後不是斷滅，心中就安隱了！可是**安隱觀**說的無餘涅槃本際要如何證得？佛就不向他們宣講了。本際就是大乘經中才說的：「阿陀那識甚深細，一切種子如瀑流，我於凡愚不開演，恐彼分別執爲我。」或說：「陀那微細識，習氣成暴流；眞非眞恐迷，我常不開演。」這個阿陀那識（阿賴耶、異熟識）就是本際。「凡」是指凡夫，凡夫們聽不懂如來所說阿陀那識眞我的眞實義，就會以爲：如來以前講無我，怎麼後來又講常住不滅的眞我如來藏？那不是自相顛倒嗎？所以應成派中觀師們認爲佛陀說的法，第二、三轉法輪跟第一轉法輪互相顛倒。達賴喇嘛書上更公然的指責佛陀前後說法矛盾。其實哪有顛倒或矛盾？佛在後期的二、三轉法輪諸經講的常住我是第八識，四阿含中講的無常不住的無我性的「我」，是第六識及第七識意根，但是應成派中觀的凡夫們聽不懂，誤以爲　佛說法前後互相顚倒，把第八識當作是識陰中的第六識我，所以　佛才會說「我於『凡』愚不開演」。

佛對愚人也不開演如來藏妙法的，「愚」不是凡夫，是聖人而智慧不夠：沒有菩薩的智慧，所以叫做愚。「愚」是指二乘法中的初果到四果聖人，也包括辟支佛在內。　佛對二乘無學聖人都不開示演說第八識法，不教他們親證第八識——無餘涅槃中的本際，除非他們已經迴小向大而修菩薩法。所以阿羅漢們的智慧永遠不如證悟的菩薩們。從這裡來想想看：有沒有三根與三諦？當然有啊！所以佛法修證者一定有聲聞、緣覺、菩薩三種根性的不同，當然法就有三種不同的眞實理了！如果有人在大乘法中卻不相信有三根三諦，只相信有解脫道、有聲聞人，這個人就不是眞實的供養法。身爲大乘法中的行者，不管你出家或在家，你一定要信受大乘經說的三根三諦；你若眞實的相信了，就是供養法。

我們還要說一件事情，關於供養，我最喜歡法供養；金銀珠寶送來給我，我都把你退回去；但你如果是法供養，我都接受。現在要增加一項法供養，你們可以做得到。這是說，大乘見道有兩種：通教的見道斷我見，別教的見道證實相心——證得無餘涅槃中的本際。第一種對我的法供養是：你如果信受而確實斷了我見，就是以法供養我。第二種是大乘別教的見道，也有兩種：第一、明心見道，悟了之後不退轉，以此智慧功德作法供養，我接受。第二是眼見佛性，先相信無形無色的佛性可以眼見，你信受不疑，也是對我的法供養。如果懷疑：「明心就是見性了，為什麼明心還要來一關眼見佛性？」那就不名供養平實。有些人就是不信這個：外面那些人不信，當然是有原因的，他們想：「佛性無形無相，而你說肉眼看得見，我們都知道佛性的答案，可是沒有一人能看得見。」所以他們恨死我了：「只有你一個人知道怎麼見，我們怎麼想都想不出要如何見，氣死我了！」但是好多人明心之後，見道報告寫了，也被登載出來了！後來我又幫他眼見佛性，結果發覺二種完全不同，所以見性時激動得很，又來寫一篇見性報告。如果明心就是見性，那麼後來見性時又何必再寫一篇見性報告？內容既然都一樣，又何必再寫？可是寫出來的明心與見性的報告截然不同，大家可以詳細比較看看，顯然不同，所以大乘法中當然有兩種見道。你如果信別教的見道有明心一種，還有見性一種，信有兩種見道，就是供養於法。你供養了法，我就把它當作是供養我，讓自己因此樂和、樂和，這也是很好的，這也是我的法樂之一。所以供養法當然也有許多種，不必一定放在經櫥中每天上香上茶供養；你把經典讀誦通達也是供養法，為人解說、如說而行，再轉勸別人一樣如說而行，也是供養法，所以供養法也有多種的不同。但是從大乘菩薩的立場來講，一定要先相信有三種根性的人，還得要相信有三乘菩提正法的不同。能夠如此誠信不疑，也叫作供養法。

【「若有供養發菩提心受持戒者出家之人：向須陀洹至阿羅漢果，名供養僧。若有人能如是供養佛、法、僧寶，當知是人終不遠離十方如來，常與諸佛行住坐臥。善男子！若有人能如說多少供養如是三福田者，當知是人於無量世多受利益。善男子！菩薩二種：一者在家、二者出家。出家菩薩供養三寶，是不為難；在家供養，是乃為難；何以故？在家之人多惡因緣所纏繞故。」】

講記　佛又說供養僧。如果有人供養發菩提心、也已受持比丘、比丘尼戒的向須陀洹至阿羅漢果等聖人，就是供養僧。佛這段經文對供養僧的定義似乎比較嚴格，這在末法時代很難實踐，所以我們可以放寬一下而又不違佛意：「若有供養發菩提心、受持戒者出家之人、向須陀洹乃至阿羅漢果，名供養僧。」說一句老實話，末法時代的今天，想找一位向須陀洹的僧寶，眞的很難！向須陀洹是觀行斷我見，他的我見差不多快斷除了。有人觀行之後，知道說「我」確實虛妄：覺知心的我虛妄，眼耳鼻舌身識的我也都虛妄；他也確實證明是虛妄，只是一時間還不願意接受現前的如實觀察，也就是在見解上仍然不肯否定自我，那就叫作向須陀洹。如果後來眞的接受以前如實的觀察而把它斷了，譬如現代心理學上講的：在潛意識中接受六識心、受想行的虛妄了。以佛法來講：他的意根如同意識一樣接受受想行識的虛妄了，就是須陀洹人。雖然我執還在，但我見斷了，就是須陀洹，乃至向二果。聲聞四果各有向果的果位，四果都各有一向：向須陀洹、向斯陀含、向阿那含、向阿羅漢，總共有四向、四果，所以叫作四雙八輩。

如果有人能供養發菩提心、受持出家戒的人，這就是供養僧；如果有因緣供養到一位向須陀洹的出家人，來世的福報可就大了。佛在後面會說到，這個供養僧的人，未來世有無量福報。供養一隻沒有能力回報你的旁生，譬如路上看見了狗、貓餓得瘦骨嶙峋，你買一個肉包子供養牠，來世也得百倍之福報。但是供養向須陀洹到阿羅漢，都是無量報；問題是現在四處都找不到一位向須陀洹，北傳佛法如是，南傳佛法也如是。依據我們現在手裡所有的文獻來看，連我見都沒有斷，連覺知心、離念靈知心虛妄的道理都還不懂，何況能堅定的接受呢？現在想要供養須陀洹至阿羅漢，只有在正覺同修會中才有，目前只有我們會中的部分法師，以及悟後告長假而暫時離會的法師們有初果證量；不信的話，你們去外面找找看：從有些南洋自稱阿羅漢寫的解脫道修法的文獻，你會發覺他們都還落在覺知心上，連意識我的虛妄都不知道，我見都沒有斷。這是事實，不管誰聽了高、不高興，這是事實，因爲從那些文獻看來，他們連我見都沒有斷，卻被推崇或自稱爲阿羅漢。所以，當今之世想要有因緣供養向須陀洹到阿羅漢等出家人，機會是很微小的。所以我們把供養僧的標準放寬：只要是已受聲聞出家戒而且不犯重戒的出家人，你若供養了就是供養僧。

但是請諸位注意！供養僧是不包括在家人的，在家人即使證得阿羅漢果了，也不應受佛教徒供養。在二乘法中，在家人證得阿羅漢果時仍不被世人稱名為僧；在家人得阿羅漢果，在阿含中有兩個典故，但都不受他人供養；在解脫道中本來就如此，所以在家人證得阿羅漢果時也不許受供，得要出家才行。在大乘法中也有菩薩僧，也只有菩薩僧中才會有在家人；但是大乘法中的諸地在家菩薩僧，也都不受供養，除非 佛有下令：「為憐憫故，受某人供養。」這是被 佛指定接受某人供養時才可能受供的，這是人間示現在家身的菩薩僧一定要奉持的原則，而且是個案指定時才可奉命受供，於其他時節都不許援用而受供。譬如經上沒有說 維摩詰在人間時受人家供養，離開人間而被塑像供奉時，才可以在形式上受供。《法華經》中的 觀世音菩薩，有人想要供養祂，也是不接受， 佛當時指示說：「為了憐憫他，你就受了吧！」這時才受供養。寺院中大家供養 觀世音菩薩，是你覺得祂有受你供養，其實祂根本不受，你供了只是增長自己的福德，財物、食物仍然歸你擁有。如果示現在人間時，因爲憐憫而受供時，也都隨即轉出去布施，分毫不受。所以，只有大乘法中才有菩薩僧，只有證悟明心的菩薩僧中才有在家人，以外就沒有菩薩僧了。在二乘解脫道中的在家人，縱使成爲阿羅漢了，仍然不許受供，必須出家受聲聞戒以後才可以說是表相僧寶而受供。

但是大乘法中，菩薩僧如果現在家相，也是不受供的。你們看觀世音菩薩，還留著很莊嚴的長髮，而且文殊、普賢、觀音、勢至、維摩詰菩薩，都是長髮披肩、胸佩瓔珞……的在家相，你能說祂們不是僧寶嗎？不行的。這種僧寶若在人間示現應化的肉身時，也一樣不受供養的；所以在大乘法中也一樣，接受供養的菩薩僧一定都是剃髮著染衣，受具足戒而現出家相了，才會受供的。所以在家人千萬不要妄想：「**我明心了，我也算菩薩僧了，收點兒紅包不過分吧！**」收一毛錢就已太過分了，都不許收！若有哪個在家身的證悟學員要是收了紅包供養，我哪天上門去，亂棒打你一頓，因爲我從來沒這樣教過你。

「發菩提心、受持戒者出家之人」，發菩提心是發四宏誓願，受持戒就是受聲聞具足戒；若是廣義一點，只要出家了，加受八戒、式叉摩那戒，也可以廣義的包括在內。供養僧再加上供養佛、法，就是具足供養三寶了。如果有人能這樣供養三寶，就應該知道這個人永遠都不會離開十方如來的。只要你願意供養三寶，到了將要捨報時，總是會幫你安排最適合往生的處所。也許有人想：「這只是你自己隨便講一講的。」但我說的是眞的。四川省安岳縣有位老菩薩前年往生了，他在世時一直很後悔當年沒有來台灣，他是八十幾歲往生的。他年輕時任職於中央政府，是個小職員。那時候國民黨戰爭失利，國民政府退到台灣來，他當時想：「若是跟著去台灣，這一世大概沒希望回四川了。」就不願去台灣，可是他在家中睡午覺，睡到一半時有人告訴他：「你去台灣啊！」他想：「誰叫我去台灣？」轉頭看看沒有人，繼續又睡，剛快要睡著時又有人告訴他：「你去台灣啊！」起來看還是沒人，又睡下去，可是又有人向他再講一遍；三遍都沒看見有人，當時不懂是觀世音菩薩指點他。到他獲得《無相念佛》的書本時，才終於懂得是佛菩薩爲了他的道業而指示他的，後來就很後悔沒有來台灣。他死前發願要往生來台灣，希望快快長大，也希望我多活久一點。如果我任務提早完成先走了，他可就遇不到我了！他生來台灣，我捨壽去極樂回來卻要去大陸出生了！（大眾都笑！）這是現成的例子，證明佛菩薩會常對有緣人繫念安排的；只要能勤加供養三寶，佛陀或觀世音菩薩都會做好安排的。所以，佛說的一切話都是不誑語，都是如實語。你如果能供養三寶，十方如來都會照顧你，捨報時都會引導你投胎到適合的地方。你們如果不是受佛菩薩照顧，不會出生到當年鳥不生蛋的台灣來，所以當信諸如來的誠實語。

勤心供養三寶的人，「終不遠離十方如來，常與諸佛行住坐臥。」一切敬信三寶、勤心供養三寶的學佛人，從理上與事上來說都一樣，都是常與諸佛行住坐臥。從事上來說，十方如來既然會照顧你，當然會知道你在做什麼。從理上來講，你破參了，當然是常與如來行住坐臥的，而且每天晚上抱著祂睡，你就算睡著而忘了，祂也不會離開你。又說是與十方如來行住坐臥，因爲十方如來都是祂——都同一個體性——雖然各個唯我獨尊，但體性都一樣。你證得祂，就會看到眞相：在人間是祂，上了天堂（欲界六天）也是祂，上了色界諸天也是祂，到了無色界四天，你住在四空定中還是祂。如果不信而謗說祂不存在，只是方便施設的名相，捨壽下了地獄時還是祂；地獄罪受完了，來到餓鬼道時，咽細如針，腹大如鼓，餓火中燒，嘴巴一張開就吐火，好像很猛的樣子，其實是苦得不得了、虛弱得不得了，仍然還是祂啊！餓鬼道報盡，生到畜生道，還是祂，所以你如果證得祂，無量劫前的往世、現在今世、無量劫後的無量世中也都是祂，若沒有祂，就不會有自己的存在。現前十方虛空所有有情無非是祂，所以永遠離不開自心如來，當然是常與如來同住。

你若能供養三寶，三寶當然會回報你，一定會照顧你未來無量世的成佛道業。如果能這樣，佛菩薩會在每一世都幫你安排得好好的；每到某一個緣熟了，就向你示現、幫助，捨報時就幫你安排，那你不是常與諸佛行住坐臥嗎？「如果有人能像我釋迦牟尼所說的這樣，隨著自己力量多少來供養三種福田：佛、法、僧；這人一定是在未來的無量世中會得到非常多的利益。」但是供養三寶以後，假使心中想：「我今天供養到了一位僧寶，是開悟的聖僧。唉呀！來世不得了！無量福報了！」我告訴你：你只剩下福德而沒有功德了！供養就供養了，福德誰也搶不走，因為那是你的善業種，存在你心中，誰都無法搶走，你又何必記掛它？就如把錢存進銀行，得要你去了才能提領，就不必從早到晚記掛著銀行裡還有多少錢。所以在三寶上面種了福田，未來世有無量福報，別人都拿不走，就不需要記掛。都無牽掛時就得到解脫的受用．解脫於我所。這就是功德，自受用就是功德。

話說回來：菩薩有兩種，在家之人這樣供養之後，未來無量世多受利益。這會像滾雪球一樣越來越有福德，但不要起貪，起貪之後在某一世想要全部聚集起來時，就會有好幾百億的家財，可能就會放逸起來而造惡業。所以每一世都要留下一些福報不要去用它，把每一世布施得來的福德取一小部分來用，而繼續再累積起來滾雪球，這樣才能迅速成佛。這樣滾雪球的方法滾下去，福德增長很快，成佛就會很快。所以賺錢賺到一個地步，覺得差不多了：這一世生活沒問題了，就退休趕快努力用功。但是有個前提：你要遇到眞正的正法。若是遇到藏密外道法，退休用功將會越用功越慘：離正法越來越遠。在家菩薩累積福德比較容易，因爲在財物上供養三寶很容易，可是仍然不容易具足布施的功德。出家菩薩供養三寶就容易具足，譬如法供養很容易具足，在家菩薩做法供養就較不容易。供養諸佛也是一樣，出家菩薩容易，在家難，除非你有福德。在家菩薩中有很多人是這樣：早上想要供佛，得要看看配偶走了沒有？如果確定已經出門去了，手腳要很快的偷偷上供。看見她先生回來了，得要事先收起來，眞的很辛苦。如果沒有先收起來，她先生回來看到了就會造口業，又開始罵了。所以在家人供佛有時也常常會有困難的，所以說出家菩薩容易。

法供養也是出家菩薩容易。出家人的義務就是弘法利樂眾生，那就是對三寶做法供養，除非他弘法時是弘揚外道常見法、斷見法、無因論。所以出家了，法供養容易，在家比較難。在家人要作法供養，就要像我這樣四十幾歲就退休，又要度了眷屬跟你一樣學佛，並且還要求悟，才有見地能夠爲人宣說正法，否則就很難作法供養了。像我這樣能供養三寶的在家人，像我以在家菩薩身而弘揚正法作爲法供養，這是不容易的。所以在家之人很多惡因緣纏繞著，因此要供養三寶確實是不容易，所以看來還是出家好。

#《菩薩優婆塞戒經》卷四

〈六波羅蜜品〉第十八

【善生言：「世尊！如佛先說供養六方，六方即是六波羅蜜；是人則能增長財命。如是之人，有何等相？」佛言：「善男子！若能不惜一切財物，常於他人作利益事；念於布施，樂行布施；隨有隨施，不問多少；當行施時，於身財物不生輕想；淨施不擇持戒、毀戒；讚歎布施，見行布施歡喜不妒；見有求者，心則悅樂，起迎禮拜施床命坐；前人諮問，若不諮問，輒爲讚歎布施之果；見恐怖者，能爲救護；處飢饉世，樂施飲食；雖作是施，不爲果報，不求恩報施，不誑衆生。能讚三寶所有功德；不以斗稱雜餘異賤，欺誑於人；不樂酒博貪欲之心，常修慚羞愧恥之德，雖復巨富心不放逸，多行惠施不生憍慢。善男子！有是相者，當知是人則能供養施波羅蜜。」】

講記 六波羅蜜對大家很重要，因爲十波羅蜜對你們多數人來講，目前仍言之過早，所以仍以六波羅蜜爲主；而且此經是針對新學菩薩說的，所以應以六波羅蜜爲主。六波羅蜜在十信位中就需熏習了，從初住開始修布施波羅蜜，二住位修持戒，乃至到六住位時應修般若波羅蜜，總共有六度，這都是外門廣修六度萬行。接下來第七住是明心位，明心而不退失的人就是七住位菩薩。從此開始一直到十迴向位還是修這六波羅蜜，但已是進入內門廣修六度萬行。修這六波羅蜜滿足了，發起增上意樂就可以讓你成爲初地的入地心。

從初地就開始修十波羅蜜了，始從初地的精修法布施波羅蜜，到六地的精修般若波羅蜜完成六地滿心，七地再加修善巧方便波羅蜜，八地加願波羅蜜，九地加修力波羅蜜，一直到十地滿足智波羅蜜。但這些對你們來講，那是很遙遠的事，所以最主要的還是六波羅蜜；因爲這從明心前就要修，到明心後還要再修，一直到十迴向滿心爲止。所以善生童子又爲我們請問：「世尊！猶如佛在先前說明供養六方，又說六方就是六波羅蜜；佛說若能供養六方，這個人就能增長他的財富及壽命。請世尊：這種供養六波羅蜜的人，他們有什麼樣的行爲法相？」

佛先說明布施到彼岸的道理。有很多人努力布施卻是不能到彼岸的：有人是不布施而到彼岸的，有人是到彼岸而不布施；也有人又布施又到彼岸，也有人是不布施又不到彼岸的，共有四種差別。佛世尊說：「什麼是能布施而到彼岸？善男子！如果有人受持優婆塞戒以後，能不惜一切財物，常常在他人身上作利益事，也常常心中念著想要布施、想要利樂眾生；他心中也喜歡布施，只要手裡有錢財、食物，就會隨有隨施，都不管自己錢財或食物的數量是多、或少。」有的人心想：「今天口袋中只有兩百塊錢，這樣布施是少了些，不好意思。」但菩薩是隨有隨施而不計較數目的。有人想：「我今天錢太少了，只有五百塊錢，不好意思布施，等我有一萬元時再來布施。」可是他永遠都不會有一萬塊錢，這只是慳貪的藉詞；菩薩是隨有隨施而不管數目多少的。

當他正在布施時，對身上的財物從來不會生起輕微之想，因為他知道布施的果報很大。你們禪三過堂時不是同唱「果報無邊」嗎？我告訴你：真的是果報無邊！特別是我們的禪三，當你供養了打三的人，還真的果報無邊！因為你成就他們的道業，使他們專心參禪而能開悟明心。你想：供養一個人一世的生活所需，但他是不可能悟入實相的，果報就已很廣大了！可是你來供養一次禪三四天三夜，他們有人開悟了，你這個果報還小嗎？當然不小！所以過堂時的供養偈還眞寫得好：「果報無邊」。常常有人說：「我只供養一包香菇而已，眞的不好意思，別說是我送來的。」但其實不必怕別人知道。菩薩總是對於身上的財物不生輕想，因爲只要布施出去就果報無邊，怎麼可以作輕想呢？

菩薩還有一個法：淨施。淨施就是不以分別心來布施。布施時不先分別對象的德行：他持戒持得好，我供養了，未來世福報比較大；那個人破戒，我供養了，未來世的福報會比較差。不要這樣分別！不管他是持戒還是破戒，他只要是僧寶，你只管供養就對了！如果有在家之人需要布施，你不管他破了五戒或沒破五戒，當他有需要時，你就布施。不過這裡要交代：謗法、破法者除外。因爲謗法、破法者，護法龍天尚且要處置他，你怎可以幫助他？如果他是謗法、破法人，可是他生活飲食有所欠缺，你就救濟他，但不可以說：「這十萬塊錢幫你弘法。」那你就完了，這是破法的共業。如果只是個人戒行上有所虧欠，我們可以不管；若是故意毀謗正法、破壞正法，就只能在生活所需上面救濟他，但不能幫助他破法的行爲，這個分際一定要分清楚。

接下來還要讚歎布施。如果有一件可以布施的因緣，剛好別人先做了，你就不要抱怨，可以等待下次因緣，隨緣就好。有因緣時你就自己做，緣不夠時，你就讚歎隨喜。別人在布施時，你心中要歡喜，別嫉妒。有的人心態不好，看見人家布施，他心理上有壓力：「他比較有錢啦！我一直都沒有錢啦！眞倒楣！」千萬別在嘴裡老是講沒錢，不斷的講，講到後來都講衰了（大眾笑）。眞的會這樣。不管有沒有錢，你要記得讚歎：「某某人啊！你眞是功德無量啊！眞的是菩薩啊！」歡喜不妒，也有隨喜的功德。他行善得福德，你讚歎得功德，藉別人的善事生起自家的功德才是有智慧的人。

看見有人來求，心中要歡喜快樂，明知道他是來求你布施，你就或起、或迎、或禮拜、或施床命坐，客氣有禮的請他先坐下再說。這個床現在叫做椅子，古時的床字就是椅子的意思；古時沒有椅子，矮矮的床就是座位。古時禪師的禪床，你別以爲是一張床，其實只是比較大的椅子。這就是說，有人來求布施，我們要喜悅快樂的接待他。來請求的人，不論問或不問布施的因果，你都直接布施給他，然後就讚歎布施的果報。你知道對方不好意思開口，你就問明他大約需要多少錢財，然後布施給他，接著就讚歎布施功德與福德：布施給普通人，來世還可以獲得千倍之報，所以布施功德很大。他聽了，以後也會學著布施的，他自己也會檢討：「我變成人家布施的對象，別人未來世更加有錢財，我一直接受別人布施，未來世怎麼辦？」他就會省著花用，並且自己想辦法賺錢，再反過來布施。所以布施時不必問太多，不必給人難堪，就直接布施給他，然後就告訴他布施的福德。他聽了一遍沒感覺，聽兩遍就會有一點點感覺，聽上三、五遍就全都有感覺了。將來他會跟著你的腳步走，就會努力去賺錢來布施，不會一世老是享用伸手牌的財物，未來世中也會很有福報。若能藉著布施而使受施者後來也變成布施者，再轉度別人，他也可以得利益；然後也會用這個方法再轉度別人，使更多眾生同得利益。所以前人諮問、若不諮問，你都爲他們讚歎布施的果報。

若看見有恐怖的人，應該要救護他們。你想：「我有什麼力量？」那可不一定。如果有個人正好被逼債，俗話說：「一文錢逼死英雄漢。」

也許你正巧遇到一位好漢英雄，他很有仁義，只是因緣不濟，欠了人家三千塊錢還不起，就被人當眾羞辱。你就上前說：「我來幫你還了。」他就免掉恐怖了，那不就是財施兼無畏施了嗎？這也是救護眾生。若是處於飢饉的時代中，你正好又有錢，就得像古人一樣開粥廠，從早煮到晚，專門煮粥，看見逃荒的人沒得吃，就施給他一碗粥。古時開粥廠的事很常見，是富人懂得行善、樂施飲食。

菩薩雖然不斷的布施，心中卻不是為了未來世的福德果報而作，也不期待：布施以後會有被布施的人在將來日子好過時回報於自己。也不欺誑眾生。布施時也不可以欺誑受施者，譬如布施了一袋錢財給急需的人說：「這五萬塊錢給你應急。」其實裡面只有三萬塊錢。人家受你救濟，當然不好意思當面點數目，可是後來發覺數目不對，心中一定很不痛快，覺得吃了一些悶虧：三萬塊錢是得了，可是平白多了兩萬塊錢的受施名聲。這就是欺誑眾生。布施時不可誑騙眾生，而且還要讚歎三寶所有的功德，他以後富裕了，也會懂得供養三寶，正法就可以永續流傳。布施時「不以斗稱雜於異賤」，布施大麥時就全部都是大麥，不要在其中夾雜稗粟。又如白米有分等級，不可表面是一級米，裡面一半是三級米，否則就是「斗稱雜於異賤」。布施一斗的米糧時，要表面與裡面都一樣，若是裡面夾雜著異樣而低賤的米糧，就是欺誑於人，成爲僞善。

菩薩除了這樣以外，也不可樂於酗酒賭博貪欲。身爲菩薩卻每天要喝半瓶老米酒，人家看了說：「什麼菩薩？每天都是喝得臉上紅通通的，酒味薰天。」失了菩薩的威儀。也不可以喜歡賭博：有的人喜歡小賭，對世法來說雖然無傷大雅，可是仍然有違菩薩律儀。菩薩也不該花錢去嫖妓，雖然這並不算犯了邪淫戒，但是讓人家看了說：「菩薩常常去逛綠燈戶。」那可不好。還要常常修「慚羞、愧恥」的道德心。羞於見人，所以是慚；愧對別人，所以是恥。菩薩要常常修慚愧心，常修習羞恥的功德。有慚有愧絕不羞恥，無慚無愧才該羞恥。問題是：無慚無愧的人根本不懂得羞恥。有慚有愧的人才懂得羞恥，懂得羞恥的人是與善法相應的，所以這不是惡法。有慚有愧既是善法，就不必怕人家知道；所以做錯事時要當眾發露，發露就是慚：羞於對人。羞於對人時要如何去面對別人呢？那就是發露。發露正是面對過失的最好方法，當別人到處宣傳你的過失，你不如乾脆自己說了，別人就沒什麼好說的了！不論再有誰去到處講，人家都會反對那個人：「他都已經自己講了，你還講他幹什麼？」問題就解決了！可是要記得以後別再作壞事。「慚」是發露，「愧」是永不復作；所以有慚有愧是好事，能夠這樣修，才有資格說是菩薩。有慚的人知過能改，無慚的人知過卻故意不改，就會再加上好多的遮掩言語與動作。有智慧的人，發覺自己一句話說錯了，就趕快修止；沒智慧的人則是再用十句話來遮蓋它，後來十句話都被人拆穿了，就再編造一百句話來辯解，那多辛苦？因此菩薩要修慚恥之德。

雖然因為往世的布施而導致這一世很富有，但心中不可生起放逸之心。你們要修成一個習慣：看見了路上撿破爛、撿舊紙的人們，要以和善之心與他們搭訕幾句，雖然沒什麼好談的，你可以問他：「你今天好像撿得不少呢？」與他稍微聊幾句，他也會覺得人間還是有溫暖的，不是所有人都會上欺下的。這也是你的善心啊！即使家財萬貫，也不必輕視窮人家！有錢財，其實沒什麼可以傲人的，只不過是往世有個好因緣，布施對了，所以今天家財萬貫。有的人往世很會挑福田，看準了就一大筆錢財布施，對於其他的福田都看不在眼裡。這種人在這一世會很有錢，但他會瞧不起一般人，更瞧不起窮人，我也遇見過這種人。這部經中將會說到布施的因果，你若懂了，就可以判斷某些人過去世的布施因緣，後面　佛都會教導。我們就算這一世很有錢財，也不要放逸，更要善待窮苦人；要常常用你廣大的福德，多行惠施；要施恩惠於眾生而作布施，但是布施時心中不要生起憍慢心。如果能依照　佛的這些教導，從不惜一切財物施於他人，從常做利益之事開始，到最後的多行惠施、不生憍慢；常有這種心行相貌的人，就是真能供養布施波羅蜜的人。

布施與福報間的關係，有很多不信因果的人不懂，他們想：「我賺錢好辛苦，這錢還要拿去布施？」但他們越不肯布施，未來世中就會永遠只能賺辛苦錢。布施就是把貧窮布施出去，想要有錢的話，應該檢討：現在世爲什麼沒錢可用？福報又是如何來的？其實福報就是從布施來的，不是無因而有的；正因爲往世都不布施，所以這一世就都沒有錢財，老是貧窮。想要把貧窮布施出去，就把部分錢財送出去；只要維持生活沒有問題，多餘的就隨緣隨力去布施，未來世就有福報而脫離貧窮了，這就是把貧窮布施出去了。布施時不要有惡念惡心，那就是把惡法也布施出去了。布施時了知布施的因果，知道果報無邊，就是把無明布施出去了；能這樣修般若的人，未來證悟就有機會了！

【「善男子！若有人能淨身口意，常修軟心，不作罪過；設誤作者，常生愧悔；信是罪業，得惡果報。所修善事，心生歡喜；於小罪中，生極重想；設其作已，恐怖憂悔。終不打罵瞋惱衆生，先意語言，言輒柔軟。見衆生已，生愛念心。知恩報恩，心不慳吝。不誑衆生，如法求財，樂作福德。所作功德，常以化人。見窮苦者，身代受之；常修慈心，憐愍一切。見作惡者，能爲遮護；見作善者，讚德說果；復以身力，往營佐之。身不自由，令他自在。常修遠離瞋恚之心，或時暫起，覺生愧悔。實語軟語，遠離兩舌及無義語。善男子！有是相者，當知是人則能供養戒波羅蜜。」】

講記　接著說持戒到彼岸。戒波羅蜜怎麼修呢？佛說：如果有人能清淨他的身行、口行、意行，就是不作對眾生不利的事，口中不說對眾生不好的事，意識心行想的都是對眾生有益的事，這就是淨身口意。並且常常修學調柔心地的方法，讓自己的心地越來越調柔。心調柔了就不作罪過之事了。假設不小心誤做有罪之事，要常常生起愧對他人、悔責自己的心。並且要相信這些罪業會使自己當來之世得到惡劣的果報。對於所修的善事，心中應當生起歡喜；可是對於小罪也要當作未來會有極重果報，假設誤做了小罪的惡業，心中會有恐怖，憂慮悔恨自己怎麼會做了那種不好的事？菩薩始終不會打罵眾生，也不會對眾生起瞋而加以記恨，更不會去惱害眾生。眾生心中在想什麼？菩薩知道了就先起善心，不必等到對方開口相求，自己先起善心體諒他，說些讓他不會再難過的話。開口與眾生說話時，語氣要柔軟。

看見眾生時，心中要生起愛念之心。為什麼要生起愛念心呢？請問你們對子女愛不愛念？（大眾回答：愛念。）當然愛念啊！菩薩如是想：「一切男人為我子，一切女人為我女。」無量世以來，誰沒當過你的子女？菩薩有時想：「一切男子為我父，一切女人為我母。」你無量世以來的父母，為什麼不該愛念？所以菩薩見眾生時，心中應該要愛念眾生，一切眾生無始以來都曾經是菩薩的子女、父母。菩薩還要知恩報恩，應該知道別人對自己有恩，也應該要記得別人對自己的恩德，並且在知恩以後還要懂得報恩，這是做人的基本道理。如果成爲菩薩了，連做人的基本道理都做不到，那都只是假名菩薩，不是眞正的菩薩，所以應該知恩報恩。報恩時不可吝惜：「十年前他救濟我的時候，才不過一包白米，我現在回報他一百萬，好像太多了吧？也許回報一百包米或五萬元就夠了！」都沒有想到：如果十年前不是那一包白米，自己早就餓死了！還會有今天的錢財嗎？現在有好幾億錢財，回報對方一百萬元，一點兒也不超過，都不必計較那一包白米經過十年後的利息有多少；若沒有當日受救濟，就沒有今天的富樂日子，所以報恩時心不吝惜。世俗法也有一句話：「受人點滴之恩，當思涌泉以報。」這才是菩薩。

持戒的菩薩絕對不可欺誑眾生，求財時應當如法。儒家說，商場做生意應該逐什一之利，十塊錢的物品可以賺一塊錢。若是租店面來經營生意，可能不只要什一之利，但也要有個分寸，所以菩薩應該要如法求財。求財得利以後要樂作福德，繼續增長自己世世的福德。自己所做的一切功德，要常常用來度化眾生；有機會修福德與功德時，應該讓眾生也有機會同樣來作。有的人是很善心，就是有一點私心，有一件好事要去作時很怕別人知道，他想要一個人獨立完成，不讓他人參與。這是善心中帶一點兒私心。菩薩應該把所有功德用來常常度化眾人，當你得到某一個善法時，從這個法生起受用了，這就是自受用的功德；接著要以這個功德來度化他人，千萬別怕人家知道自己現在所學的是可以眞正開悟的法；即使後來眞的開悟了，也不想讓其餘同修們知道，怕他們將來也會與自己一樣證悟，將來就沒有可以傲人之處了。這樣就不是菩薩心了！看到窮苦人，身代受之。窮苦人如果正在拉著人力車，你若有時間與能力時，就推他一把，幫他上坡，這就是身代受之。如果他家裡有事，也請不起人幫忙，又沒有辦法自己完成，你就幫他作一些事，幫他完成。

菩薩要常常修憐愍之心、慈悲之心。「慈」就是給予快樂，常常願意給眾生快樂；憐愍眾生就是修悲心。看見有人做了不好的事情，羞於見人，就幫他遮護，並且要勸導他不再做：「你這件壞事，我不跟你講出去，但是你以後千萬不要再做了。」他就不會再做了。有人如果被公佈了，他就想：「索性一不做、二不休，反正名聲都已經壞了，乾脆就一世幹到底。」那就不好了，爲了救他別再犯過，所以你要幫他遮護。若看見有人做善事，則要讚歎他的功德；他們不懂佛法，不知因緣果報的道理，所以你就幫他說明，讓他知道所做的善事未來世的果報。如果他正在行善時，有你可以幫助之處，就幫助他完成。譬如說，有的人造橋鋪路，你剛好有空，這件事情用不著你的錢，你就去幫他做，這叫以身力往營佐之。「營」就是幫他經營策劃。假使自己不是自由身，要爲家裡做事、要爲公司做事，但是卻要幫別人自在，譬如別人有事無法解決而不自在，你就用閒暇時間去幫助他解決。

常修遠離瞋恚之心，就是說，要常常讓自己處於不生氣的狀態。如果有時暫時起了憤怒之心，要趕快覺察，就可以生起愧對別人的悔責心。說話時應以眞實語、柔軟語來說。眞實語就是不打誑語，有一種說話的方式也算是誑語、不如實語；譬如轉述一件事情時，故意只說前一半或後一半，保留另一半不講，使聽者產生誤會，意思往往會顚倒了。舉一個很簡單的例子，某甲開車不小心撞上了一個女人，他每天去醫院照顧她，後來兩人日久生情就結婚了。可是你若只說一半：「某乙被某甲的車子撞過一次，住院住好久，你知道嗎？」後來結婚的事情就不講了。那麼別人聽起來可能會認爲那個女人一定到現在還是恨死某甲的。其實人家現在是恩愛夫妻呢！所以只講一半，會產生不同的認知，這也算是誤導他人，也是妄語的一種。所以，敘述事情時應該呈現全貌，若只講一半而產生誤會時，這個因果你可得要自己承擔。講事情時也不可以掐頭去尾，只講中間一段，這就是有心誤導他人的不好心行。所以敘述一件事情時，一定是全部都講，這樣才叫實語。

與眾生往來言語對談時，要以柔軟語來說，千萬不要大聲訶斥。你若大聲訶斥時，眾生可能不會接受你的好意，所以不但要實語，還要軟語。並且還要遠離兩舌和無義語：如果有兩個舌頭，一個舌頭專門說奉承話，然後背後用另一個舌頭專門說他壞話，這也是兩舌。通常都解釋爲搬弄是非：去某甲那邊說某乙講他的壞話，去某乙那邊說某甲講他的壞話，挑起兩人的惡意與對立，就等於是有兩條舌頭。可是對一個人當面說好話奉承，背面就誹謗他，這也是兩舌：專門說虛假言語，前後不一。菩薩說話時也不可以講無義語，對大乘法中的學佛人來說，所說不及第一義，就是無義語。如果菩薩常常都能像這樣，從清淨身口意，到遠離兩舌及無義語，有這種法相的人，就是能供養戒波羅蜜的人。

【「善男子！若人能淨身口意業，衆生設以大惡事加，乃至不生一念瞋心，終不惡報。若來悔謝及時受之，見衆生時心常歡喜，見作惡者生憐愍心。讚歎忍果，訶責瞋恚，說瞋果報多有苦毒；修施忍時先及怨家。正觀五陰衆緣和合；若和合成，何故生瞋？深觀瞋恚乃是未來無量惡道受苦因緣。若暫生瞋，則生慚愧，恐怖悔心。見他忍勝，不生妒嫉。善男子！有是相者，當知是人則能供養忍波羅蜜。」】

講記　佛又繼續說忍波羅蜜：如果菩薩能清淨身口意業，縱使有眾生以大惡事加諸於他身上，他也不會瞋怒怨惱，乃至一念的瞋心都不會生起，始終不會以惡言惡行來回報眾生。若是眾生以大惡事加於他身上以後，知道自己錯了，所以悔恨自己造了惡業而前來謝罪，菩薩當場就接受了。如果菩薩看見眾生時心中常生歡喜，若是看見眾生作惡時，心中就生起憐愍心。對於能修忍辱行的人，爲他讚歎修忍者未來將得到的善妙果報和現得的平安果報。並且軟言訶責常起瞋恚心的眾生，爲他解說生起瞋恚心之後，在未來所得的果報會有許多痛苦，以及對他不利的地方。如果自己修忍辱行時，應當先面對怨家來修忍辱行，這是因爲眾生修忍時，往往是先從眷屬先修忍的。眾生對自己的眷屬較能修忍，縱使眷屬對他有時有不好的言語或行爲，他仍願意接受；但若是不相識的人說他一句壞話，那可大起瞋心了。爲修慈悲心，所以反過來，要先針對怨家來修忍，所以 佛說：「先及怨家」。

並且還要以智慧來修忍：要觀察五陰是眾緣和合所成的。如果五陰確實是眾緣和合所成，根本沒有眞實我在接受眾生的不合理對待。如果是和合所成的五陰在接受眾生的羞辱，又何必生起和合而不眞實的瞋心呢？這是從比較簡單的智慧來說修持忍辱，也就是分解法。譬如說，有人開口來罵說：「你是畜生！」你就想：「『你』這個字跟我無關，因爲『你』只是一個聲音，不是眞的我。『是畜生』三字也一樣，我只要不把這四個字連結在一起，把它們拆開來看，都是無意義的聲音。」一個字一個字都拆開了就沒有意義，所以他罵得很大聲時也只是耳邊風。在你還沒有證得般若以前，可以用這個方式來消氣。又譬如說，就算四個字連結起來，「你」字也不是我，那也沒關係，罵的不是我，罵的是「你」，那就不必生氣了。還可以用另一個辦法拆解，你可以把五陰拆解了：他罵的是這個色身，可是色身不是我，由他罵去；他罵的是覺知心，覺知心也不是我，因爲覺知心是無常的、假合的，由他罵去。覺知心是與色身、四蘊和合而成，才有覺知心，既是假的，就隨他罵去。他罵到的只是我五陰中的一小部分，又不是全罵到我，生氣幹嘛？可以用很多的方法把罵拆解掉，難堪就過去了。這是用比較簡單、比較粗淺的方法來化解怨氣。這是對還沒有證得般若的人而說的，因爲優婆塞戒是初學者所受的戒，所以教導初學的道理。

又應該再深觀：瞋恚心是未來無量世中，不斷輪轉而受無量惡道痛苦的因緣。因爲眾生淪墮惡道中的事情，並不一定是惡人才會淪墮的，有時善人也淪墮惡道的，這都只是因爲不能安忍。許多人行善一世，但往往因爲一件小事情不能忍，起瞋心而在盛怒之下殺了人，就下惡道去了。這種事情是世間常見的：左鄰右舍都說他是個大善人，卻因爲一件事情忍不住，生起瞋心而忍不住就把人殺了。有時是因爲沒智慧而不能生忍，譬如：「末法時代的今天，證初果根本是不可能的事，何況是親證法界的實相？竟然有個蕭平實敢說他可以幫人斷三縛結，還說他可以幫人證法界實相！」這一氣起來：「這蕭平實一定是妖魔。」罵起來了！當某人所說的法是眞實法時，那他該怎麼辦？其實是非常善良的人，但是因爲沒有智慧而全然相信錯悟的大法師，被誤導之後不曾詳細加以探究，就因爲先入爲主的信受大法師的謬說，所以就開口毀謗，那就變成毀謗正法、毀謗賢聖，後果堪慮啊！但他其實是好人，只因爲被誤導而不能安忍於正法，便成就了未來無量世惡道受苦的因緣。所以淪落三惡道的有情不一定都是惡人，所以菩薩有時去地獄中度眾生時，往往也可以度得幾個有善心的人；他們只是因爲不能安忍，一時生瞋就造惡業而下去了，所以忍非常重要。一切佛弟子都應當深觀，若有經過深觀，就會知道：瞋恚心會是未來無量世在惡道中受苦的因緣。所以菩薩若暫時生起了瞋心，就要趕快生起慚愧心；要生起恐怖心，恐怕不能安忍而造了惡業，就會下墮三塗，所以要以恐怖心而對起瞋心的事情生起後悔心。所以經中 佛說：菩薩乃至犯了無量的邪淫，他的罪都瀆不及對一個眾生起瞋。這是因爲菩薩就算犯了無量的邪淫，那些與他邪淫的對象在未來世中，都會跟隨他而修學佛法，會對他言聽計從。可是一旦對一個人生瞋，就斷了那個人的慧命。共同邪淫的人，未來世遇到菩薩時，一定會見了就歡喜，願意跟他學法。所以，菩薩寧可犯邪淫罪而下墮地獄，也不許一念生瞋而對眾生辱罵。但這道理不可亂解釋說：「喔！那**可以去邪淫了。**」這只是做一個比較罷了！若是犯了邪淫罪，照樣淪墮，所以不許亂作引申解釋。所以，如果身爲菩薩而受了菩薩戒，或者發了菩薩心而行菩薩行，若是有時會生瞋，應該趕快除掉生瞋的慣性。即使將來你弘揚正法時，有人無根誹謗你，也是不許生瞋的。

我們弘法到現在，一直都有一個前提：一向是「來者不拒，去者不追」，但是去者若主動回來了，我隨時都會接受，沒有一人不被接受。只是難得有人回來，但若能眞的回心轉意而回家，這個人可就是不得了的人，因爲他從此再也不會犯錯了，他已經是有慚有愧的眞修行者。有慚有愧是不必羞於見人的，慚與愧都是善心所，不是惡心所。西洋古典小說中有一本書叫作「紅字」，不曉得諸位有沒有人讀過？有的請舉手！喔！還有蠻多人讀過，可以證明我不是編派的；我是在中學時讀過的，印象很深刻。書中說有個女人犯了邪淫罪而被判了刑，大家都輕視她，後來她就在獄中行善；如果我沒記錯，因爲這是我十幾歲時讀的，我那時很喜歡讀古典文學小說，甚至但丁《神曲》我都讀。她在獄中行善，後來被提早放出來，但是有個條件，她必須穿著一件囚衣，囚衣上繡著一個很大的紅色A字，表示她曾犯了邪淫罪，現在是將功贖罪的犯人。可是她繼續不斷的行善，從不休息；最後她身上的大A字變成了善人的代表字，A字已經不是原來邪淫的意思了。

同樣的，如果有慚有愧，生恐怖心、悔心；如果是我犯的，我就趕快懺悔，從此常常當眾講：「我以前走錯了路，犯了過失，內容是……，你們都別跟著我犯。」這樣一來，原來所造的惡業就被轉成善法了。當我到處爲人宣講自己過失的故事，到最後這個惡事就會變成善法了。最後人家說：「這個人眞不簡單，不斷的把自己的糗事公佈出來，這個人都不顧自己的面子。眞是有勇氣的人，是大丈夫。」因爲祂都沒有臉，無我的眞相哪還有臉？這一定是親證無我的人。就像那個大紅A字一樣，那身囚衣反而變成一件人人最尊敬的衣服，大家遠遠看了就恭敬她。菩薩正應該如此，萬一有一念生瞋了就不好；所以如果有人謗法之後又回來了，我們很歡迎，可是大家都不可形諸於顏色，都要當作他從來沒有做過謗法的事，要認爲他從來就沒有離開過，只是出去晃一晃而已。所以假使有人隨著楊先生他們謗法之後又回來了，大家都不必作任何的招呼，當作他都沒有離開過就好了！

因此特別要交代大家：未來世你們弘法，或這一世當了親教師弘法，多多少少都會被人毀謗，除非你不出來弘法；因爲你弘揚的法與人家誤會了的佛法都不一樣，所以會被毀謗才是正常的。如果不被毀謗，那是反常的，因爲現在不是佛住世時，在末法時代的弘法者，多數是誤會般若眞義的凡夫大師，當你出來弘法時講的法卻是第八識如來藏，不同於他們一致認定的離念靈知意識心，怎有可能被他們接受？所以你出來當親教師時如果被毀謗，還是得要接受他們的無理狡辯行爲，因爲這是末法時期的正常行爲，當你心中接受了，就沒有所謂生氣可言。並且應該把般若拿出來用：從如來藏的立場來看，沒有誹謗可言；從斷三縛結來看，也沒有誹謗可言。你如果從般若來看，既沒有誹謗者，也沒有受誹謗者，兩者都沒有了，還有誹謗這件事？那你生氣作什麼？所以你只要生起憐愍心，爲他們把正理說清楚，讓走入歧途的人都可以回到正道，這樣就夠了，但不必起瞋。

所以我們不起瞋，我們反而起歡喜心，感謝人家願意扮演那個角色，讓我們有機會把更勝妙的法理講出來，利樂今時以及後世的佛弟子們。因爲有些理，我們沒有計劃要講；我們會安排照進度一直講下去，那些法理都不可能會去談論到。而且有些法理的內容也不方便談，可是被情勢所逼了，就不得不談一談，讓現在的佛教界知道：般若中的道種智有多麼勝妙。大家也會因此而對末法時代修學佛法產生更大的信心。這也是借試金石來試驗，看是不是眞正的黃金，讓大家再三的看到正法被檢驗而對正法更有信心，所以反而是一件好事。所以在事情剛發生時我就講過這些話，今天也證實我當時說的都是正確的；所以我們寫書辨正回覆時，不曾起過一剎那的瞋心，反而是以感恩的心來寫，雖然筆鋒照樣很犀利，但心態卻是很愉快的。如果不這樣訓練自己，你將來成佛時只能在人壽八萬歲時來成佛，當人壽百歲時你就不敢來成佛了。若起悲願而想在人壽百歲時成佛，就得要有心理準備。

你們看 釋迦世尊還被人種種誣謗，還有個女人每天到了傍晚 世尊在講經時，就走進精舍中去，故意眾目睽睽給人家看到；等到人家都走了，她最後一個才走，都不讓人看到她離開了。到明早人家要來聽經時，她又故意繞到後面再從精舍中走出來，讓人誤以爲她是在精舍中與世尊一起過夜的。然後就在腹部綁個木盆子，越綁越大，最後就當眾誣賴說那是 佛跟她懷的孩子。弄到釋提桓因（玉皇大帝）看不下去了，就變隻老鼠把綁著木盆的繩子咬斷，木盆掉下來時大家才恍然大悟：原來大家幾個月來的懷疑，都是這個女人的詭計。當大家都在懷疑時， 佛也不解釋，眞的能忍，忍辱功夫一流。你們看 世尊還要被眾生這樣侮辱，只因爲斷人財路：外道的供養減少了，有很多聖弟子出現而瓜分了他們的供養，他們不高興，就來設計抹黃。

人天至尊尚且會被誣蔑，何況我們呢？所以大家要有心理準備，弘法時被誹謗才是正常的；所以人家誹謗我，我都不關心，但是在法義上一定要辨正：歡喜的辨正。爲什麼我會被毀謗？很簡單！擋人財路。人家本來廣受供養，大家恭敬禮拜，崇拜到不得了，現在供養變少了，頂禮時的表情也是覺得：「你這位師父好像眞的沒有悟。」（大眾笑）所以他們當然氣我，所以這都正常，我都接受，怎麼罵都沒關係。所以你們要學著接受。如果還接受不了，送給你一句話：「眾生本來如是。」記住！眾生本來就是這樣。如果眾生不毀謗你，那才怪，那就不叫眾生了，也一定表示你弘揚的法是與他們一樣落在意識心境界中。既然你弘揚如來藏，而他們證不到，那麼大師們一定鼓動眾生毀謗你，你何不接受算了？不然你成天生怨氣，你氣死了，人家還不必賠錢呢！所以大家都要有智慧，我們生氣了就會障礙自己的道業。我們不生氣，面對事實好好去辨正法義，把誣蔑轉變成一場佛事、善事來利樂有情。

所以，我們台南共修處的法義組師兄們，在這一次法難事件中，大家都很歡喜：幸好有這個事件，我們才能寫出這二本書來，使自己的見地提升了不少。心中都很歡喜，反而感激他們發動法難；所以他們心中有歡喜而無瞋心。這就是我們大家應該有的心態，今天藉這個機會告訴你們，你們從這裡面可以得到一些經驗，作爲自己的借鏡；未來修忍，將會更成功。但是成功以後，不必與人家比較：誰修忍修得比較好？如果別人有人修忍修得很好，我們要隨喜讚歎，因爲你如果不隨喜讚歎，你就離他越遠了，你隨喜讚歎就表示你跟他差不多，所以「見他忍勝，不生妒嫉」，就表示你修忍確實修得好：與他一樣好。佛說：如果有人能像我這樣做到的話，他的身口意行法相如此表現出來了，你善生應該知道：這個人是眞正能供養忍波羅蜜的人。

修忍不容易，忍有很多種；能忍於眾生的惡形惡狀，也是忍。有人報名禪三，我們觀察他的因緣現在還沒有成熟，就將他延後。延後一次沒錄取，他很不高興：「**我不參加了，禪三共修都不錄取我。**」就離開同修會了，這不正表示我們的判斷眞的很正確嗎？有的人是一次禪三沒有悟，兩次禪三沒有悟，三次禪三也沒有悟，心想：「**都在跟我刁難，不讓我悟！**」這樣就生氣了，那表示他開悟的因緣眞的還沒有成熟，所以他一直悟不了，還眞是正確的示現。也有人明心後，求見性報名，連續四次、五次乃至第六次禪三都讓他去，連著參加六、或七次，破紀錄了！可是我看他見性的因緣沒有成熟，不敢引導；因爲引導出來了也是一定看不見的，那他這一世就都沒希望見性了，可是他想：「老是刁難我！我來這麼多遍，都不肯讓我見性。」怎麼不想一想：人家報名很難錄取，你每一次報名都錄取，連著六、七次都錄取，從來沒有別人曾經被這樣看重的。所以他無法見性，還眞的有因緣。這顯示修忍是有很多種層面的不同。

還有一種忍是很難忍的，就是法忍。二乘法的無生忍很容易忍，因爲把「我」的內涵，從五蘊、十二處、六入、十八界，詳細爲你解說以後，只要現前觀察以後就很容易生忍。但大乘的無生忍很難忍，因爲找到了如來藏：原來是祂，怎麼也想不到是祂。可是，你要能忍：原來我都是假的，入了涅槃時是把我滅掉，結果是祂獨自存在，那我這樣證涅槃有什麼意思？「我被自己完全消滅了！」他不願意把自己滅了，忍不住！這就是常見外道見還沒有斷除，所以無法於解脫道生忍。但是般若的忍更難，證得如來藏時：「唉唷！怎麼這麼平凡實在。」一點兒奇特的神通境界都沒有，和悟前以爲悟後會有神通的想法完全不同，所以無法生忍。特別是打聽來的，更不能忍；因爲體驗不夠，智慧出不來。但是這個還容易忍，最難忍的是修證內涵，其中有許多不能講的；但是若是生來口沒遮攔的習慣，一不小心溜了嘴，就講出去了。我過去幾年總是這樣，現在改過來了所以能忍。更難的忍是諸地的無生法忍，那些現觀境界都不許講，你膽敢講出去，試試看！絕對受不了。

但是一定要能忍而不受悲心影響、不小心講了出來，這個才是最難的。也就是說，修忍時要把握分寸：對眾生的惡劣能忍，叫做生忍；二乘無生忍，層次高了些；大乘明心時的無生忍又更高，再來是無生法忍，層次最高。所以，忍有不同的層次差別，諸位也應該先有這個觀念存在，將來才不會出問題。因爲犯戒，即使是犯了十重戒——除了誹謗三寶——十重戒中任何戒犯了，罪都比不上無生法忍現觀境界的洩漏。你們不知道那個厲害，但諸地菩薩都絕對不會去犯，因爲他們都知道嚴重性。所以忍，諸位要有這個觀念：證悟了，要能忍得住。當你忍慣了，有一天也許你在素食店用齋，旁邊也許正好有兩、三個人正在講開悟的內容，講得天花亂墜；你一聽，差點兒就噴飯，可是你絕對不會看他一眼；因爲你忍慣了，安於忍法了。所以，如果有時我在外面用齋，旁邊有人講禪時講得天花亂墜，我總是當作沒聽到，連瞧一眼都懶，因爲實在無法爲他們講什麼！講了也不一定會信受，有什麼好講的？所以有人寫文章罵我，說我無法跟諸方大師對話；我還眞的沒辦法跟他們對話。如同想要請大學中教微積分的教授去向幼稚園學生講微積分一樣，要怎麼講呢？可是有的幼稚園學生誇口說是最懂微積分的人，大學教授會跟他對談嗎？沒辦法對話啊！所以這也是事實。因此你們如果出去會外無法與別人對話時，你也要接受：你悟的是第八識，他又沒有悟得，專要以離念靈知意識心來逗上第八識，要怎麼講？你們懂這個道理以後，也是出生了一些忍法，這卻是法上的忍。接下來講供養精進波羅蜜：

【「善男子！若有人能不作懈怠，不受不貪坐臥等樂，如作大事功德力時、及營小事，心亦如是，凡所作業要令畢竟。作時不觀飢渴寒熱，

時與非時，不輕自身。大事未訖不生悔心，作既終訖，自慶能辦。讚歎精進所得果報，如法得財用皆以理。見邪進者爲說惡果，善教衆生令修精進，所作未竟不中休息；修善法時不隨他語。善男子！有是相者，當知是人則能供養進波羅蜜。」〕

講記　什麼是能供養精進波羅蜜者的法相？如果有人能在利樂眾生，以及修學佛法上面，不生懈怠心，對於坐臥等樂不受不貪，也就是不貪睡，也不貪靜坐的享受。如同做大事時的功德力，和經營小功德小事時是一樣的，不論所作的功德業是大是小，都要有始有終的完成。正在做時不觀察飢渴寒熱、時與非時。換句話說，明知道做了這些事一定會很快餓肚子，並且可能人家供給的三餐，也有不能相繼的時候，也願意接受。一般人總是認爲：出去做義工時，主事者應該負責供應飲食，如果延誤或沒有供應，就老大不高興：「哼！我幫你做義工，竟然連一頓吃的也沒。」世俗人更會抱怨說：「我幫你做義工，你送飯來還送得不情願，還要晚來一個鐘頭。」但是菩薩去做義工時，不要管這些，也不觀飢渴寒熱，大熱天也好，寒流來也好，照做不誤；不管它什麼時節因緣，該作就去做。但也不因爲這樣就反過來輕視自己：「我只是個小義工啦！羞於見人；我又不是大總管，又不是主事者。」千萬別這樣想，少了一顆螺絲釘，飛機還會栽下來呢！每一個人都很重要，所以不要輕視自身。大事還沒有完成之前，更不要在半途生起後悔之心，心中嘀咕：「我如果不來參加，今天也不會這麼累。」不要生起後悔之心。不論大事小事，做完了以後，自己心中慶幸：「我終於能夠把它完成。」這也是精進，正是利益眾生的精進，並且要讚歎精進所獲得的果報。

精進一定有果報，不精進也有果報，所以六度之中一定會有精進這一度；也就是勸大眾修學佛法要有長遠心，別像剃頭擔子「一頭熱」：學佛一年，佛在心田；學佛兩年，佛在眼前，不在心中了；學佛三年，佛在西天，更遙遠了！有的人索性回到世間法去了。我們看見過很多人是這樣，所以這樣的人未來世成佛的時間將會很長遠：以一劫爲一劫，來過完三大無量數劫。精進的人有時以一生爲一大劫，一夜、一天、一世、一剎那爲一大劫，這樣過三大無量數劫而成佛，這叫作長劫入短劫。所以精進有這樣的果報，因此我們大家應該要精進。

菩薩得財應該如法，不如法所得的錢財，不是 佛所認同的；有的人初學佛，是學佛以來只有十、百、千生，並不是已經學佛十、百、千劫的人；他說是要種福田，卻向別人借錢不還來種福田，這叫不如法得財。菩薩不然，得財要如法，不以傷害眾生的方法來得財。得了財物以後，使用時應當合理：多少供養父母。並衡量：多少比例來利樂眾生、多少比例護持三寶、多少比例做某些事，都應該合理。有人做事不合理：只有一千萬元，不考慮未來，只顧今天，所以買個房子用掉八百萬，再去買一輛兩百萬的車子來開，生活的所需……等等都不考慮，這就是不合理。雖然今天有錢了，但是應該先積蓄生息，但他卻不積蓄，全部把它用來享受。更不合理的是寅吃卯糧：看見別人開好車子，他就去銀行貸款兩百萬，買高級車來開，以後就一直無法翻身了。所以得財以後應當有合理的分配，佛在後面也會說到這個。

若看見有人邪精進，在邪法上精進；這種人很多，你們讀過《狂密與眞密》就知道了。譬如宗喀巴說「每日八時」，要每天十六個鐘頭精進修行雙身法，那就是邪精進。見到這種邪精進的人，應該向他們說明將來所得的惡果，讓他們知道要遠離惡法：如果樂空雙運成功了，自稱成就報身佛果，那他得要下地獄。我們應該告訴他，善教眾生，令修正精進，要教導他回到正法來。我們精進的教導眾生，精進的為邪精進者說邪精進的惡果。這件事情所做未竟，絕不中途放棄。「絕不休息」的休息二字是說休止以及停息，不是說做累了休息，意思就是絕不中斷的，一定要使眾生離開邪精進。修善法時「不隨他語」，如果你所修的是眞正的善法，不必管別人在旁邊閒言閒語，能把握自己的方向精進用功。佛說：如果有人能這樣精進，他就是能供養精進波羅蜜的人。

【「善男子！若有人能淨身口意，樂處空閑：若窟、若山、樹林、空舍，不樂憒鬧貪著臥具，不樂聽說世間之事，不樂貪欲瞋恚愚癡。先語軟語，常樂出家教化眾生，所有煩惱輕微軟薄，離惡覺觀。見怨修慈，樂說定報，心若逸亂、生怖愧悔。見邪定者為說罪過，善化眾生置正定中。善男子！有是相者，當知是人則能供養禪波羅蜜。」】

講記　接著說供養禪波羅蜜，是誰能做得到？做到的人有什麼樣的表相？如果有人能清淨他的身口意，心中沒有污穢的思想，口所說言不說惡事，身體所行不造惡事，並且樂於處在空閑無事的地方，譬如山洞或山中，或者住在樹下，或在空的房子中打坐修定；不樂於喧鬧的地方說話嬉笑，也不貪著於高廣大床或樂於過度的睡眠，也不樂於聽別人說世間法上的事情，心中始終不樂於貪瞋癡。如果與人說話，一定是柔軟語，不會對眾生粗言惡語；並且先語，有一句成語叫先意問訊，就是自己先起善心來問候人家，不像有些人心中有慢，不肯先向別人問候。先語也是說，知道對方心中所想，當他正在痛苦時，不去觸忤他的羞愧、痛苦之處，先安慰他，而且用平常話與他講話，不挑起他的痛苦，顧念對方的心理狀況，體恤他的心情，這叫先語。

「常樂出家教化眾生」，若想快速的修證無生法忍，最好世世出家。因爲世世出家利益眾生會比較多，福德增進會更快速；除非說法錯誤而誤導眾生，否則總是以出家身來教化眾生最容易，也容易攝受很多眾生來信受你、跟你學佛法，所以應該樂於世世出家教化眾生。除非你已經到了該修斷習氣種子的時節，否則就該儘量世世顯現出家身，教化眾生會比較多。如果是開始進入修除習氣種子的階段，就要現在家身了；因為眾生看到你只是在家人，卻說深妙法，個個都不服氣而會痛罵你，就容易使你的習氣種子現前，就可以快速的消除掉。以前很多人希望我出家，現在很多人慶幸說：「還好老師您沒出家。」我說：「我好像怎麼做都不對。」（大眾笑）「又好像都對。」因為他們的看法說：「如果您出家了，還會有這些法難嗎？不可能啊！您寫出這些深妙法的機會大概就不多了，我們就少學很多了。今天眞的很好！我們可以多學了很多妙法。」看來我沒出家倒是對了。但優婆塞戒是對在家初機學佛人說的，所以要勸他們常常出家教化眾生，這樣就可以攝受很多眾生。接著說，自己教化眾生時，應該先要使自己的煩惱輕薄、輕微，脾氣就比較小，就容易攝受眾生。既然教導學人要煩惱輕薄，自己卻是煩惱厚重，又如何能教導眾生離煩惱呢？

但是末法時代，不是大家都像我這樣的！末法時代會有一種善知識，他儘管脾氣蠻大的，也喜歡人家供養他，但他是眞的善知識，只是難得遇見這種菩薩。你們未來世如果沒有遇到我這種人（沒什麼脾氣，也不貪求人家供養、禮拜），而是遇到那種菩薩，你可別說：「他的脾氣這麼大，修行一定不好。」千萬別起這種念頭。也別說：「他好喜歡人家供養，供養少一點就不太高興。」你都不必管這個，只要他有深妙法給你，只要他的法是正確的就夠了！錢財乃身外之物，能在他手下明心了：譬如未來世你遇到一位師父，他幫你明心前，你一定要先奉上一千萬元供養，否則不幫你開悟，你就努力去湊齊。我告訴你：值回票價好幾倍。只要一個明心就值回那些錢財了。假使我自己永遠悟不了，假使我有能力籌到一千萬美金，換個明心也值得，要記住這一點！因為明心之後最懈怠的人，也不過七次人天往返就可以成阿羅漢而出三界，而且還親證法界實相。假使遇到那種善知識，不管他脾氣多大、多麼貪錢財，我們努力供養還是划得來的。但是想要遇到有道種智的善知識就很難了，雖然善知識因他的證量高勝而不貪、不瞋，利樂眾生，煩惱輕微，但不是所有善知識都這樣的。

看看《華嚴經》中的大善知識，有的還要剁別人腳後跟；因為他當大官，遇到始終教不好的惡人，就剁腳後跟處罰，免得再害人，這就是當宰官的菩薩，華嚴中不是說有這種菩薩嗎？所以，菩薩遍於種種眾生之中，士農工商統統都有。也有菩薩示現爲出家的外道，譬如薩遮尼揵子大菩薩示現外道相，如果 佛不講清楚，又有誰能知道呢？說句難聽的話，如果維摩詰不是因爲 佛說他是等覺菩薩，我告訴你，今天的眾生仍然會照謗不誤，這就是五濁惡世無眼眾生。因此，衡量善知識，先別管別的，也別用我的標準去要求他，只要他的法正確就可以了；不論他的煩惱多重、貪瞋多重，那是他個人的事，與我們無關，我們只取他好的法，不管他不好的部分。如果他不貪不瞋，對你好得不得了，可是給你的法是邪法，你還是要趕快走人；即使他每天送你一萬塊錢，要你去學法，也得趕快走人，因爲他害你墮入斷常二見，乃至害你成爲大妄語者，那是地獄罪！貪他每天給的一萬塊錢而去聽經，其實是在舔利刃上的蜜，所以衡量善知識時要有智慧去判斷。

佛說應當樂於出家教化眾生，但是自己的煩惱也應該修除。若不能斷除，也應該輕軟微薄。既然要修禪定，煩惱重就沒辦法進入禪定境界，一定要先超離惡覺觀。惡覺觀正是證初禪的遮障。如果有四禪八定具足了，你只要幫他斷我見就夠了，他當場就會成爲證得滅盡定的俱解脫大阿羅漢，不必教導他親證實相以後才成爲大阿羅漢。這是因爲他四禪八定具足時，就是已經把我執我見都降伏了，只是智慧不夠而使我見不能斷除；但是已經把我見我執都降伏了，這就是四禪八定具足的功德。惡覺觀就是貪著欲界中的覺觀，欲界中的覺觀就是五塵，主要是指欲塵：男女慾。斷欲的人，離欲而不起貪的人，只要無相念佛的功夫很好，就可以發起初禪；因爲無相念佛的功夫很好時，可以入未到地定。有了未到地定，又離欲界貪，初禪就自然發起了，眞實超離惡覺觀，也叫作離生喜樂地。但這個離生不是離三界生，是離欲界生，這就是修禪定。可是很多人不知道初禪修證的原理，每天在未到地定中耗時間，有時入定三天三夜才出定，但是初禪始終證不得，就是因爲他沒有離欲界貪，所以未到地定功夫儘管很好，初禪永遠不現前。但是有更多的人把欲界定中一念不生當作是第四禪，這是我們十幾年來常常看見的。若能這樣出家教導眾生，自己也如說而行、離惡覺觀，就是眞修禪定的人。

在修學禪定以外，還要見怨修慈。看見怨家時不要起厭惡之心，要修慈心：願自己能利益怨家。這很不容易，一般人遇到怨家時多是扭頭不看，錯身過去以後，心想：「今天眞倒楣，又遇到他。」甚至有人還在心中想著如何報復，這也是惡覺觀，一樣會障礙初禪的證得。所以菩薩不應當如此，應當見怨修慈；並且要樂於爲眾生解說修定會得到的果報。譬如證得初禪就可以生初禪天，若是初禪善根發時遍身具足，並且後來次第具足八項樂觸，往生後可以當初禪天的天主：大梵天。如是，把禪定境界從初禪向上說到非非想定去，這叫作樂說「定報」。萬一不小心，自己心放逸散亂，就趕快生起恐怖慚愧悔恨的心，因爲你所得的禪定果報可能已經失掉了。這些定的果報都是眞實的，不是虛假的。如果你們有人曾經初禪遍身善根發，你就知道初禪天的天身了；但是你如果不繼續保持定力，那個初禪天的天身就會漸漸消失掉，你的樂觸就不見了；如果再把定力修回來，樂觸就回來了，你就知道初禪天身又回復了。這都不是虛假的，是可以證驗的；只要你有因緣，就可以證驗它，因此確實有定的果報。如果知道了禪定果報，當你心中放逸散亂時，當然會生起恐怖愧悔之心：好不容易修得的，竟然會失掉了。

如果看見有人修邪定，要爲他說邪定的罪過。邪定，譬如西藏密宗講的禪定。在此要爲大家特別說明：西藏密宗所講的禪定都是雙身法的樂空雙運，他們把雙身法中專心享受性高潮時的一心不亂境界當作禪定的正修，說這時的一心不亂境界就是佛教的禪定境界，又說：「想要成就報身佛的快樂果報，要修的禪定就是這裡面的第四喜境界，四禪八定的修行不能成佛。」所以，你們如果看到密教的喇嘛們寫的東西，他如果寫「佛教禪定」，你要把它改名叫「外道禪定、淫樂藝術」，那根本不是佛法中的禪定，正是邪定。我們把宗喀巴的《密宗道次第廣論》打字，已經貼在網站上快要一年了！因爲大陸那些喇嘛們一直諍論說密宗沒有這一部論，說宗喀巴沒寫過，想要繼續騙人說他們藏密黃教沒有在修雙身法。好嘛！我們就乾脆把它打字出來貼上網路，讓全球的華人都可以看見、讀到。他們若不否定我們，我們還不做這事兒；他們極力否定，說是我們編造出來的，那就把它弄上網路，讓大家知道我們不是騙人的；他們要是仍然不信，可以去問達賴喇嘛。我們把它貼上網的目的是要讓藏密學人知道藏密的「佛教禪定」其實是邪定。

也因爲這個緣故，我們把《狂密與眞密》四輯都上網，讓全球都可以讀到它，並且也在英譯中，想讓洋人都知道密宗並不是佛教；這就是爲他們說邪定的罪過，希望能救他們。如果他們都能知道那個罪過，全部轉回正定中，那就表示我蕭平實善化眾生置正定中，也遵照佛這句話的指示了。現在有很多人不敢修雙身法了，藏密有很多行者開始在考慮，有的人已經先溜了。學比較久的，因爲對喇嘛供養得不夠多，也因爲生得不很美，所以喇嘛不願把雙身法教她，不願跟她共修。有的人如今慶幸說：「還好！還好！我如果爲了要得到西藏密宗的密意，不但要供養喇嘛很多錢，還要失身於喇嘛。」我們算是拯救了很多人，所以有很多人暗中感激蕭平實，因爲沒有被誤導而破戒失身，還有機會趕快回到正法來，這正是我們應該做的事。如果有人能像這一段佛語這樣，這人就是能供養禪波羅蜜的人。

當然有人會想：我們都在修般若，如今也開悟了，老師您什麼時候要開始教禪定？我說時節因緣還沒有到。有人也許想：「正覺同修會到底有沒有禪定可學可證？」我告訴你：「有！」那些離開的人說：「正覺同修會只有修慧，沒有禪定。」我告訴你：「有！只是還沒有準備開始教。」外面曾經有人宣稱說已經得二禪，這是十幾年前的事。但是我們檢查他所寫的書，所講的錄音帶，連初禪的境界都講不出來，何況二禪？可是我們這裡至少可以教你初禪、二禪，有實際上的證量，可是外面誰得了初禪？我不是在自讚毀他，而是在告訴你們：不要輕易被那些退轉者所籠罩。初禪的實證境界，我早在大約十年前就講過了，我們還有一套「小止觀」的錄音帶，似乎有六十幾捲；當時他們還拷貝幾十套留存，有少數同修現在手裡都還有，並且是精裝的盒子，共有三大盒精裝，所以那時早就講過初禪的內容了。

一般人講初禪，都是只能依文解義而說；想要講內容，你沒有體驗，要怎麼講？但是，你去看那些自稱證得初禪、二禪的大法師、大居士們，有哪個人講得出來？別說初禪，連未到地定都講不好，因爲這是牽涉證量的事情，沒有現量證境就無法講；譬如初禪的樂觸是什麼狀況？根本就形容不出來，但是我們都已講過了，錄音帶都還保存著。現在只是收起來不講，因爲我以前一開始也教禪定，有的人就一天到晚打坐，甚至在外面開車時開到荒郊野外，覺得安靜，他也在野外車上打坐，坐到招惹鬼神來附身，我還得要每天早上去榮總長青樓爲他開示，裡面還有一位「台北市長」，每一次見到我就叫我師父，他一天到晚在裡面爲人說法；我去裡面時，他就不說法了，倒要聽我說法；這都是因爲知見不夠而強修禪定，喜好有境界法，就出生精神性的疾病了。

想修禪定，必須先有基礎：要有先決條件。這些先決條件還沒有準備好就去修，很容易出差錯；出了差錯就很難救，有許多人出差錯以後是一生都救不回來的，要老死在精神病院中。所以，我們不是不教禪定，是因爲兩個原因而暫停：第一、這些禪定的基礎，大家有沒有具備？第二、佛菩提道的進修，禪定是放在三地心修的，是三地以後的事，大乘菩薩的成佛之道本就如是。當然，也可以先修得初禪、二禪，有自受用；至少人家講禪定時，你可以不被他籠罩。只要修到二禪就好了，因爲從初禪到二禪就已經函蓋禪定的三三昧了：初禪是有覺有觀，初禪後是無覺有觀，二禪是無覺無觀，就已經有三種三昧了。以後誰要是沒有禪定證量、亂瞎掰，一定瞞不過你，這樣就夠了。

但是將來緣熟了，我們還是會再度教禪定的，只是現在不想教它。但目前不教，不代表我們沒有禪定，我們禪定跟般若一樣的勝妙，也可以傲視各大道場。雖然今天講得誇口一些，可是我沒有臉紅，因爲確實有那個證境，也能如實宣講，爲什麼要臉紅？如果沒那個證境，全都瞎掰亂編，被人家戳破了牛皮，就得要臉紅了！所以修學佛法，應該要照次第來，要如實而修，不可打妄想欺瞞大眾。我講這些話，也是要讓你們對正覺都有信心：我們不但有最正確的般若慧學，也有眞實的禪定證量，不是瞎編籠罩人。這樣就不會被那些退轉者妄說籠罩而狐疑不定。

這裡講的六波羅蜜，是外門修六波羅蜜；即使四禪八定具足了，仍然是外門廣修六度波羅蜜，還沒有進入內門修六波羅蜜。因爲這是初階行法，連菩薩戒都還沒有正受，只是爲正統的梵網等菩薩戒正受前的前方便，所以叫做《優婆塞戒經》。因此禪定的初禪、二禪修證，對某些人來說確實有其必要性，因爲可以先得到一些受用，就可以安定心情在佛法中了。畢竟證悟是比禪定更難修證的，若沒有好因緣遇到眞善知識，窮修一世也是悟不了的。但是禪定的修證，也該有時節性的觀察：

應該在什麼時間來修學最好？如果性障降伏或修除了，想要證初禪是很容易的，前提是五蓋要先伏、除。可是那些人貪瞋癡慢疑都還很重，五蓋都不除，而宣稱他們已證得禪定，天下沒有這種事。今天是先給大家知道禪定修行的基本觀念，以後因緣成熟了，我們再來教。但是在因緣成熟開始教禪定之前，諸位要先把五蓋給降伏或斷除。可是想要先把五蓋伏、除，要靠智慧：解脫的智慧及般若的智慧。靠這兩個智慧配合，三年五載把它伏、除了，將來修學初禪、二禪就事半而功倍。我當年修二禪是事倍而功半，很辛苦！後來發覺當年如果晚幾年再修就會很輕鬆。我不希望你們像我花掉那些冤枉時間，所以先告訴你們。現在知道了，從今天開始把五蓋好好的伏、除，將來因緣成熟教禪定時，你要證得初禪將會很快的，二禪確實很難，但是初禪很快，特別是你們有無相念佛的動中的功夫，會很快的。這樣聽了，對你們也算是個好消息吧！

【「善男子！若有人能淨身口意，悉學一切世間之事，於貪瞋痴心不貪樂，不狂不亂，憐愍眾生。善能供養父母師長和上長老耆舊有德，

修不放逸。先語軟語不誑衆生，能分別說邪道正道及善惡報，常樂寂靜出家修道。能以世事用教衆生，見學勝己不生妒心，自勝他人不生憍慢，受苦不憂受樂不喜。善男子！有是相者，當知是人則能供養般若波羅蜜。」

講記 佛說到第六度了：如果有人能清淨身口意——不犯——惡業道——反而勤修十善業道，而且要努力修學一切世間之事；因爲菩薩必須在五明中求，所以菩薩不能荒廢世間事。而且，說句老實話，諸地無生法忍的修證，其實也都不離世間事，發起諸地滿心現觀的因緣都是在世間法中，往往一件看來好像稀鬆平常的事情，如果你的智慧與福德因緣都具足了，就只是一件稀鬆平常的因緣，你突然間起了一念：爲什麼會這樣？就可以由這上面證得初地、二地的現觀智慧。但都是在世間稀鬆平常的事相中，也都是世間常見的事；所以也得要了知這些世間事。而且，想要成就佛道，必須具足五明；五明大部分都是世間法，只因爲你有了般若實相的智慧，把這些世間法配合起來，五明就具足成就了，一切種智就圓滿了，所以 佛說菩薩要「悉學一切世間之事」。但是學世間事時，要於貪瞋癡的境界，心不貪樂；可是了知世間事了，不貪也不狂、也不亂其心，以外還要憐愍眾生，常常想要幫助眾生如同自己一樣的親證。作了這些事就能供養般若波羅蜜嗎？還不行！還要善於供養父母、師長、和上、長老、耆舊、有德，這麼多人你都要善於供養；既然身爲在家菩薩，本就應當如此，要這樣再加修不放逸。

並且對眾生要先語軟語，不欺誑眾生。講話時要能體諒眾生的心情，都以柔軟語來說，並且要說誠實語。而且要能爲眾生分別邪道、正道的分際：如何是正道？如何是邪道？其中的差別在哪裡？都要說明清楚，並且要說明修學正道和邪道所產生的善報與惡報有何不同。但是自己要常常樂於寂靜，不到處攀緣；若是還沒有進入諸地，還得要常常樂於出家修道，能以世間事來教導眾生：雖然出家了，卻懂得一些世間法，配合佛法來教化眾生。如果看見有別人修學佛法勝過自己的話，心中不會產生嫉妒之心。如果知道自己勝過別人，也不因此而生起憍慢之心。在弘法利生的過程中，如果受到苦惱，心中也不憂愁。如果有喜樂，心中也不會產生歡喜或貪愛。如果有人能這樣做到，這人就是能供養般若波羅蜜的人；這還不是親證般若波羅蜜，只是供養般若波羅蜜，也就是外門廣修六度萬行。

想要親證般若波羅蜜，先要能供養般若波羅蜜；想要供養般若波羅蜜時，要怎麼供養？就是這一段所講的全部內容。如果不孝順父母、不孝順公婆，那就是沒有能力供養般若波羅蜜的人。看見岳父、岳母、公公、婆婆有難，不肯救助，就是沒有供養般若波羅蜜的能力，因為供養般若波羅蜜的能力就是從這裡來的。能供養般若波羅蜜之後，才能親證般若波羅蜜，所以供養父母、師長、和上的事行，就是親證般若波羅蜜的遠因。修學正確的般若波羅蜜的正見，就是親證般若波羅蜜的正因。

什麼是已經供養般若波羅蜜的人呢？也就是性障已經遠離了！如果能作得到 佛在這一段經文所說供養的內容，就表示你的性障遠離了，表示你已經有了親證般若波羅蜜的遠因；再加上親來正覺講堂修學正確的佛菩提道，兩年半精進共修時該修的福德修了，該除的性障除了（因為除性障也是福德之一），再加上正知見已經熏習完成，那就表示你親證般若波羅蜜的遠因和正因都有了，所以去禪三時就可以證悟般若了。要具足這些條件，才能算是已經供養般若波羅蜜；已經供養完成了，接下來就是親證的時節因緣到來了。如果去了禪三共修還是沒辦法悟，就表示你對般若波羅蜜的供養仍然不夠，還得要遵照佛所開示這一段經文的去做。因爲去到禪三共修時，一樣的機鋒給你，一樣的方向與方法，別人能參出來，你參不出來，那就是你的因緣不足，就是對般若波羅蜜的供養還不夠。下山後再努力供養般若波羅蜜，下一回可能就參出來了。特別是這一回第二梯次明心的十三個人中，只有一位是第一次參加禪三而破參，其他十二位都是第二次或第三次禪三才明心的。這表示他們後來有努力供養般若波羅蜜，所以參禪者應當善觀自己的因緣。

【「善男子！一一方中各有四事，施方四者：一者調伏衆生、二者離對、三者自利、四者利他。若人於財不生慳惜，亦不分別怨親之相，時與非時，是人則能調伏衆生。於財不惜故能行施，是故得離慳吝之惡，是名離對。欲施、施時、施已，歡喜不生悔心，是故未來受人天樂、至無上樂，是名自利。能令他人離於飢渴苦切之惱，故名利他。」】

講記 善生童子一開始就問供養六方的事，佛說供養六方不是外道講的那種六方，而是六度波羅蜜的供養。現在佛說六波羅蜜的每一度各代表一方，但是這六方的每一方中都有四件事，這就是進入六度原理與因果的開示了。布施波羅蜜有四件事：第一是調伏眾生，第二是離對，第三是自利，第四是利他。接著解釋說：慳是捨不得布施，惜是惜財，想要把財物留在身邊。如果有人對財物不生慳、惜之心，也不分別受施對象是怨家、或是親人，以平等心惠施；也不分別目前是適合布施的時候，或是不適合布施的時候，只要有機會就布施，時時都樂於行施，就能調伏眾生。若是分別怨親之相，就不能調伏怨家；若分別時與非時，也不能調伏眾生，因爲能與怨家解除怨仇的時候是要自己去創造的。對於怨家，應該親送禮物表示親善；若不被接受，就多跑幾遍，具足顯示誠意，鐵石心情也會領受到你的好意，這樣不就調伏怨家了嗎？表面看來是你去委曲求全，其實是你調伏了他——以柔軟的身段克服了剛強。

能以布施調伏眾生以後，接下來說第二件事：離對。佛說：於財物不過度愛惜，才能行於布施；能行於布施，才能離開慳貪吝惜的惡心。

這個惡字，不是世間人講的邪惡，而是說它對修行是不好的，所以叫做惡；能離慳悋惡心，就是離對：不再面對慳悋心了。換句話說，如果對財物有慳貪吝惜之意，我們的心就是面對財物而被財物所繫縛了，這叫作有對。能於財物不慳不吝，就是於財物離對，離開相對所貪吝的對象，所以叫做離對。

第三件事是：起念準備布施時，以及正在布施時，和布施了以後，心中都歡喜自己能布施，而不產生後悔布施的心。這種人能離慳貪的緣故，歡喜布施的緣故，所以未來無量世中將會享受人間巨富之樂，乃至生天享受勝妙五欲之樂；甚至由於離開我與我所的貪著，所以又親證了解脫道乃至佛菩提道的無上樂，這就是自利。第四件事是：有了自利，當然也應該會有利他的功德，所以因爲布施的原因，能使他人離開飢餓渴苦及世間財物缺乏的痛切逼惱，所以布施的本身不但可以自利，而且也能利他，這就是布施一方的四件事情。

【「戒方四者：一者莊嚴菩提、二者離對、三者自利、四者利他。

莊嚴菩提者：優婆塞戒至菩薩戒，能爲阿耨多羅三藐三菩提初地根基，是名莊嚴。既受戒已，復得遠離惡戒無戒，是名離對。受持戒已，得人天樂至無上樂，是名自利。既受戒已，施諸衆生無恐無畏，咸令一切離苦獲安，是名利他。」

講記　持戒波羅蜜也有四件事：第一是能莊嚴菩提，莊嚴菩提的意思是說，從優婆塞戒的五戒、菩薩優婆塞戒，乃至正統的菩薩戒，這些戒法都能作爲無上正等正覺修證的初地根基，這叫作莊嚴。換句話說，想要修證佛菩提，而且能通達見道的功德而進入初地的入地心中，首要條件就是要受戒，不光是布施。布施是讓你具足入地的福德資糧，但是還要以戒的清淨受持，來作爲進入初地的根基。如果戒不能持好，一心想要進入初地，那是癡人妄想。我們在很多年前就講過了，要進入初地有三個大條件：第一、廣大的福德資糧，第二、要有入地所需的道種智，第三、性障永伏如阿羅漢。性障永伏如阿羅漢，當然是要戒法受持得很好。換句話說，得要有道共戒；但是道共戒還不容易得，要從哪裡開始？要從取相戒開始。但不管是取相戒或是道共戒（取相戒是指五戒、優婆塞戒、菩薩戒，都是取戒相爲戒的），都是以取相戒作基礎的，先要身口意行清淨了，才可能見道而發起道共戒。所以先要戒具足了，也就是取相戒及道共戒都受持得很好，然後才能性障永伏如阿羅漢。性障永伏如阿羅漢是進入初地的三個條件之一。有了永伏性障如阿羅漢等三個條件，只要加上勇發十無盡願，也就是增上意樂，就能入初地。所以戒是修學無上正等正覺——佛菩提——的初地根基。因此說，能好好的受持菩薩戒，就是菩提的莊嚴，就是莊嚴菩提的基本方法。

第二，既然受了優婆塞戒乃至菩薩戒之後，還要能遠離惡戒。這是在取相戒上面來說的：先由取相戒，讓身口意行清淨之後，終於能見道。見道時，一切惡戒就不能再拘限你了；因爲見道時三縛結一定斷滅了，諸方附佛法外道所施設的戒法，譬如藏密的金剛戒——三昧耶戒——道理是對或錯，你都能了然而知；他們所施設的戒是否落在戒禁取見中，你也很清楚了知。當你很清楚了，就能了知都是惡戒了。了知是惡戒時就不受它們影響，可以確實遠離惡戒，不再面對惡戒，就是戒波羅蜜的初步離對。還要進一步：無戒。一般人受戒以後說：「我受了戒，就是這也不許做、那也不許做。」但菩薩戒與聲聞法是不同的。聲聞法是一點點都不許犯的，譬如《維摩詰經》中的天女菩薩說法，諸大感動護持而散花，所以天花亂墜。這時菩薩根本無所謂，花若停在他的寶冠上，他無所謂；若在兩肩上停住，他也無所謂；正因爲都無所謂，所以天花都粘不上身。阿羅漢們看到天花落下時，心中就開始恐懼了：「那天花若落到我身上粘住了，我是比丘阿羅漢（比丘尼阿羅漢），這身上有花在，眞是成何體統？」因爲有這個心態，天花落下時就紛紛粘在身上了。這就是菩薩與聲聞特別不同的地方。

聲聞是受持戒法之後，只要身口不犯戒就沒事，心中若有習氣種子現前而有虛妄想，都不算犯戒；但是菩薩不管這些，菩薩可能身、口犯戒，但只要是爲了利益眾生，只要是爲了護持正法，犯戒也無所謂，菩薩是心不犯戒的。所以菩薩受持戒法，跟聲聞不一樣，因爲菩薩證悟後無戒可持，也無戒可犯。所以我們說禪宗證悟之後，不取相戒、不非戒取戒：乃至不取佛戒；因爲佛戒也是針對蘊處界身心而施設的戒法，都是戒身口的行爲。但是證悟如來藏之後，轉依如來藏的心眞如性，哪裡還有戒可持呢？所以是無戒可持的，是不取相而受持戒法，所以乃至佛戒也不取，這時就叫作無戒了。當你遠離惡戒，無戒可持，乃至無戒可受、可犯時，那不就是離對了嗎？

有對就落在世間相中，離對就出世間了。所以有戒相可持的人都是凡夫，因爲他們都還在蘊處界身心境界中；證悟的菩薩無戒可持，因爲不落在蘊處界身心相中；但是無戒可持當中卻有道共戒存在，所以他依證悟的功德而自然不犯重戒，道共戒是沒有戒相的。所以能持戒的人，從取相持戒而遠離惡戒，一直到證悟後的無戒可持，都同樣是離對。這才是戒波羅蜜：由持戒而到解脫的彼岸。如果有戒可持，他是未到彼岸的人，還在此岸中生死，所以才有戒可持。

第三，受持戒法以後，能得人天樂乃至無上樂，這就是自利。受持五戒不犯的人，他若願意修行十善，可以得往生欲界天之樂。如果受持五戒而不行善，至少可以保住人身，來世還在人間享福。如果因爲持戒而容易修定，發起禪定時就有定共戒了，也可以生色界、無色界天，也是天福，所以由戒可以得到人天之樂。如果你得到道共戒，當然是無上樂：或在解脫道上有所修證，或在佛菩提道有所取證，這都是有道共戒的，所以是無上樂，這就是從戒波羅蜜中得到自利。

第四，得戒之後，能以自己所受的戒體布施給一切眾生無畏，稱為施無畏。因為持戒而布施與眾生無畏，眾生於你都不必擔心，不必恐懼你會加害於他，所以眾生對你無恐無畏，這就是你施給眾生無恐無畏，讓眾生於你身上一切離苦獲安。即使是你的怨家過去曾經嚴厲的糟蹋你、陷害你，他從此以後也都可以安心、篤定的知道：不會受到你的報復。這叫作咸令一切離苦獲安，這就是利他。如果證悟之後不能這樣做，那表示你還一直停留在眞見道位，仍然沒有發起相見道位的功德。

證悟之後，應該進修相見道的功德，使道共戒具足發起，也應該轉進諸地。當你證悟後，不管過去有誰對你嚴重陷害，你都可以不生起一念報復之心，還願意在法上幫助他，這樣你才可以稱為已經進入相見道位，乃至進入諸地；不然就表示你永遠都還停留在眞見道位，也就是說：悟後五年了，你還在禪三的境界中，沒有長進。所以有一天你出來弘法，有人抵制、否定、毀謗你，但他後來願意回來跟你學，你還是要能歡喜接受，沒有一絲一毫的排斥之心；應當如此，才是正法的證道者。如果這人以前得了我的法，還無根誹謗我，我就把他點油做記號，永遠記得他的壞處，那就表示我修行不好。你想要當個修行不好的人呢？還是要當個修行好的人？如果要當修行好的人，就不要記恨於虧負你的人。將來不管有誰出去行腳參方，當他們倦遊歸來時，你都會同樣熱誠的對待他，不認爲他是永遠離開了，而認爲他只是出去玩一玩、逛一逛而已。心中確實如此看待，這樣你就可以歡喜的安慰自己說：我是持戒而能利他的人，不是修行不好的人。

在世間法上隨順眾生心性而去作報復的事，其實是很不利自己道業的；這是把自己往下拉，是向下沉淪了。這一些知見，大家都應該有；因爲你們遲早都會出來度眾生，若這一世沒有出來度眾生，下一世也會出來度眾生，這是佛菩提道中遲早都要做的事，所以這個知見與觀念，諸位現在都要先建立起來。能先建立起來，未來世或這一世起，就能開始超劫精進而把長劫入短劫中，這不就能自利也能利他嗎？所以佛法眞正勝妙的地方，都是可以自利也能利他的，都不只是單純利他或單純自利。所以菩薩是在利益眾生中，自己迅速的成長。所以是攝受眾生時，其實是眾生幫助自己快速成長的。要在什麼地方才能快速增長佛菩提？就是要在五濁惡世中。你若去到諸方清淨佛土修行，想要成就佛菩提是很長遠的事，因爲利他的機會很少。若去極樂世界，在那邊能爲誰作無畏施？人人都是本來無畏的，都不需要你作無畏施。所以你在這裡持戒清淨一天的功德，勝過在極樂世界持戒清淨一劫，因爲那邊沒有人需要你作無畏施，你不能成就無畏施的功德，但你在這邊一天的無畏施，就確實對眾生有一天的受用。這個道理諸位也得瞭解，別一天到晚老是抱怨：「**你們都是五濁惡世眾生，眞的好可惡！**」你要知道：是因爲他們五濁的關係，才能幫助你迅速成就佛道，所以他們是你的逆增上緣，是幫你迅速成就佛道的因緣，應當如是觀。再加上前兩週說的「眾生本來如是」，那你在這裡就很好混了，什麼事情都可以不以爲意，專心的利樂眾生。利樂眾生就是自己成長的最快的方法，因此持戒也有四事。

【「忍方四者：一者莊嚴菩提、二者離對、三者自利、四者利他。

莊嚴菩提者，因忍故得修善。修善故，得初地，乃至阿耨多羅三藐三菩提，是名莊嚴。既修忍已，能離瞋惡，是名離對。忍因緣故，得人天樂至無上樂，是名自利。忍因緣故，人生喜心、善心、調心，是名利他。」

講記　接下來說忍波羅蜜，忍方也有四法：第一是莊嚴菩提。忍能莊嚴菩提，是說因爲能安忍的緣故，所以能修善法。不要把善法作了太狹義的界定，因爲善法有很多種。譬如世間善法：慈濟功德會救濟眾生的貧病，這是世間善。這世間善，菩薩也不能偏廢，有因緣遇見了，還是得做。在進入了義正法之前，得要無量世修世間善。世間善法修集滿足了，就會生起一個念頭：「**難道我們修學佛法，就只是在救助眾生貧病等世間法上面嗎？**」不能滿足於世間善法了，這時會起心動念：「**應該還有出世間善法吧？**」這時開始探究起來，表示你已經與一念無明或無始無明相應了。這時候就會去探討：如何證得解脫果？這時就是與一念無明煩惱相應了！若是探討如何了知實相而證得佛菩提果，就是與無始無明相應了！就會開始尋找出世間善法的修行法門了。但是在修世間善上面修忍，對一般人已經很不容易的了：往往去利樂有情時，眾生還會嫌他送給的財物不夠多，他心中就起瞋了：「送給你財物就很好了，還嫌少！眞貪心！」這種忍，對世間善人已經很不容易修了。若是出世間善，那就更難忍了！

因爲一般人修證解脫道時，總以爲說：「我將來可以出三界。」等到眞正親證解脫道時：「原來我不能出三界，是我滅了以後，背後的如來藏出三界，那我還努力修行幹嘛？」心中很難安忍下來，所以聽到眞實的二乘解脫道妙法時，很不容易接受，寧願安住於離念靈知我見中。現在普天下的大師不都是這樣嗎？都是想要以覺知心我、作主我進入無餘涅槃中。當我們告訴他們說：「覺知心的我跟作主的我都要滅掉，才能進入無餘涅槃中，所以是如來藏本來就涅槃。」他們聽了都不能接受，就想：「修到最後，結果是努力修行的我仍然不能入涅槃，那我白修行幹嘛？」不能接受！所以解脫道正理的安忍也眞的是不容易。

佛菩提道的安忍就更難了！參禪是要找一個法界的根源，祂就是法界的實相。可是找到最後說原來是祂，這麼稀鬆平常，心中就不能安忍了！沒有辦法接受是祂，希望覺知心、作主心的自己就是法界的實相，所以又回去認離念靈知意識心爲常住不壞我：因爲離念靈知心會感覺到自我是確實存在的。然後再來安慰自己：「我覺知心只要不執著自我，這樣讓自我繼續存在而不執著，那就是實證無我。」結果還是我與無我繼續糾纏不清。然後更大膽的妄言：「我們證佛地眞如，比你們正覺同修會更高。」結果是什麼佛地眞如呢？還是離念靈知，只是回到意識上而已。然後再以離念靈知意識爲中心，來找經論資料自圓其說：「你看！經論上講，佛地眞如可以跟五別境心所法相應，可以跟善十一心所法相應，離念靈知正好可以，所以是佛地眞如心！」但問題是：他的離念靈知卻跟惡心所法、煩惱心所法相應，爲什麼不檢討一下呢？

佛地眞如與善十一及五別境心所法相應時，仍然是第八無垢識，不是第六意識。當他們否定了阿賴耶識，未來還有無垢識、佛地眞如嗎？不但要有無垢識，還得要有清淨法界與大圓鏡智，他又要怎麼說呢？請問：「你證得佛地眞如時，你的大圓鏡智在哪裡？你若有大圓鏡智，就一定會有阿賴耶識心體存在，怎麼會講出『阿賴耶識心是生滅法』的荒腔走板言論來呢？」所以不管什麼大師：從這裡出去的大師，或者外面的大師，我早就把他們的後路斷定在那邊等著；結果都跳不出去，一一落在我的手掌心裡面，他們都逃不出去。所以說，佛菩提的忍更困難，因為是法無我的無我法，我見復萌的人是無法安忍的。無我性的如來藏非常的平凡與實在，在因地時無比的平凡，非常的實在；所以有些人不能安忍，忍不能成就。這些都是出世間忍。

很多大師把無生忍、無生法忍講得太玄了。忍其實就是接受的意思，接受了就叫作忍。二乘菩提的無生忍就是說：我的十八界都滅盡了，就是無我，就叫作證得無生；能忍於自我在未來世中永遠都不再出生了，就是二乘法的無生忍。換句話說，對二乘解脫的正知正見能接受了，並且現觀蘊處界我都虛妄而不想再讓自己存在，就叫作二乘菩提的無生忍。除了二乘無生忍以外，還有大乘所證如來藏的本來無生，就是阿賴耶識的本來無生；能忍於如來藏的本來無生，就是證得大乘的無生忍。所以不要把無生忍想得太玄、講得太玄，若能接受如來藏的無生，就是證得大乘的無生忍。什麼是大乘的無生法忍？就是現觀萬法從十八界來，而十八界都從阿賴耶識心體出生。能現觀萬法都從阿賴耶識來，所以證實一件事實：如來藏即一切法，一切法即如來藏，如來藏無生故一切法無生。你能安住於一切法無生的現觀智慧，能接受了，就是大乘的無生法忍。就這麼簡單！不要把無生法忍想得太玄了！所以忍就是接受，打心裡面眞實的接受，就是生起忍法了。

可是這個忍眞的很難修，世間忍就不容易了，出世間忍又有三乘菩提的忍，那就更難修了。這個忍，要以什麼爲根本？以善心爲根本。所以修學大乘佛法的人，依菩薩道來講，固然以布施、持戒爲先，但是同時還得要能忍：忍於善法。忍於善法之前，要先能忍種種苦。因爲修學佛法是要離欲的：離世間法的種種順流，要逆流而上，所以得要安忍。若不能安忍，別說出世間善，連世間善都修不了。所以說，因忍才能修善，能修善才能得世間善乃至出世間善。能得大乘出世間善，就能得初地乃至無上正等正覺，所以說忍波羅蜜能莊嚴菩提。

第二，離對。既然能修忍波羅蜜——能修安忍到彼岸——就能遠離瞋心及惡心。能離瞋心、惡心，就表示不再面對瞋心、惡心了，這就是離對：讓覺知心離於瞋惡的攀緣。離瞋、惡，對一般人不是難事，怕的是有時因爲某種狀況而被激怒時不能安忍，所以起瞋。起盛大瞋心的緣故就會控制不了而造惡，使得一切功德皆失，將來還要下地獄受無量世的痛苦。常常有左鄰右舍都讚歎的大善人，往往因爲一時不能安忍，壓抑不住極不合理對待而生起的大瞋，結果得要被判刑去坐牢，來世還得要償還惡果報，這也是不能安忍。與瞋、惡法面對而不能遠離，就障礙道業；遠離了就無對，所以修忍就能離對：遠離與瞋、惡的面對。

第三，自利。因爲修學忍波羅蜜的緣故，所以能得人間的快樂、天道的快樂乃至出世間法的無上樂，這就是自利。能安忍，就是俗話說的「明哲保身」；事不關己，你就不需要強出頭。你可以用別的方式得到你想要的公理正義，但不一定要自己強出頭，除非你有大威德力。能如此，在人間就可每天快快樂樂的修道。能安忍不再面對瞋、惡，來世也不會墮落三惡道；此世善保人身，能繼續擁有修行的工具，繼續修菩薩道，何樂不爲、何樂不忍呢？能安忍，所以能不理會外境，因此就能證得禪定，來世得色界天樂；能安忍，所以能修學種種世間善，就可以得欲界天樂；能安忍於二乘菩提的無生乃至大乘菩提的無生，就可以得世、出世間的無上樂，這些都是自利。

第四，利他。由於忍的因緣，大家見了你都生歡喜心、都生起善心，心得調柔，這就是利他。當你能安忍，從來都不瞋眼怒語，大家看了你都不會皺眉頭，也不會對你大聲叱罵，心得調柔，都喜歡見你。他們見了你總會想起來：「我以前與某人共事，都要很小心說話，否則就會挨罵。」所以他見你就有喜心，就生起善心，很喜歡與你共事，那不就調柔了嗎？這就是因為修忍而利益了別人，所以忍也有四法。

【「進方四者：一者莊嚴菩提、二者離對、三者自利、四者利他。莊嚴菩提者，因精進故得修善；修善法故，得初地乃至阿耨多羅三藐三菩提，是名莊嚴。修善法時，離惡懈怠，是名離對。因是善法得人天樂至無上樂，是名自利。教眾生修善，令離惡法，是名利他。」】

講記　接著說精進到彼岸——精進波羅蜜——說精進這一方也有四法：第一法是莊嚴菩提。精進而莊嚴菩提是說：因為精進修行一切善法的緣故，所以能修集一切善法；菩薩四宏誓願，其中一願是「一切善法無有不修者」，所以要修一切善。既然一切善法無有不修者，當然得要精進；由於精進的緣故，能讓人中途不懈怠，更不會廢除修善。正因爲精進的緣故，修諸善法而不懈怠，所以能獲得初地乃至無上正等正覺，所以說精進波羅蜜能莊嚴佛菩提。

第二是離對。修學一切善法時，由於精進波羅蜜的緣故，能遠離種種惡法，也能遠離一切懈怠放逸心，這就是離對。如果不能精進修諸善法，就會繼續與惡法、放逸、懈怠面對，不能離對。

第三是自利。精進修學善法的精進，本是善法，所以精進二字不用在惡法上面來形容。如果在惡法、放逸法中很努力，這不叫精進，有時我們就用邪精進來形容它。其實邪精進不是正確的用法，因爲精進二字只用在善法上面，所以邪精進是方便說，與精進的本意不符。佛說，因爲精進善法的關係，所以能獲得人間的快樂、天界的快樂，乃至世、出世間的無上快樂，這就是自利。又因爲精進的關係，所以能教導眾生修學一切善法，能令眾生遠離一切惡法，這就是精進波羅蜜的第四法：利他。

【「禪方四者：一者莊嚴菩提、二者離對、三者自利、四者利他。莊嚴菩提者，因修如是禪定力故，獲得初地乃至阿耨多羅三藐三菩提，是名莊嚴。因是禪定，修無量善，離惡覺觀，是名離對。修舍摩他因緣力故，常樂寂靜，得人天樂至無上樂，是名自利。斷諸衆生貪欲、瞋恚、狂癡之心，是名利他。」】

講記 在禪這一方，也有四個法：第一是禪定波羅蜜能莊嚴菩提。這裡講的禪是禪定，不是禪宗的般若禪，而是講禪定。禪宗的禪是般若波羅蜜，是下一段經文講的智波羅蜜——般若波羅蜜。禪定爲何能莊嚴菩提？因爲禪定是制心一處的善法，所以定的義涵很廣，不光是在四禪八定上面說的。凡是於某一法心得決定而不轉移，也可以稱之爲定，所以定的義涵很廣。在諸經論中，對於定，常常是這樣的界定：心得決定。我們先來談一談心得決定，這有兩個層次，第一是於禪定的境界能夠決定而不轉移。譬如粗住：粗糙的安住於心一境性中，就是證得欲界定。於欲界五塵中制心一處而不攀緣，就是粗住，是欲界定。當然欲界定也有它的持身法，這等以後講禪定時再來說明。粗略安住下來以後就會漸漸轉入細住境界中，就是漸漸的離開欲界覺觀，能安住而不轉移，這就是未到地定。但因爲這只是降伏欲界煩惱的功夫，沒有對欲界貪眞正的斷除，所以初禪仍然發不起來。換句話說，五蓋沒有斷除或降伏時，只能得細住，不能發起初禪，但也叫作定。可是因爲未到初禪地，所以叫作未到地定，這也是心得決定的一種。如果未到地定的功夫很好，能把欲界貪愛斷了，在家菩薩是斷貪心而不是斷身行，斷貪心時，在行住坐臥中，初禪突然就現前，從此遠離欲界生，所以叫做「離生」喜樂定；因爲有樂受，所以名離生「喜樂」定。這只是離欲界生，不是離三界生，但也是得定。至於初禪以上，一直到非非想定，也都是心得決定。心得決定而不移動，所以叫做禪定。

佛法中還有許多的三昧，無量的三昧都稱之爲三昧，三昧（三摩地）也就是定，可是這些三昧都不是四禪八定境界，但因爲於某　法中心得決定，決不動搖，所以叫作三昧：定。所以定也就是三昧，定的涵意是很廣泛的，不能像一般大師把它界定在狹義的四禪八定上面。禪定波羅蜜講的禪定正是狹義的禪定境界，於四禪四空定中已經心得決定。由於心得決定的禪定力量，所以幫助菩薩們獲得初地乃至無上正等正覺的果證，所以說禪定波羅蜜可以莊嚴菩提。因爲禪是靜慮，定是制心一處，所以合名禪定；若是修習禪定境界而不懂靜慮，就無法發起四禪、四空定，所以禪定的修證也得要有靜慮的正見。但靜慮不光只是四禪八定上的靜慮，因爲其餘的智慧三昧也是要有靜慮的功夫；反過來說，四禪八定雖然偏定少慧，也還是得有靜慮；如果沒有靜慮，就無法從欲界定轉入未到地定，無法從未到地定轉入初禪，也無法從初禪轉入二禪前的未到地定，無法轉入二禪乃至非非想定。所以禪定雖然偏定而心得決定，仍然必須有靜慮才能證得；由靜慮與心得決定，就合名禪定。

這種禪定的說法，可能諸位沒聽過，書上你也讀不到。這是因爲有般若的智慧，加上禪定的證量，所以能告訴你們這個道理。你們了知這個道理，將來要修證禪定時，就容易修了。當然下手的方法還很多，以後正覺寺完成了，另外開課再來說，不然光是這一段就要講到明年去了。因爲這種靜慮和心得決定、制心一處的關係，所以能發起了禪定力，配合般若智慧而有了波羅蜜，獲得初地智慧境界乃至無上正等正覺，所以能莊嚴菩提。

第二是離對。正因爲禪定力量的關係，所以能修無量善法，因爲禪定生起時就表示五蓋已經降伏了，當然能修無量善法。在證得禪定以前也要修習無量善法，因爲要先降伏五蓋或斷除五蓋，也就是把性障修伏或修除；禪定發起了當然就可以離開惡覺觀。惡覺觀有許多的層次，從初禪來講，欲界五塵是惡覺觀；以佛法來講，西藏密宗的雙身法就是標準的惡覺觀，所以藏密喇嘛法王們永遠無法證得初禪，不管他們禪定功夫多好，永遠都只能在未到地定中安住，永遠起不了初禪。因爲欲界惡覺觀沒有斷——欲界貪沒有斷——都不離五蓋，所以藏密的祖師們都不可能有人證得初禪境界。離欲界貪是發起初禪證境的首要、也是基本條件，而他們都不離欲界貪，所以都不可能獲得初禪證量，以上就更別說了。菩薩因爲修學靜慮和心得決定，所以能修無量善心而離開了惡覺觀，所以證得初禪。也因爲修無量善，離開初禪的三塵惡覺觀，所以離開初禪而進入二禪，乃至這樣次第離開各種不同層次的惡覺觀，進入非非想定乃至進入滅盡定，這就是離惡覺觀；不必再與惡覺觀面對了，所以叫做離對。所以惡覺觀也有很多種的層次差別，現在不談它。

第三是自利。「修舍摩他因緣力」就是修止的因緣力，所以常樂於寂靜。修學禪定必須有止有觀，沒有止就不能住於定境中；止就是舍摩他，觀就是毘婆舍那。若無觀慧，就會永遠停留在最低層次的「止」境界中，不能轉進；所以修禪定的人得要有毘婆舍那的配合，就是要有觀行能力的配合，才能夠轉進。轉進上一個禪定層次之後，又得要有舍摩他的力量，才能安住於上層次的定境中；所以止與觀是互相配合增上的。能修止的緣故，所以能定於一境而不散亂攀緣，因此常常樂於寂靜的境界。由於樂於寂靜境界的關係，所以心能調伏，就能安忍於無生忍乃至無生法忍，因此能得到人天樂乃至無上樂，這就是自利。

第四是他利。由於修學禪定的關係，所以能斷諸眾生的貪欲瞋恚狂癡之心，這就是利他。因爲你能以禪定自利時，就能發起他受用的功德；沒有人在證得初禪之後不能教人取證初禪，也沒有人在開悟之後不能教人開悟，更沒有人成佛之後不能教人成佛；所以當你證悟後，一定能幫別人悟入。證悟之後若是終其一生都沒有幫別人開悟，一定只有一個緣故，就是觀察眾生證悟的因緣不成熟，就像廣欽老和尙那樣，也像大覺禪師那樣，沒有把法傳承下來，因爲他要求的是得法者要具足因緣。所以菩薩有自受用功德時，就必然會發起他受用功德，即使像周利槃特伽那樣，至少也能讓人對他生起敬仰之心來供養他；他因爲受供的緣故，就請舍利弗尊者來代他說法，也是有他受用功德。所以，不能說有誰得到自受用功德之後，不能發起他受用功德的，所以能自利就必然也能讓別人得到利益。所以當他能夠離對，離惡覺觀，得人天樂至無上樂時，也可以藉自己所修禪、定的種種三昧來幫眾生，教導眾生斷除貪欲、瞋恚及癡狂之心，這就是利他。

【「智方四者：一者莊嚴菩提、二者離對、三者自利、四者利他。莊嚴菩提者，因修智慧獲得初地、乃至阿耨多羅三藐三菩提，是名莊嚴。修智慧故遠離無明，令諸煩惱不得自在，是名離對。除煩惱障及智慧障，是名自利。教化衆生令得調伏，是名利他。」】

講記　智就是般若，佛法中所講的智慧通常是說般若，只有在二乘菩提中才會說是解脫的智慧。般若若單純的翻譯作智慧就會有過失，所以玄奘菩薩就音譯而不作義譯。因爲世間法也有許多的智慧，不光佛法中有智慧。你講智慧，很多人就會誤將世間法的智慧當作佛法的智慧，現在佛教四大山頭正好是這樣。所以證嚴法師說：「你只要精進的利樂眾生而生起歡喜心，並且都不退失於布施心及歡喜心，那就是初地菩薩。」（大意如此，詳見證嚴著《心靈十境》）都不必證得如來藏實相，也不必證得一切法無生的無生法忍，她把世間智慧當作出世間的智慧，而且當作世、出世間的智慧，與眞實佛法差太遠了！聖嚴大法師也說：「你只要把一切煩惱都放下，放下了就得解脫。」（大意如此，詳見聖嚴法師的多種著作）這就是把世間法上的智慧，當作二乘菩提出世間的智慧。連二乘菩提智都誤會了，何況是大乘菩提的般若實智呢？所以般若還眞的不宜翻作智慧，還是用般若兩個字好。這裡說世、出世間智慧的波羅蜜，這一方也有四個法：第一是莊嚴菩提。莊嚴菩提的意思是說，因爲修學佛法中的眞實智慧故，所以證得初地乃至無上正等正覺的果報，所以說般若波羅蜜能莊嚴菩提。

有一位法師在電視上說：「解脱道就是一佛乘。」這眞是末法啦！眞的只能說：這就是末法。這種說法並不是從他們開始的，始作俑者是誰呢？（大眾答：印順法師）正是印順法師！他把般若經的義理解釋作「一切法空、緣起性空」，是把大乘的佛菩提拉下來，用解脱道來解釋，那麼一切阿羅漢都應該可以自稱成佛了，但是明明沒有一位大阿羅漢敢自稱成佛，這是歷史事實，所以顯然佛果與阿羅漢果是不同的，當然法義也就有所不同了。可是，如果印順是以正確的解脱道來解釋般若，那倒也還好！偏偏他們所說的解脱道卻是斷滅見的解脱道，又同時是常見外道見的解脱道，根本就不得解脱。阿含解脱道，最多只能斷除分段生死——出離三界生死，不可能成佛的，因爲還沒有證得第八識如來藏，也還沒有一切種智。如果說解脱道的究竟地就是一佛乘，那就意味著：當來下生 彌勒尊佛成佛之前已經有很多聖人成佛了，因爲諸阿羅漢也應該都稱爲佛了，因爲解脱道就是阿羅漢所修證的法，而解脱道又是這位法師說的一佛乘。不過他在電視上說過也就算了，如果他膽敢寫書說：「解脱道就是一佛乘。」我們就得要出書指名道姓的辨正法義了！這是一個大題目，一定得要辨正。可是諸位返觀佛教史：釋迦佛入滅之後，有哪一位阿羅漢敢或曾自稱是佛？沒有！慧解脫阿羅漢、俱解脫阿羅漢，乃至三明六通的俱解脫大阿羅漢，都沒有一個人敢自稱成佛；因爲他們都沒有入門，佛菩提道的證量仍然是零，距離佛地非常遙遠。所以這樣的大法師在電視上大放厥詞，也眞的不得不令人感歎：「**世尊的遺法竟然會被弘傳到這個地步。**」所以諸位還眞的是任重道遠。

你們來幫我共同挑起這個擔子，這個擔子還眞的不輕，但是比起最後五十二年或最後八十年的弘法任務，現在這個擔子還算是輕擔。佛說：到正法即將壞滅的最後幾十年，如果有人膽敢出於人間，宣說如來藏妙法，這是世間最難的事情，這比你挑起須彌山都還要重；在最後那八十年以後，佛教就永遠都不會再有證悟的人出現在人間了，都只剩下類似藏密或今天的大法師把不正確的解脫道當作成佛之道了，再也沒有人會信受如來藏妙法了，空有佛教寺院及僧人表相，而無正法存在了，所以說佛教末法已經滅盡；當然那時弘法的日子是最不好過的，也必然會被所有佛教寺院及僧人、信徒全面否定的，那時佛教界也已經沒有一人能信受如來藏妙法了。所以今天我們挑這個擔子雖然不輕，但比起月光菩薩、一切世間樂見離車童子那時的重擔，還算是輕的了。所以諸位還可以歡歡喜喜、勉為其難的和我一起來挑擔吧！

只有修學佛菩提，才能成就佛道，而佛菩提含攝了聲聞解脫道，具足佛菩提與聲聞道、緣覺道的法，才能稱為一佛乘。解脫道只是二乘菩提，不管他們怎樣自我高抬、臉上自我貼金，都沒有用，因為這是法界及佛法的事實。因為二乘菩提的聲聞四念處解脫道及緣覺因緣觀解脫道，修到最究竟時都只能斷除我見與我執，極果只是阿羅漢與辟支佛。若不證得如來藏，就沒有絲毫法界實相智慧可言；若不具足證得如來藏所含藏的一切種子，就沒有一切種智，就不會有四智圓明，就不可能成佛。修學般若波羅蜜的內容，正是親證如來藏而得般若的總相智，悟後進修別相智而發起初分道種智，則是先要深入般若諸經中現觀非心心、無住心的本來自性清淨涅槃，才能獲得初分道種智而進入初地，再繼續進修十度波羅蜜而具足無生法忍果，一切種智具足時才會有四智圓明的佛地智慧，這才是標準的、佛所說的成佛之道。修學般若波羅蜜能使人證得初地乃至成就佛道，所以說般若波羅蜜這一方能夠莊嚴菩提。

第二是離對。由於修學世、出世間智慧，所以能遠離一念無明與無始無明，使得一切煩惱於我們不能得自在，而我們能於煩惱得自在，所以不必再面對煩惱了，這叫作離對。諸位要是不信，我們可以略說一下：二乘菩提只是出世間智慧，不是世、出世間智慧，因爲他們無法證實十八界及萬法都從無餘涅槃的本際中來，他們無法現觀一切法及十八界都從如來藏來，所以不知法界萬法的眞實相。二乘無學聖人都無法證實這個法界中的事實，因爲他們連如來藏在哪裡都不知道，又如何能證實？但是你們從禪三回來，我還都要求你們舉出事實來幫我證明：萬法都從你們所證的這個阿賴耶識如來藏生出來的。這顯示出世間法的智慧你有了：「知道十八界的虛假，所以有出世間法智慧。」而世、出世間的智慧你也有了：「如來藏本來就涅槃了——我仍在生死之中時祂就已經是涅槃的了。我證得涅槃時，我仍然不能入涅槃，而涅槃是本來就已經是事實上的存在了！因爲涅槃就是阿賴耶識改名爲異熟識的獨住境界而已，而我已經現觀如來藏的獨住境界了，所以是親證涅槃了。此刻開始，無妨我繼續生死，祂繼續涅槃，所以無妨我證得涅槃之後有我繼續生死。」

阿羅漢們聽到這個說法時，只能懷著疑惑心而不敢質疑，因爲完全聽不懂。所以只有佛菩提中才有世間、出世間智慧，這是二乘菩提沒有的，是聲聞、緣覺的解脫道所沒有的智慧。所以二乘無學聖人的智慧不能證得初地果位，更不能證得無上正等正覺，只有佛菩提的具足親證者才能成佛。你們這一回禪三破參回來的人，只是才剛出生的獅子兒；但是我這一說，你就聽懂了，你可以在聽我說法時同時現觀確實是如此的：「蕭老師眞的沒騙我。」但是阿羅漢、辟支佛都聽不懂，所以他們有出世間智慧，沒有世、出世間智慧。由於親證這種勝妙智慧的緣故，所以能於煩惱得自在，煩惱卻不能於我們得自在。阿羅漢於煩惱不能自在，所以阿羅漢們出去托缽時若看見漂亮的女眾，就得趕快轉頭，他們不可以看，恐怕習氣種子現行而落入煩惱中；但菩薩照樣看，漂亮就漂亮，漂亮的是誰？不但是假的，其實都只是如來藏所現的，但是如來藏有漂亮嗎？你說：「如來藏才漂亮哩！因爲你永遠找不到祂，我找到祂了所以漂亮。」可是如來藏沒有漂亮與醜的差別，醜與漂亮都是假的，轉依了如來藏哪有漂亮可說？因爲轉依了如來藏，根本沒有男人女人可說，還會有漂亮的女人啊？所以菩薩都無所謂。

而且菩薩也很習慣觀看漂亮與醜陋的女人，習慣得很！沒什麼感覺！所以菩薩比丘證悟後，托缽時遇到漂亮的女主人時照樣平常心的看待，可是不會生起煩惱：不怕被迷惑，不會常常想起那個美麗的女人。阿羅漢就起了煩惱：「我千萬別看。」所以阿羅漢能於煩惱得自在的，只是一小部分人而已，而且都只是於一念無明的四住地煩惱得自在，只於三縛結、五下分結、五上分結得自在，其餘都不得自在。菩薩不然，能於煩惱中得自在，而煩惱於菩薩不得自在；煩惱影響不了菩薩，所以菩薩是離對的。阿羅漢既然不敢面對漂亮的女人，表示他心中有對。阿羅漢很怕天花落下時附在他們身上，這表示他們心中有所對，不是離對的。但是你們看菩薩們，天花儘管下來都無所謂，越多越好，都是莊嚴佛法，因爲心無所對，所以天花落到菩薩身上就自然掉下地去；但是落到阿羅漢身上時就都粘住了，因爲他們心中有所對，不能離對。

第三，自利。菩薩證得的般若是可以離對的，當然能自利。怎麼自利呢？能除煩惱障、除智慧障。除煩惱障是能降伏三界惑，對於我見、欲界愛、色界愛、無色界愛都能滅除；但是菩薩都不畏懼、害怕三界法，所以不像二乘聖人：「冰淇淋很好吃，我不可以吃，萬一吃了以後起貪，離不開我所貪，那該怎麼辦？」菩薩不然，照吃而且讚歎：「好好吃！好好吃！」吃完了，過了就沒有了，因爲那個好吃也只是自己如來藏變現出來的內相分而已，何曾吃到外色冰淇淋的味道？阿羅漢認爲吃到的確實是外色的冰淇淋，所以心想：「我不能吃它。」怕萬一起貪而落入外法中起了貪愛，那要怎麼辦？這就是阿羅漢。但菩薩都無所謂，再好的食物送來了也照吃，再好的天衣取來也照穿。你們看看 觀世音菩薩的天衣，那可是價值無量億金，照穿不誤，有什麼關係？假使誰要，立刻可以奉送，應念又變現一件，都無執著或厭惡心，這就是菩薩。

你把價值無量億金的天衣送給阿羅漢們，他們推都來不及，恐怕起貪而退回三果中，又得要繼續輪迴生死一世。而菩薩無所謂生死，生死即涅槃，管他什麼生死不生死，只要能利樂眾生，能讓正法久住就好，沒有所謂生死、離生死的問題：正在生死當中時，也正是無餘涅槃的境界，稱爲本來自性清淨涅槃。即使未離胎昧也無所謂：「反正二、三十年後，我照樣再破參，有什麼關係？」都無所謂。可是阿羅漢就怕死了！菩薩正因爲有斷煩惱的局部或全部的關係，也把所知障破除或隨分斷除了，所以能得自利。由於破除所知障的關係——分斷所知障——當然可以漸次斷除煩惱障。所以初地菩薩能永伏性障如阿羅漢，這也是除煩惱障。他只是不想入無餘涅槃而故意保留一分思惑，不是沒能力斷除，所以他也是除煩惱障的，這當然就是自利。

第四是利他。能自利就能利他，因爲能教化眾生，使眾生心同樣的調伏下來，也可跟隨菩薩一樣的斷除煩惱障、斷除智慧障，這也是利他。所以般若波羅蜜也有四法。說完六度六方各有四法以後，佛要開始摧邪顯正了，開始要辨正法義了。在佛法中，自古以來一直都會有人，而且也可以預料到一定會有人這樣：說來說去都在講「相似佛法」，不是在宣揚眞正的佛法。表面上聽起來好像是正確的，其實是錯得一塌糊塗。所以開始作法義辨正而破斥一些相似佛法。佛開示說：

【「善男子！或有說言：『離戒無忍，離智無定，是故說有四波羅蜜。若能忍惡不還報者，即名爲戒；若修禪定心不放逸，即是智慧；是故戒即是忍，慧即是定；離慧無定，離定無慧；是故慧即是定，定即是慧。離戒無進，離進無戒，是故戒即精進，精進即戒。離施無進，離進無施，是故施即精進，精進即施，故知無有六波羅蜜』者，是義不然！何以故？智慧是因，布施是果；精進是因，持戒是果；三昧是因，忍辱是果；然因與果不得爲一，是故應有六波羅蜜。」】

講記 有人不信六波羅蜜，只信有四波羅蜜；有人說有五波羅蜜、三波羅蜜，不必一定要六波羅蜜，所以 佛說一定要具足六波羅蜜，也必定這樣。有些人自作聰明，聽他說法時從表面上看來，他似乎是對的，沒有人會想到他說的法是錯誤的。這就好比藏密黃教的應成派中觀，也就是達賴喇嘛的藏密黃教，就是印順、昭慧法師說的一切法緣起性空——滅相眞如。你初一聽：「對啊！一切法都是緣起性空的。」可是眞的對嗎？實際上不對！因爲他只取 佛所說法的局部，排斥阿含諸經中其餘的佛法，他們不是全部依止而宣講佛法的。 佛所說的緣起性空是依涅槃的本際而說蘊處界及萬法緣起性空，佛在四阿含中是這麼講的，從四阿含到大乘諸經中都是這麼講的。但是印順他們卻把涅槃的本際割除、捨棄，專講一切法緣起性空，說這樣就是原始佛教的正法。還沒有通達佛法的人初聽時會認爲：「對啊！一切法緣起性空，經中也講緣起性空。」所以就認爲他們的說法正確。一直到我們出來點破了，大家才恍然大悟說：「原來錯了！」原來錯了！但是中國佛教徒已經因此而錯修幾十年了：幾十年中盲修瞎鍊。

對於相似佛法，我們應該效法 佛的做法：要把相似佛法揭穿，讓大家知道什麼才是眞正的佛法。相似佛法會誤導眾生，害眾生永遠無法取證佛法眞義。本來佛法應該是：有親證的人開示指導以後，聽聞學法的人就可以親證，佛法應當如此。你們看經中 佛說法時，每次說法完了，有人得初果，有人得二果，乃至有人得阿羅漢，有人得無生法忍。可是爲何末法時這麼多大師不但說法，而且寫了很多的書出來以後，竟然沒有一個人能得無生法忍？且不說無生法忍，乃至連得初果的斷我見都不能，連我見都斷不了，這是什麼原因呢？都是因爲法被說錯了。

所以我們去禪三共修時，破不破參還是其次，至少你得斷我見回來，至少你得跟我斷三縛結。本來佛法就應該如此，所以禪三沒有破參的人也可以很歡喜的回來，因爲至少得到初果斷三縛結的功德了，那也是很好的。假使有人是第一次來聽我說法的，剛聽到我講這些話時，可能會生起煩惱，當下不好意思走人，五分鐘、十分鐘後耐不住了就會走人。所以眞正的善知識出於人間，確實有利有弊，聽不下去而走人，也就是弊。聽了不信，回去就開始毀謗：「唉呀！蕭平實多麼猖狂、誇口，多麼狂妄！」就變成毀謗賢聖，這就是弊。有利呢！有信心而留了下來，去到禪三時願意讓我殺死，而且讓我殺得歡歡喜喜，被我殺的人也歡歡喜喜；一個個自我死掉了，而且死得很歡喜，佛法本就應當如此。所以你們也別小看沒有破參的人，至少他們也斷了三縛結回來。

同理，凡是眞正的佛法，一定是可以讓人親證的，不可能聽聞之後卻不能證；但是相似佛法就會害人永遠無法取證聲聞果，也永遠無法取證佛菩提，所以 佛在世時才會不斷加以破斥：一旦有人錯說佛法了，佛陀都會找來錯說佛法的比丘加以告誡及改正。對外道也一樣，六師外道誹謗佛法，世尊是人天至尊，竟然也紆尊降貴而一一親到各大城去加以破斥。你不能說：「唉呀！世尊你已經成人天至尊了，人家毀謗你一、兩句，爲什麼就要去破他，這麼沒有度量？」不是這個道理。我們從來允許人家評論我們的法，但是如果評論錯了就會誤導眾生，我們就必須回應，不然會有很多眾生被他們耽誤；如果評論得有道理，我們就虛心改正，只是目前還沒有看到誰對我們的評論是有道理而值得我們修改法義的。但是我想在可預見的將來，也就是說十年之內，可能還是沒有具分量的佛教界人士敢寫書評論我。

最近有人寫了一本書來說台灣的佛教，可是只能寫四大名山，寫李炳南老居士，但是連現代禪都不敢寫；這樣的書寫出來，未來的佛教史學家會說這個人沒膽識。在當代有一個現代禪那麼聞名，他不敢寫；還有一個後來更有名的、人人側目的蕭平實，竟然都沒有寫到，這哪兒算是台灣的佛教史？後代佛教史學者會說這樣的台灣佛教史完全沒有分量。所以這樣的書，寫了不如不寫，我的看法是這樣。既然寫書出來，一定要讓它使後人認爲是值得一讀的，是對當代的佛教史具有參考價值的，不然寫了做什麼？只能說是奉承罷了！後代的史學家會作這樣的評論。所以我們都不看近期的二、三十年內的事，我們要看五、六十年後，幾百年後乃至幾千年後的佛教史評論。一定要經得起考驗，才是能讓佛教正法永續流傳下去的正法；不必為了取悅於當代人而寫，而是為了能夠長久的利益眾生，長久的護持正法而寫，一時的利害得失根本不需計較。所以當上惡人也就當了，會受誹謗損害就受了，都無所謂，不必計較。連自我都虛假了，還要計較我所的名聞幹什麼？只要於正法有益，於眾生有益就去做。

同理，我們不可以說：「**世尊！您是人天至尊，六師外道不過毀謗您一些法，您何必遍到各大城去破？**」不能這樣講。藉著六師外道的謗法惡緣而去作辨正，就可以轉變成佛事而度了許多人證悟。我們寫《護法集》，八年後的今天（編案：此書出版時已經是十年了）有許多人離開了月溪法師的邪法；我們又寫了《狂密與眞密》，又使許多人認清了藏密的本質而離開了藏密的邪法。雖然四大山頭聯合印順派及藏密，對我們作了很大的抵制、誹謗、中傷，那又有什麼關係？對我來說，這些都沒有關係：我們既不求名也不求利，有什麼關係呢？只要眾生能離開邪法、離開相似佛法而回歸正法得到利益，那就夠了。我們有沒有利益，何必計較？有損害也不必計較。如果我們被損害了一，能使眾生得到了十，我們受損害是值得的，何必要計較損害呢？同理，佛也是不計較辛苦，所以 佛去破斥六師外道，破斥了以後就度一批人成為阿羅漢、成為菩薩。六師外道又走了一、兩百公里，到別的大城再謗 佛，佛就讓他們去謗，謗到很多人都聽他們誹謗過了， 佛才又徒步一、兩百公里，到那個大城再破六師外道，又度一批人成阿羅漢、成為菩薩，就這樣一城又一城的轉惡緣為佛事；所以有智佛子不可以妄評說：「佛陀真沒有度量。」因為這不是度量的問題，而是為利樂眾生而作的；所以， 佛得要破斥相似佛法。

現在我們來看 佛怎樣破斥相似佛法。有人說：「如果離開了戒就沒有忍可說了，如果離開了智慧就沒有禪定可說，因此說：『戒就是忍，智就是定，所以有四波羅蜜，沒有 佛所說的六波羅蜜。』」他把持戒跟忍辱合併起來，把這般若與禪定合併起來，所以他說沒有六波羅蜜，只有四波羅蜜。從表面上聽起來似乎是有道理的：離戒無忍，你能持得住戒法就有能忍，所以忍就是戒。聽起來好像也有道理。現在這種相似佛法也很多，你們看各大道場，不都是這樣嗎：「要開智慧、要開悟，就得修禪定一念不生，一念不生而很穩定時，那就是開悟了。」這其實是把般若度與禪定度合併起來的，不合 佛陀的六度波羅蜜。台灣的佛法比大陸進步二十年，都仍然是這樣子，大陸就可想而知了。我們寫出真相，說明禪定與禪宗的般若禪是不同的，大陸讀者的反應是兩極化的，誹謗的人說：「蕭平實的書不能讀，你一讀就會上當，一讀就會相信他，所以不能讀。」（大眾都笑）可是有智慧的人說：「若是一讀就會相信他，就表示他說得太好了。」另外一種人讚歎說：「蕭老師的書沒有到大陸來以前，我們從來都不知道佛法的修證就是要證第八識，原來解脫道的修證就是要把我斷除，從來都不知道；都說一切法空，覺知心認定自己是無我性的，說這樣就是般若、就是開悟；有的大師則說要每天靜坐，坐到一念不生時就是開悟；都不知道般若的開悟是要親證阿賴耶識，從來都沒有聽說過，一直到蕭老師的書進來以後我們才知道。」所以大陸各大道場會抵制我們也是正常的，因為他們各大法師本來都是開悟的聖者，現在我說沒有證得阿賴耶識就不叫開悟，害他們供養減少了；徒眾們禮拜他的時候，心中也都懷疑說：「我這師父到底有沒有開悟？」所以那一些性障重的大法師們就受不了，當然要抵制我們正法。

但是真正在學佛的大道場，他們就有智慧而信受了，開始把如來藏妙義弘揚起來。所以相似佛法在台灣現在是普遍存在的：「喔！開悟，開悟就是要打禪七，禪七就是要一念不生。」這樣把禪定意識境界當作般若禪的證悟了，所以他們都變成五波羅蜜了。

還有人這麼說：「如果你能忍得住惡法，對惡人施加於你身上的惡行，不會生瞋而回頭還報於對方，那你就是持戒者，所以忍波羅蜜就是持戒波羅蜜；如果能修禪定，心不放逸、一念不生、不攀緣、不妄想，能放下一切，這樣就是證得般若智慧了，所以禪定就是般若波羅蜜，所以說：戒就是忍，禪定就是般若，所以只有四度波羅蜜。」這經文中還真的是二千五百年前就把現在台灣、大陸佛教的禪宗給料定了！如今台灣與大陸各道場中，到處都在打禪七，不都是這樣嗎？都在修一念不生，說一念不生境界很穩定時就是開悟了。

所以有些人胡亂主張：「持戒就是忍辱，智慧就是禪定；離開了持戒就沒有忍辱，離開了禪定就沒有智慧，由此緣故，智慧就是禪定，禪定就是智慧；若離開了持戒就沒有精進，離開精進就沒有持戒，所以持戒也就是精進，精進也就是持戒；所以離開布施就沒有精進，離開精進就沒有布施了，所以布施就是精進，精進就是布施；所以沒有六波羅蜜，就只有一個波羅蜜。」但是 佛說：是義不然。

爲什麼不對呢？ 佛開示說：般若智慧是因，布施是果。爲什麼智慧是因，布施是果？一般說布施是因，未來世得福報是果。可是這個果上面有因，這個因上面還有因，以上面的因來看後面的因就成爲果了。爲什麼你懂得要布施，懂得要種福田？因爲你有智慧。有什麼智慧呢？有福田的智慧，有布施的因果智慧。爲什麼人會樂於布施？因爲知道所有世間的果報都從往世布施爲因而得，沒有往世布施的因，就不會有此世間法的富饒果報。這一世的富有，是由上一世的布施來的；下一世想要富有，這一世也得要布施。因爲是「田得果報」，是福田，所以種下善種以後，未來世就可以收割而得福果。「田得果報」，因得果報：是以布施因及福田而得果報。你有這個智慧，所以樂於布施；所以智慧是因，由智慧因而行布施時，布施本身已經是智慧因的果了：是以智慧爲因才產生了布施的行爲，所以布施是果，智慧是因。

有的人沒有這個智慧，始終不肯布施，但是他很會求神，每一次去求就會有財，可是始終都留不住，因爲他過去世都沒有布施，求來的財也不是他的，只是因爲他去向神巴結，所以就先挪給他用，正主兒出現時，還得要還給正主兒，所以他始終守不住求來的財。世間財就是這樣子，都是「田得果報，因得果報，財得果報」，這在前面說福田時 佛已經講過了。所以智慧是因，布施是智慧的果，智慧與布施不可混爲一譚而說只是一度。同樣的，以布施的智慧爲因，後得解脫即是果；以布施的智慧爲因，後得佛菩提的證量是果；所以般若不能跟布施合而爲一，必須分開爲二度。

又如精進是因，持戒是果：爲什麼你能持戒？因爲精進嘛！有精進心所以戒法才能守持得住，沒有精進心時，戒心就守持不住，所以精進是因，持戒是果，精進與持戒不能合併爲一度。又如三昧是因，忍辱是果；因爲心得決定爲因：於忍辱這個法心得決定（三昧），知道忍辱的果報而心得決定；決定不移了就是三昧，所以三昧才是因，由此而能確實忍辱時已經是果了。爲什麼能安忍？因爲你心得決定，所以你能安忍，心不決定就不能安忍，所以禪定三昧與忍辱不可混同爲一度；因與果絕對不能合爲同一個。由此以觀，一定是有六波羅蜜的。

【「若有說言：『戒即是忍，忍即是戒』，是義不然，何以故？戒從他得，忍不如是。有不受戒而能忍惡：爲衆修善，忍無數苦，無量世中代諸衆生受大苦惱，心不悔退，是故離戒應有忍辱。善男子！三昧即是舍摩他也，智慧即是毘婆舍那；舍摩他名緣一不亂，毘婆舍那名能分別。是故我於十二部經說定慧異，當知定有六波羅蜜，如來所以最初先說檀波羅蜜。爲調衆生施時離貪，是故次說尸波羅蜜。施時能忍捨離之心，是故次說忍波羅蜜。施時心樂，不觀時節，是故次說進波羅蜜。施時心一，無有亂相，是故次說定波羅蜜。施時不爲受生死樂，是故次說智波羅蜜。」

講記　如果有人這麼說：「持戒就是忍辱，忍辱就是持戒，所以這二度不必分開，可以合併爲一度，所以實際上忍辱與持戒本質上就只有一度。」有人這麼講的話，佛說：這個道理是不對的。爲什麼呢？因爲戒是從別人身上得到的，是依不犯他人而獲得戒德的，忍辱卻不一定。譬如說，受戒一定是要依於別人已經得戒者而求受戒，所以是從他得；持戒時也一樣，要面對別人身心來持守不犯，才是持戒，所以也是從他得。但忍辱不一樣，譬如有人從來都不受戒，可是他仍能忍受眾生的種種惡言、惡語、惡行，這與「持戒等於忍辱」的說法顯然不同。當然也有人是因爲持了戒，所以能忍受別人的惡行而不回報，但不能因爲這樣就說持戒就一定是忍辱，或說忍辱就一定是持戒；因爲有人根本不曾受過戒，但別人對他種種身口意的惡行，他還是能安忍，類似受持自性戒一樣，雖然本身沒有受過戒，還是能忍惡，所以不必一定受戒以後才能忍惡。也有人一樣是有忍而無戒，譬如有人忍受無量的苦惱，只是爲了利益眾生，甚至於無量世中代替很多眾生受大苦惱，但是他心中始終沒有悔恨以及退轉。譬如現在慈濟功德會中也有很多人這樣行善，他們多數人沒有受菩薩戒或五戒，但是也能為眾生做很多的付出，忍受一般人所不能忍受的事，可是他們並沒有受過戒，所以離戒也應該有忍辱。有時甚至眾生覺得他的服務不夠好、財施不夠多，沒有滿足眾生貪求的心，就說一些風涼語，可是他們多數人在表面上也能忍受，所以他們不是因為持戒而修忍，完全是因為慈悲或行善的信念而修忍辱。所以說離戒也應當有忍辱的，不一定要因為持戒才能忍受眾生的惡言惡語，因此不應該把持戒跟忍辱合為一度。

接著又談到定的部分。佛又說：善男子！三昧就是止，智慧就是觀；舍摩他——止——是說他使自心決定不移而能安止於所緣的一個境界，譬如安住於一個信念、一個觀念，或一個境界而不搖動，這就是止。但是一般所說的止，含意比較狹隘，是專講打坐修定，緣於一境，心不散亂，這就是一般所說舍摩他。毘婆舍那叫作觀察，觀察就是分別、了知、了別；不論是有語言文字相的了別，或是離語言文字相的了知，都是毗婆舍那——觀。止與觀二法，在善惡法中都是互相配合、互相增上的；換句話說，佛法的修證不能離開止觀：止是心得決定、心一境性；觀是善能分別、善能觀察。若無止觀並行，就沒有佛法修行可說了！所以無分別智是很多人誤會了的，都錯把修定求一念不生當作是實證無分別智的行門，他們只落在「無分別」三個字上，卻把無分別智的**智**字給忽略了，所以一天到晚要求徒弟們打坐修止，要一心不亂、一念不生，說這樣叫作無分別，說是統統無分別時就是智慧。

眞是這樣的話，白癡也可以叫作智者，石頭木塊也應該可以叫作有智，因爲無情比白癡更無分別，更應該有無分別**智**。但無分別**智**不是這個意思，他們誤會了。無分別**智**是既要有無分別底，也要同時有能分別底，了知無分別心的無分別、清淨、眞實、涅槃境界，而仍然保有能了知的覺知心，才可說是有**智慧**，否則就成爲無分別而無**智慧**了！所以親證無分別**智**，是要你證得一個無分別的心，可是與分別心——覺知心——同時同處，你能觀察這個實相心從本以來就不分別，才能稱得上有**智慧**，這才是眞正的無分別而又有**智慧**，才是無分別**智**。你有了瞭解實相的智慧了，而實相心是對六塵中的萬法全無分別的，你瞭解這個實相心就是法界萬法的根源，瞭解祂與萬法的關係，確實了知法界而出生了智慧，就叫做無分別**智**。所以無分別**智**一定同時有觀，不是只有止而已。

止就是證得無分別心時，心得決定而不搖動，這就是止。你依無分別**智**而能觀察實相心的無分別性、自性性、眞實性、如如性、涅槃性、實相性，表示你同時保有觀的作用，才可稱爲**智**，所以是無分別而又是**智**，合稱爲無分別**智**。觀的本身就是智慧，若是止於一念不生的境界上，就不能觀察到實相，不可能生起無分別的**智慧**，而只是一心無分別，那只能叫作無分別，不能叫作無分別**智**。所以大乘佛法的修證，是止觀同時、止觀具足的，二乘菩提的修行同樣也是止觀具足的。所以一定有止也有觀，止的部分講的是定：心一境性、緣於一境、心得決定而不變動；觀的部分講的是慧：了別慧、了知慧。所以 佛說：由於這個緣故，我在十二部經中說定和慧是不相同的，因此止——定——是第五度，毘婆舍那的觀是智慧，所以屬於第六度，因此一定有六波羅蜜，不應該把持戒和忍辱混爲一度，不應該把禪定和般若混爲一度，所以一定有六波羅蜜。由於這個緣故，所以我 釋迦如來最初先講布施波羅蜜。

為了調伏眾生，使眾生在布施時可以遠離慳貪之心，才接著再說持戒波羅蜜。眾生在布施時能接受財物離他而去，能安忍於捨離財物之心；有這個安忍的心作基礎，表示他有能力持戒了，才為他說忍波羅蜜，如果他不能忍受財物捨離而去，布施時心中老是懷念著已經布施掉的財物，就表示他不能安忍於捨離之心。這樣的話，要求他持戒就持不好，要求他忍辱也不容易忍，正因為他能有捨離財物之心，所以才又為他說忍辱波羅蜜。又因為他布施時，能起歡喜心樂於布施而不觀察時節，能一切時施，所以才為他說精進波羅蜜，因為他有這個基礎了。有些人布施是要觀察時節因緣的：今天下雨了！不方便布施。或者明天心情不好，也不想去布施。得要天氣不冷不熱，心情也正好，才願意去布施，他總是先觀時節。真正的菩薩不然，只要遇到可以布施的因緣，他就不管別的事情，心情好壞也不管，天氣晴雨也不論，遇到可以布施的因緣時就做布施，這樣才說他已經有了精進的基礎了，可以教他努力的精進於佛法，所以才為他說精進波羅蜜。

他在布施時是決定性而不猶豫的，叫作施時心一。初機學佛者在布施時，大多是一面布施、一面打妄想：「布施錢財，來世會得很多福報，到底眞的、假的？」心生懷疑，心不決定，沒有止；所以心中老是不斷妄想，以散亂心在布施。如果有人心得決定——確實相信布施的因果決無懷疑——所以布施時心中沒有亂相，也就是說他對布施的因果已經心得決定了，有決定性了，所以爲他說定波羅蜜；要依這個決定性再往上進修、往上發展，才能安住於一境而不攀緣散亂，漸漸發起禪定，所以才在這後面爲他講禪定波羅蜜。因爲他布施時不是爲了求後世的果報，只是作爲修集菩薩道的資糧，作爲成佛之道的行門，所以他不受生死樂；因爲他有這樣的心性，所以接著爲他講般若波羅蜜；因爲他布施的目的不在求世間生死有爲的快樂，已經有了修學出世間法的基礎了，所以接著跟他講般若波羅蜜。

【「善男子！云何名爲波羅蜜耶？施時不求內外果報，不觀福田及非福田；施一切財，心不吝惜，不擇時節，是故名爲施波羅蜜。乃至小罪，雖爲身命尚不毀犯，是故名爲戒波羅蜜。乃至惡人來割其身，忍而

不瞋，是故名為忍波羅蜜。三月之中，一偈讚佛不休不息，是故名為進波羅蜜。具足獲得金剛三昧，是故名為禪波羅蜜。善男子！得阿耨多羅三藐三菩提時，具足成就六波羅蜜，是故名為智波羅蜜。善男子！菩薩有二：一者在家、二者出家。出家能靜六波羅蜜，是不為難；在家能淨，是乃為難。何以故？在家之人多惡因緣所纏繞故。】

講記 佛說：「善男子！什麼叫做到彼岸呢？」這就是說，布施到彼岸的意思，應當讓佛弟子們瞭解如何是布施而到彼岸，因為大乘法的到彼岸和二乘法的到彼岸大不相同。二乘人說他們到了解脫生死的彼岸，其實是方便說，他們哪有到彼岸？因為真正的到彼岸是你十八界還沒有滅，就已經親證涅槃的實際，那才叫作到彼岸。換句話說，在五陰的你、十八界的你仍然存在的當下，就證實了無餘涅槃中的實際，就現觀無餘涅槃中的實際境界：實相心自身是不生不滅、不來不去、不增不減、不斷不常，永離兩邊而且本無生死、體無生滅，這才是住於涅槃的實際，那個實際當然就是實相心如來藏，也就是阿賴耶、異熟、無垢識。你的十八界都還具足存在，就已現觀祂住在無餘涅槃中，親證無餘涅槃中的境界了，這就是實證本來自性清淨涅槃，才是眞正的到達涅槃彼岸：無妨繼續五陰的生死，但是當下已經在涅槃彼岸了。

可是二乘聖人不知道無餘涅槃中的實際，等他進入無餘涅槃時，他自己又已經滅盡了、不在了，如何能到彼岸？所以根本就沒有到達彼岸，因爲他沒有接觸到涅槃中的境界。會外人聽了我這麼講，比較沒智慧的人可能又會罵將起來：「這個蕭平實胡言亂語！」但是你們證得如來藏之後，你們知道我說的是眞的，所以菩薩還沒有能力進入無餘涅槃時就已經到涅槃彼岸了，所以菩薩不壞世間法而證菩提，二乘聖人根本就做不到，所以才說菩薩不可思議，也就是你們這些人！二乘聖人對此是絕對想不通的。同理，菩薩既然要證這種二乘聖人所無法證的到彼岸，那得要有大福德，所以跟二乘菩提不一樣。二乘菩提是只要你心性好，福德修集不多也沒關係，只要虔誠的相信三寶就夠了，依教奉行好好去觀行而把我見我執斷了，便成就解脫果。可是大乘法的實證，一定先要有大福德，行法也是有次第性的，要按部就班的來，所以菩薩到涅槃彼岸的修行，得要從布施開始，然後才次第有持戒乃至般若波羅蜜。

因此，菩薩布施時不求內果報、也不求外果報。內果報是布施時心有所求：我現在布施了，應該會讓我變得很健康，都不要再生病。一旦生病了，就怪天、怪地、怪佛、怪菩薩，這就是求內果報。求外果報就是布施時心中期望三年、五年後可以發大財，買大別墅、買勞斯萊斯，這叫作求外果報。

但是菩薩布施時不求內外果報，也不觀被布施的對象是福田或者非福田。在這裡，福田被作比較狹隘的定義，只講功德田、報恩田，眾生中的貧窮田就暫時不函蓋在裡面。譬如畜生，你到野外時看見一隻獼猴肚子餓，嘰嘰呱呱的叫著乞求，就布施麵包給牠；但是獼猴不能回報你，所以牠不算是狹義的福田。若從廣義來講仍是福田，這叫做貧窮田；但從狹隘的定義來講，貧窮田不算福田，因他此世無力回報你，所以名為非福田。有些人專門選擇福田：整整一世都很有錢，可是沒有布施的習慣；你教他布施護持正法，為他講了老半天，他說：「好吧！我一次給你啦！」你很歡喜，心想：一次都給，大概沒有一百萬，也有十萬元吧！結果拿出來的是台幣一千塊錢，意思是說：以後不要再找我布施了！我就遇到過。但是他這一世很有錢，是怎麼來的？是過去世選擇大福田，就一次布施很多錢下去，別的福田都不願意布施。所以他這一世沒有布施的習慣，卻仍然很有錢；但他來世就沒什麼錢財了！這叫作觀察福田。

菩薩行施時大多不會這樣，除非說他剛學不久而且很窮，僅有的財物布施前，心中希望未來世有很大的福德可以好好利樂眾生，所以故意選擇一個大福田而整個投進去，他僅有的財產可能只有一、兩萬塊錢。但因爲田勝，所以把一生的積蓄全部投進去，又有至誠心而沒有絲毫後悔，所以下一輩子一定很有錢財，因爲他以至誠心種了大福田。可是很多人這樣在種福田時種錯了，種對福田的人很少；因爲多數人沒有能力分辨眞假大福田，通常是看哪個道場大、哪位師父名氣大。所以，想要選擇到大福田，還得要有智慧；沒有大智慧的人就只能碰運氣，碰上了大福田時是他運氣好，因爲他過去世與那位大福田結過善緣，所以他見了就喜歡，雖然對方名氣不大，他因爲喜歡就種了福田。

但是菩薩若想道業很好，就要養成布施的習慣，所以就沒有觀察福田或非福田的習慣，一體行施。如果一定要先選擇或觀察大福田才願意布施，那麼他一定是新學菩薩，才會挑選福田的大小，無非是爲來世的收穫而考量。就像種田一樣，一般人選擇肥沃的田多種一點，貧瘠的田就不想多種；除非他閒著沒事，種子又剩下很多，才會去種貧窮田。眾生大多如此，但菩薩只要遇到了有布施的機會，他就種福田，不管是貧窮田或功德田、報恩田。這就是說，他不求內、外果報，所以不先觀察是福田或非福田，只要有因緣就布施。

菩薩布施一切錢財時，心中不會吝惜，也不會對以前做的布施後悔：「我以前在某某山某某師父那裡，傻傻的一次就護持一千萬、五千萬；早知道有正覺這個大福田，我當時就不要布施，留到這裡來布施，豈不更好？眞的好可惜。」但是菩薩不這樣想，布施後就把它忘掉了；即使那些福田是很貧瘠的，你來世還是可得很多倍的世間福報，還是划得來的，所以沒關係，仍然應該生起歡喜心才對。就把它忘掉，別再記著它了！既然前面 佛已經講過：因爲是福田，種了田必得收穫。所以說「所爲布施者，必獲其利益」，一定有來世的大福德跟著你的。既然一定是你的福德，就別管它是來世的一千倍、一百倍收穫，就不必再去想了。

不斷回想，只有增加懊惱，結果又少了隨喜的功德，只剩下福德了！所以不要再去懊悔，從此以後歡喜的看待以前所做的種種布施。這種傻事我也做過，在仍有胎昧的情況下，我當年也不知道自己有一天會證悟出來，要是早知道了，就把當年護持某某山的那些錢財，留下來護持我自己開發出來的福田，可以多印一些書來利益更多學人。但我若這樣想，就大錯特錯了，所以不必再管以前布施的福田是大、是小，布施以後不必吝惜，也不要再去回憶或懊悔。

布施時也不要選擇時節：**「我一定要在農曆年前——年關——才做布施。」**等到年關到來時已經寒冷很久了，眞的窮人有一些早就被冷死了。所以不要選擇時節，不必一定等到過年。菩薩布施不選擇時節施一切財，而且心不吝惜，所以才叫作布施到彼岸。沒有執著而純粹只是爲了利益眾生，從來不想布施對未來自己的福德有什麼影響，因爲不考慮自己而無執著，所以不被我所繫縛住，就是到彼岸。

「乃至小罪」，受持菩薩戒以後，乃至小戒，所犯是很小的罪，寧可喪身捨命也不要犯小戒，能這樣做，他對生命已經沒有執著了，這表示他眞的是持戒到彼岸，因爲我執斷了。乃至二字表示前面有些省略不說的部分，所以還是有些戒相與精神沒有全部說出來，比如有人來罵你，或是打你幾拳，都不要因此而犯戒，這些都得要自己注意到。所以說乃至有惡人刀割你的身體，也能忍受，安忍下來而不起瞋心，就當作是布施內財，能這樣就表示他對色身的執著消失了，覺知心對自我的執著也消失了，他不覺得這是羞辱或痛恨的事，所以這時被割而不起瞋心，就說他忍辱到彼岸了。

還有人整整三個月中，以同一首偈讚歎 佛陀而不休不息；不管是長偈或短偈，把它編上旋律，在 佛前合掌瞻仰著，口中不停的唱讚，三月之中都不休不息，就叫作精進到彼岸。因爲怎麼苦怎麼累你都不計較，只爲了讚歎 佛陀的功德，這就是對 佛具足信心而無顧念自己，就是精進到彼岸。因爲三月之中不休不息，一直讚歎，都不睡覺，只有極精進的人才做得到，所以這樣叫精進到彼岸。

「具足獲得金剛三昧」，這金剛三昧不是講四禪八定，因爲四禪八定它是有出有入的三昧，是生滅性的，所以不是金剛性的，金剛性的三昧叫作法界大定。法界大定不出不入，永遠不出於定，永遠不入於定，才是金剛三昧，這種定是不可破壞的。其實不管你悟或沒悟，你都有這金剛三昧，只是你無法找到祂，不能安住在裡面而已。有的人也許不信：「哪有可能？如果是這樣的話，我早就找到了，怎麼會沒有？」但是正因為你沒有找到，所以你沒有金剛三昧，不能安住；其實祂本來就在，就像如來藏本來就在，你不能說祂沒有；只是因為你沒找到，所以說祂不在。但是找到了以後，你去觀察，不論是誰，其實都在三昧中。修四禪八定一定有出定時，也一定有入定時；縱使修得非非想定，生到非非想天，八萬大劫中一念不生、住在定中；但是八萬大劫過了，還是又出定了，這一出定就下墮人間或三惡道去了。可是金剛三昧是什麼？先要知道什麼叫作金剛？只有一個法是金剛，就是如來藏，再也沒有別的金剛了。你證得如來藏時，現觀如來藏的金剛性、不可壞性；現觀之後能安忍而不退失、不退轉，這就是證得金剛三昧了。

這裡說「具足獲得金剛三昧」，表示說對祂的別相也有了知，所以不退轉；若不瞭解祂的別相，被人家幾句話一恐嚇、一籠罩，就退轉了！

退轉就不能安忍於金剛三昧，就表示還沒有具足證得金剛三昧。所以我們現在禪三的勘驗，要讓你弄得非常清楚，並且還要保證不退轉，所以現在禪三勘驗標準升級：不是我要你不退轉，是你要保證你自己不退轉。如何保證呢？你要自己證明祂是實相心，證明祂是法界萬法的根源；你也要自己證明祂的金剛性：祂爲什麼不生不滅？由你來幫我證明。你若能幫我證明了，表示你對這個理已如實知，就等於你向我保證：「我某某人不會退轉了，誰都拉我不動。」這樣就叫做具足獲得金剛三昧，但這也只是見道而已。當你具足獲得這個金剛三昧時，表示你能安忍而不搖動，心不搖動就是心得決定。心得決定時就表示你透過這個靜慮（禪就是靜慮）已經到彼岸，所以叫做禪波羅蜜。

佛接著又說：善男子！證得無上正等正覺時，就具足六波羅蜜了，所以才稱爲智波羅蜜。換句話說，六波羅蜜的具足圓滿，是入地以後的事，但是入地以後具足六波羅蜜也是方便說。因爲縱使七住位安住不退，開始內門六度萬行，都還只是內門六波羅蜜，還沒有到達增上三學的地步。增上學，很多人把它亂解釋。增上學有三種：增上戒學、增上定學、增上慧學。增上戒學是二地滿心的事，能操控自己的內相分，所以戒行清淨而不會侵犯任何人，才叫作增上戒學。一般人還沒有悟就說他在修增上戒學，那都是大妄語。因爲悟了都還沒有辦法修增上戒學，得先要有初地滿心的無生法忍，才有資格開始修增上戒學。增上學的第二部分是增上慧學，增上慧學的修學，始從初地開始，到二地滿心的增上戒學成就，也還是依靠增上慧學而不是靠禪定功夫成功的。到了三地滿心的增上慧學，就必須要配合增上心學了。

增上心學就是地上菩薩所證的四禪八定、四無量心與五神通，讓覺知心可以和如來藏所蘊含的增上心功德相應。三地滿心菩薩的四禪八定、四無量心和五神通，功德不可思議，絕非俱解脫的三明六通大阿羅漢所能相提並論；因爲他們沒有無生法忍，三地滿心菩薩有無生法忍，所以功德不同。譬如大阿羅漢沒有能力轉變自己的內相分，他也不像三地滿心菩薩有能力去轉變別人的內相分（雖然三地菩薩沒有職權轉變別人的內相分，但他有那個能力）；一切三地滿心菩薩都有能力，但大阿羅漢們沒有一人做得到，因爲連聽都沒聽過，哪裡能做得到？所以三地增上慧學的完成還要靠增上心學，然後次第進修到五地。五地還要在禪定上再轉進，要使四禪八定變得非常勝妙，就要靠增上慧學來使他的增上心學轉勝；五地的境界相先完成了，才能使六地的無生法忍圓滿；諸地的修證是環環相扣的，不可能跳躍的。到六地滿心的增上慧學成就了，六度才算圓滿。接下去加修四度，才能成爲等覺菩薩。要先到達六地滿心具足成就六波羅蜜，這才叫做智慧到彼岸。

六地滿心時不得不取證滅盡定，這其實是三地滿心就可取證的，可是三地滿心菩薩不願進入滅盡定中。三地滿心時已經四禪八定具足了，凡是具足四禪、四空定的人，只要斷我見就可以進入滅盡定中；可是這三地滿心也很奇怪，他竟然進一次滅盡定都不願意。只要入一次就是取證了，可是他不證，一直拖到六地滿心時，因爲必須證滅盡定才能滿足六地心，他才不得不進去安住一會兒。你們看：菩薩們與阿羅漢多麼不同？眞是大不相同。如果是俱解脫大阿羅漢，他每天托缽回來，用過齋、洗過缽，腳洗一洗，樹下一坐又入滅盡定去了，他是不能一天不入滅盡定的；菩薩卻不這樣，都在無生法忍上面用心。三地滿心就可以取證的滅盡定，他卻是拖上很多劫到六地滿心時才入。到這階段，算是六波羅蜜滿足。

既然證了滅盡定，能實際進入有餘涅槃的境界中了！因爲俱解脫的大阿羅漢就是證滅盡定而成就有餘涅槃的，慧解脫是斷我執而成就有餘涅槃。俱解脫證滅盡定而成就有餘涅槃，可是這個六地滿心菩薩可厲害了！他證了滅盡定，竟然還能保留一分思惑，你說厲害不厲害？阿羅漢如果要證滅盡定，一定要斷盡最後一分思惑，否則入不了滅盡定；但六地滿心菩薩竟能保留一分思惑，而能入滅盡定，阿羅漢們無法想像，這其實都靠菩薩悲心所發的無上悲願才能做得到。因爲無餘涅槃的境界與滅盡定極爲類似，而菩薩早就證知無餘涅槃中的本際境界了，所以他實際上是智慧到彼岸了。

有人說修定可以解脫，但是修定其實不能解脫的；因爲所謂的定解脫、俱解脫，其實都還是靠智慧而得解脫的，禪定只是助緣而已。當你四禪八定具足時，我只要幫你開示蘊處界的虛幻，你也當場現觀了蘊處界的虛幻，就可以當場在我面前進入滅盡定。甚至也可以這麼說：「老師！我看你住持正法這麼辛苦，看了很痛苦，不忍再看到，所以我現在想要入涅槃。」我會說：「汝自知時。」你就可以當下走人了！三界中再也找不到你了。只要有具足四禪八定，就可以在斷我見的當下入滅盡定、或當場進入無餘涅槃；但是入滅盡定或入無餘涅槃，是由定而入的呢？還是由慧而入？請問：斷我見是慧還是定？（大眾回答：是智慧。）是慧啊！因爲斷我見的智慧而使他當場取證滅盡定或無餘涅槃，所以只有智慧能得解脫，禪定沒辦法解脫；滅盡定其實不屬於定，還是靠智慧所得到的結果，但是卻必須以四禪八定的具足作爲基礎。所以般若與解脫道的修證，都是靠智慧。說句不客氣的話，四禪八定的取證也都是靠智慧，不過那是世間慧。

說個簡單的比方：很多人自以爲證得初禪、二禪，但是結果呢？連初禪的少分都講不出來，問他一句說：「初禪爲什麼叫離生喜樂定？初禪眞的離生了嗎？」他說：「眞的離生了。」「怎麼離生？」「證得初禪就出三界了。」證初禪能出三界啊？你們看！差這麼遠！證初禪只是離欲界生，那個離生喜樂是講離欲界生而產生了喜樂，因爲初禪人有樂觸在身。但是這幾十年來，究竟有幾許人知道這個境界？就我目前掌握的文獻來看，那些大善知識寫出來的書中都沒有證量啊！又譬如說二禪等至位中是無覺無觀，你們明心的人大概會想：「無覺無觀大概就是如來藏離六塵見聞覺知的境界。」也曾經有人這麼解釋，他就這樣打坐，坐到昏天黑地，什麼都不知道了，就說他證得二禪了，真是天曉得。

眞的啊！色界天的天人都曉得：他根本沒有入二禪。我也曉得，因爲他那個境界叫作未到地定過暗，坐到昏天黑地去了。二禪中，我告訴你：清清楚楚明明白白。但不是惟覺法師講的清楚明白，因爲他其實是不清不楚、不明不白的：都在五塵中鬼混，從來不離五塵。二禪等至位中離五塵相，絕對不是昏天黑地，而是非常清楚明白的。可是那些自稱證得二禪的人，乃至自稱證得四禪的人，誰知道他有二禪、四禪的證境？只有天知道，不能證實他們有。他們自以爲有，但我知道他們沒有，因爲他們講出來時都講錯了！也都只能似懂非懂的講一點點，總是遮遮掩掩的不敢講很多，都不敢像我明明白白的大量講出來，當然沒證量。

二禪等至位中的無覺無觀，並不是像如來藏離六塵那樣的無覺無觀，而是離欲界五塵覺觀，所以叫作無覺無觀。且不說證量，光說文獻上至少智者大師《釋禪波羅蜜》中已曾寫過，他們至少也該把智者大師的《釋禪波羅蜜》拿出來自我印證看看。要誇口之前至少也先打個底嘛！連個底稿都沒有就誇口，那會被人家戳破的！至於誇口的是什麼人，我們就不用戳破他。所以，不論是解脫道、佛菩提道，乃至世間法的三三昧、四禪八定都得要靠智慧。如果沒有智慧，你是摸不進去的。縱使證得初禪具足了，你也轉不入二禪，都要靠智慧，都要親自去弄很久才會知道其中的差別。現在你們不用那麼辛苦了，我都爲你們說明了：當初破參後想修禪定，我把《釋禪波羅蜜》讀過以後，我也嫌它講得含糊，又去找阿含部的經典，但是阿含的經典翻來翻去就只有四個字，無論找到哪裡有講初禪、二禪的，都只有四個字：「住一識處。」後來我就從這裡整理，才終於摸到了方向，才有辦法轉進，不然是轉不進去的。當你能轉進去時，你已經經過了中間定——無覺有觀。這時初禪的有覺有觀、中間定的無覺有觀、二禪等至位的無覺無觀，這三種三昧境界你已經都了知了。然後就會使得你的無生法忍又更上一步，因爲欲界天的境界知道了，色界天的境界也知道了，當然魔天的境界你也知道了，因爲初禪前的未到地定境界就是魔天的定境：魔是未到地定果。

到不了初禪境界的人，一定要掉下來住在欲界第六天的他化自在天中，專門享用別人變化的東西，那不是魔又是什麼？所以說這個部分的了知、解脫道的了知、般若的了知及一切種智都靠智慧，不是靠修定去拚來的。修定只是把你的覺知心加以降伏，讓祂安住下來緣於一境而不虛妄的攀緣而已。所以六地滿心既取證了滅盡定，隨時能入無餘涅槃，十八界仍在而能現觀無餘涅槃中的境界，當然他是眞正的智慧到彼岸者。不要說六地的智慧到彼岸境界，光是你們明心所證的本來自性清淨涅槃，就能現觀無餘涅槃中的境界了，那些二乘大阿羅漢們就想不通了，除非他迴小向大來參禪而且證得如來藏，不然他們怎麼想也想不通：爲什麼思惑還沒有斷盡，就已經到彼岸？怎麼想也想不通啊！而且還是本來就涅槃，不是修行以後才有涅槃的，他們絕對想不通；因爲他們認爲要斷了思惑才算證涅槃。連二乘無學的大阿羅漢都想不通的道理，你想想看：凡夫的印順、昭慧法師、宗喀巴能懂嗎？當然更不懂了！

所以智波羅蜜非二乘聖人所能想像的。

這一段經文中說：布施時不記掛一切，都無所著而不間斷的行施；並且以一偈讚佛不斷，三月之中都不休息、不睡眠的持續讚佛，由精進波羅蜜而證得金剛三昧，心得決定時就是禪波羅蜜；這樣心得決定是指什麼？當然是指行者精進修行施波羅蜜乃至精進波羅蜜而悟得如來藏了！當他認定無誤，心得決定而不猶疑時，就是禪波羅蜜；心得決定而不搖動時，般若實相智慧就開始出生了！那就是智波羅蜜了！我們禪三不也正是如此嗎？

然後，佛再次做了結論，讚歎你們這些在家菩薩們！因為你們真的值得讚歎。佛說菩薩有二種：一種是在家，一種是出家。出家以後要清淨六波羅蜜並不困難，因為是專業修行者，對世間事無所掛心，容易修行；但是在家人想要能清淨六波羅蜜，這就很困難了，因為在家之人有很多惡因緣纏繞的緣故。譬如有時父母反對，有時配偶反對，有時子女反對，每個人反對時都各有反對的因緣。父母反對是怕萬一你學到後來出家去了，他們年老沒個依靠。配偶反對是萬一你學到後來出家去了，放他一個人孤零零的，老來無伴；因爲子女不見得可靠，老伴才是最可靠的，所以他也不放心，就會障礙你。子女也有他們反對的理由：**「你修菩薩行，把財物都布施掉了然後出家，留給我什麼？」**所以在家之人修布施波羅蜜時，就有很多障礙。可是出家以後，不管信徒供養多少來，全都布施出去也不會有人來障礙你。

但是現在也會有人障礙的，有人說：**「師父啊！你布施那麼多！以後你走了，我們道場怎麼辦？」**這些出家徒弟倒擔心起來了，其實都不用擔心，佛的這一件福田衣穿著，只要不貪，隨便怎樣都過得去。所以仍然要說在家之人比較多惡因緣。佛在世時，比丘、比丘尼都是托缽行乞的，很多人是隨便走到哪裡，就樹下坐下來過夜了！到了明天早上就爲眾生說法，說完了又去托缽或者人家送來供養，常常是這樣的。不像現代出家了以後擁有很多錢、很多地皮、……等等，這是古時沒有的。這是中國後來百丈清規制定了以後，出家人開始自耕自食，而且可以有寺廟財產等等，已經不同於四方常住共有的了！這在 佛世是沒有的，也是因應中國的狀況不同而有所改變，因此 佛陀在世時出家人沒有任何惡因緣。如果要說有惡因緣，就是倒楣而遇到善星、六群比丘他們，所以說出家菩薩要清淨六波羅蜜比較容易，在家菩薩因爲需要營生，家裡也是有眷屬的，所以不容易清淨六波羅蜜。

〈雜品〉第十九

現在六波羅蜜說完了，接下來講〈雜品〉。〈雜品〉就是說，主要是教導我們佛弟子們要建立正確的心態，未來世修菩薩道時才好修，所以有〈雜品〉第十九的開示，善生童子爲我們做了這個因緣：

【善生言：「世尊！菩薩已修六波羅蜜，能爲眾生作何等事？」「善男子！如是菩薩，能拔沈沒苦海眾生。」

「善男子！若有於財、法、食生慳，當知是人於無量世得癡貧報，是故菩薩修行布施波羅蜜時，要作自利及利益他。善男子！若人樂施，一切怨讎悉生親想，不自在者皆得自在；信施因果，信戒因果，是人則得成就施果。善男子！有人說言：『施即是意。所以者何？意是施根故。』是義不然！何以故？施即五陰，所以者何？由身口意具足施故。布施若

爲自利、他利及自他利，則具五陰；如是布施，即能莊嚴菩提之道；遠離煩惱、多財巨富，名施正果。壽命、色力、安樂、辯才，名施餘果。施果三種：有勝財故獲得勝果、有田勝故獲得勝果、施主勝故獲得勝果。向須陀洹、至後身菩薩乃至成佛，是名勝田，施如是田故得勝果；若有施物具足妙好色香味觸，是名財勝，以是物施故得勝果。若有施主信心淳濃，施戒聞慧，則得勝果。」】

講記 佛陀現在爲我們開示布施的因果原理了。布施有因有果，以什麼爲因？以什麼爲果？眾生的福報又是從哪裡來的？眾生在世間的福報，一定都是有因果的，不可能無因無果就變成很有錢或很窮。所以人固然應當要努力求財，但是應當如何求財？這一生份內有多少財？都是有因有果存在的。份上不該屬於你的財，你再怎麼努力也得不到；份上該是你的財，你只要努力去賺，一定可以得到。所以有人辛苦一世到老的錢財，都買不到一戶公寓裡的一間廁所；這種人很多，所以年紀老了都還在租房子住。有人努力做生意，大家都不看好，可是他投資下去就賺錢。有的人腦筋太好了，計畫又很周詳，別人沒看到的他都看到了，可是一投資下去就賠錢；以同樣的計劃爲老闆做生意時，卻又大賺特賺了。有人傻傻的投資，一生就憨憨的賺，並且還非得要他賺不行，天下就是有這種事。所以財物的獲得，一定有它的因果存在。所以有人先貧後富，有人先富後貧；又有人先貧後貧，有人先富後富。爲何會有這些差別？這都有緣故的，都從過去世布施的種種差別，產生福德果報的種種差別。現在開始就是要講這一方面的因果，這對我們大家都是切身利害關係所在，所以還得要繼續用心來聽。

善生童子請問　世尊說：「菩薩既然已經修了六波羅蜜，他能爲衆生做什麼事？」佛簡單的開示一句話說：「具足六波羅蜜的菩薩，能拔度沈沒於苦海中的衆生。」想想看：六地滿心菩薩具足六波羅蜜了，他的福德很廣大，諸天天主見了他都還要向他頂禮；他既有財又有眷屬，又有名聲、智慧，也有大阿羅漢所得不到的禪定，這種菩薩當然有能力救拔沈沒於苦海的衆生。我們今天還有許多事情是做不到的，譬如最近大陸索達吉喇嘛正在罵我，印了邪見書籍強言狡辯，一直流通出來罵我；假使我今天有六地的證境，就每天晚上入他夢裡去教他懺悔，三天說不轉，三個月總也說轉了！他每天夢見了，一定會趕快寫書公開懺悔。但這種眾生，目前我們無法救拔他，因爲在這方面還沒有修證，六地滿心菩薩就可以做得到。所以我們雖然也救拔沈沒苦海的眾生，但是只能針對學人，俗人就救不來。索達吉是個俗人，單憑法義辨正是沒有辦法救他的。他到現在還在書中主張意識是不生滅法，是因爲宗喀巴書中這麼講，所以他就信以爲眞了。這種俗人，我們無法救拔他，但六地滿心的菩薩們都能做得到。所以六地菩薩滿足六波羅蜜，能救度沈沒苦海眾生。所以地與地之間的證境相差很大，所以初地菩薩見了二地菩薩都會很恭敬的，等你們有一天到了初地時就會知道了。越往上越有恭敬心，所以九地菩薩見了十地菩薩就更恭敬了，等覺見了諸佛又更恭敬。

佛又開示說：善男子！如果有人對財物生起慳心而不肯布施，在佛法上生慳心而不肯教導別人親證，在食物上面生慳心而不肯施食，我們就可以知道這人一定過去無量世早已得到既愚癡、又貧窮的果報，未來世還是一樣會得癡貧的果報。於財生慳就是布施時一直捨不得，考慮又考慮，還是捨不得，這就是慳。假使考慮了半年以後總算布施出去了，這還算是好的，因爲他終於還是布施了。可是有人生慳是考慮半年以後：「我還是留著自己用。」這是最嚴重的於財生慳。於法生慳就是不肯爲人說法：說法時都只把他知道的法義爲你講一半，不願意全部讓你證得。不是因爲　佛告誡的密意不許講，而是怕你學了跟他一樣有智慧，這就是於法生慳。於法生慳的人不可能得到　佛世尊的加持，他的增上慧學不會增長；你就知道這人一定未來無量世得愚癡報，永遠都不能使慧學長進。於食生慳是不肯布施食物，有的人很奇怪，你教他布施財物五萬元、十萬元，他從來面不改色、樂於布施；可是當他在吃食，你不可以向他盤中分取食物，要是一伸手夾他盤中的食物，他就很生氣；但他畢竟還有做財施，若是財施、食施都不做，未來世中就會得貧報及癡報。於食生貪，表示他從畜生道剛來人間不久。譬如有人家裡養狗，當你被外力威脅時，牠拚了命也爲你去拚，可是當你給牠食物以後，不可以再拿回來，否則牠就跟你翻臉。所以，於食生貪是層次很低的慳心。

有智慧的人會想：「我十萬元都布施了，還看在這一、兩百塊錢的食物嗎？」「你要的話就統統拿去，我口袋裡有的是錢，再去買就好了。」

智慧是不一樣的。於食生慳的人在未來無量世中還是會繼續得到癡貧之報，都是因爲智慧不夠。由於這個緣故，佛說菩薩在修行布施到彼岸時，要做對自己有利益也能利益眾生的事。對自己有利益並不是在眼前的小利益上著眼，而是要顧及未來的無量世，才是眞的自利。若是當下有利而導致未來多世的癡貧之報，可眞是不利了。菩薩做的事情是未來多世對自己有大利，眼前也能利益眾生，也能使眾生未來因爲你而得利益，因爲你有到彼岸的功德，未來世他們也會聽你的話而修學佛法六度等：只要他們這一世吃了你的食物，未來世你說話他們都會信受。有些人沒有智慧分辨正法、邪法，可是就因爲過去世吃過你布施的食物，常常接受你的請客，所以你這一世說話他都信，這不就是「未來世也能利益他」的現成事例嗎？

如果有人眞心樂於布施，一切怨家、仇家都會對他生起親愛之想。以前得罪過他的人，現在知道他是大善人，很樂於布施：「即使我這個怨家、仇家去找他，他也願意布施，這個人實在太好了。」他就不自覺的讚歎你，所以怨仇悉生親想。以前做了對不起你的事，你都不計較，照樣幫助他，所以他見了你會覺得不自在，老是覺得對不起你，他這時就知道你對他根本不計較，所以他心中就放寬心了，你就使不自在的他因此得到自在，所以布施有這樣的功德。由這個緣故，就知道樂於布施的人，一定會相信布施的因果，而且也會因此而相信：持戒必定有持戒的因果，這樣的人就能成就布施的善妙果報。

如果有人說：「布施其實都是意在做，意在決定。為什麼呢？因為布施的行為是由意決定的，所以意就是布施的根源（意識與意根是布施的根）。」但是這個道理並不正確，因為布施都是要具足五陰的，並不是只有意識、意根就能完成布施的行為。因為布施時要具足身口意：不但要有意識與意根，還得要有口去告訴人家：把財物、佛法、食物布施給對方。所以還得要有身與口，要溝通，否則布施往往不會成功。因為受施者往往會有很多想法，需要雙方溝通；所以通常布施時要有身與口，否則布施就不能成功了，所以說要有身口意具足才能布施，因此說布施不是單由意識、意根就能實行的，而是由五陰具足來布施的。

如果是為了自己的利益而布施，或為了讓他人得到利益而布施，或爲使自己與他人同得利益而布施，都一定是要具足五陰的。如果一件布施只是利益別人，對自己沒什麼利益，也是要雙方都有五陰。如果對方都只有意根、意識，而你也只有意根、意識，要如何做財、法、食等布施呢？必須是身體拿財物布施，才能成功；若是法施，也得要嘴巴說法，才能成就布施。這樣具足身口意而布施，就能具足三種利益：自利、他利、自他利。但這都是要具足五陰的。具足五陰的布施，才能莊嚴佛菩提的修行法門。若不是具足五陰的布施，都只是空思夢想，根本就不是布施。譬如西藏密宗觀想親屬、好友、無量的世人得到他觀想出來的食物或財寶，其實只是意識的行爲，並沒有身與口去實際布施；如此假施而說能得到實質的福報，就不符合布施的因果了！這樣觀想布施一世，來世仍然沒有布施應得的福報，因爲違背 佛說的五陰行施與五陰受施，不符布施因果，有智慧的人都不該相信他們的觀想布施行門；這種人修觀想，只有在四無量心成就時，才能在配合禪定證境的情況下產生福報，但是與布施所得福報並不相同。假使喇嘛們繼續堅持觀想的布施有布施的實質，那麼就請密宗的學法者以後供養喇嘛們都改爲觀想喇嘛們廣受你的布施吧！請喇嘛們都別開口再向信徒們索取財物供養了！所以，即使是以身力幫助別人，也要靠五陰；以五陰來布施，才能莊嚴佛菩提。如果不以五陰來做布施，光靠觀想的布施，福德就不能滿足，就無法莊嚴菩提之道。能在受施者與行施者都以五陰來做的布施，就能莊嚴菩提之道，就可以遠離煩惱，也可以多財巨富，這就是布施的正果，而且還有餘果。

布施慣了，遠離財物執著的煩惱，都不牽掛，甚至晚上鬧個小偷，你大聲的說：「又布施給一個人了。」那也好啊！你還有什麼煩惱呢？如果警察找上門說：「這個小偷是不是在你家偷了東西？」你說：「不！我是送給他的。」這個小偷未來世，當他不當小偷了，永遠都會跟著你學法；即使繼續當小偷，他也不敢再偷你的。這不是自利、他利、自他利了嗎？所以你遠離煩惱，他未來世也會跟著你遠離煩惱。當你向警察說：「是我送給他的。」他心中很感激你，心中一定會接受，說：「人家是送給我的。」他沒罪而接受你的布施，成為你所種的福田，你未來世將得千倍之報。所以聰明的你乾脆說：「是我布施給他的。」免了他的罪。自他二利，何樂不爲？生意要會做，算盤要會打。這種生意營利，最高的利率都比不上，而且穩賺不賠，誰都搶不走；未來世緣熟了，他自動送上門來，求你要他的錢，眞的有這種事。我退休之前，不想賺錢了，可是人家還非要我賺不行，就有這種事。所以被偷了，記得隨喜功德，你就開口說：「**我是送給你的，你別說是向我偷的。**」你未來世就多財巨富。你如果起了瞋心說：「**我非要定他的罪，讓他去關不可。**」結果你只是被偷，他未來世就算償還你也沒有幾倍，因爲你不是布施。未來世就算還給你時，也是不情不願，你收回時也會是老大不高興，這一世何不就大方一點？所以遠離煩惱、多財巨富就是布施的自利正果。

可是布施還有餘果：未來世得長壽，色身健康有力，而且生活安樂，並且很有辯才。別人都無法對你顚倒是非，你說出來的法，他們無法強行扭曲，因爲你廣有辯才，這就是布施的餘果。假使我沒有辯才，不必說寫書破斥別人的邪見，別人在我出書之前早就找上門來扳倒我了。以前也曾有一位會外的某老師，託人警告我：「**你們的法不對，要立刻關門，不許再弘法了。**」那些退失菩提的人也常常私下否定我說的法，有同修勸他們說：「你既要否認老師的法，何不先去跟老師談一談？」他們怎麼說呢？他們說：「老師很有辯才，我們辯不過他。」其實我哪有辯才？我只是有法財，我的法財很多，無量無邊，他們要講什麼法我都可以跟他講，是法財多，其實我的口才不好。如果這就叫作辯才，那我就可以算是有辯才，所以別人無法把我說的法義強行扭曲。這些辯才從哪裡來？也是從往世不斷的一世一世修來的。所以，有人明心了還會被人家籠罩退轉，都因爲沒有辯才；而辯才的來源其實就是法財，法財則要從法施做起，所以出來當老師做法施，是使法財快速增加、使辯才迅速提高的最好方法。

辯才對佛弟子很重要，若有辯才時修集福德很快，在護持正法上修集的福德最大，這是法布施的福德，在一切布施中福德最大，若能出來當親教師，弘揚正法、破邪顯正，這一世所修集的福德會超過你過去無量世所修的福德，因爲法施最上。《金剛經》有一句話，大家耳熟能詳：以《金剛經》中的一句偈爲人誦念或爲人解說，福德無量無邊，勝過布施滿佈三千大千世界的珍寶。如果可以演說很多法而使人改變邪見乃至見道，福德不是更大嗎？所以如果有能力，發願在同修會中當親教師，盡形壽做法布施，是最好的盤算。當然要先稱量自己的格調合不合？份量夠不夠？假使都可以，發這個願是最好的。但是都得要從義上開始做起，猶如想當總經理，得要從工友或職員開始，循序磨練上來。

佛說壽命、色力、安樂、辯才都是布施的餘果，正果就是遠離煩惱多財巨富。如果過去世常常布施，即使沒有遇到大福田而做布施，這一世至少也不會很窮，不會一窮二白，至少生活是過得去的。有的人可以得很多錢財，但他不想去賺，因爲他覺得目前擁有的已經夠了，修道才是最重要的。所以我四十幾歲時就退休了，不想再賺錢了！留一些福德在未來世再用；然後學佛了又開始做布施，再賺一點法財與後世的世間財，未來世的法財與世間財就這樣一直累積起來，猶如滾雪球一般：每一世都享用一點點，但每一世都增加更多，到最後成佛時，福德就無量大，這樣才能迅速成佛。不要把上一世修集的福德，在這一輩子全部用掉；也不要這一世再修一分福德，下輩子又全部用掉，這樣哪能成佛？福德始終都不滿足。成佛需要很大的福德，所以菩薩一定可以多財巨富而不樂於享用，所以每一世都賺取部分錢財來修道弘法，但是大部分都累積起來供作成佛之資糧。

二乘解脫道是不必修大福德的，但菩薩必須爲未來世的多財巨富福德而行布施。如果不這樣做，來世照樣沒有錢財可以布施，或者所能布施的錢會很少，福德資糧就不容易滿足。福德資糧不滿足，正法的修證就不容易提升，所以布施是菩薩行中很重要的法，對二乘人來講則是無關緊要的。但是菩薩生生世世要與眾生在一起，生生世世要大力的利樂眾生，所以菩薩得要有很多的福德——能世世獲得法財與世財的福德——而且要越修集越多。因此多財巨富和遠離煩惱是同時要重視的。而且壽命、色力、安樂也都是從**具足五陰**的布施中獲得，若不是具足身口意而布施食物給別人，讓別人的五陰獲得長養，就不會有來世的健康色身與力氣的果報；若不是以身口意五陰布施無畏，讓眾生的身口意五陰得安穩，就不會有此世的特別長壽與安樂；若不是以五陰來做法施，讓眾生的五陰親得法益，就不會有此世的法財具足與辯才，所以布施時除了遠離煩惱及來世多財的正果以外，還會有壽命、色力、安樂、辯才等餘報，但都要以施受雙方都依五陰來施受，要具足身口意的布施爲前提，才能獲得布施的正果與餘果，不是觀想布施就能成就施的正果與餘果。

接著 佛說：布施是以什麼爲因而成就殊勝的果報？布施的勝果有三種因：財勝、田勝、施主勝。第一、有人布施而得到勝果，是因爲勝財：他所布施的財物殊勝。有人布施的心態不太好：以自己吃剩的食物用來布施，以自己用剩而不想要的財物去布施，這叫作劣財。勝財是先預留下來專供布施的，不是自己用剩而不想要的財物；並且必須是以良好的物品布施，這才是勝財。若是以錢財在正法最需要時大力護持，就是法供養中的勝財供養，來世將會得到想像不到的大福報，這是以勝財而做及時施；由於勝財及好時節，所以得到特別重大的勝果。

第二、田勝而得勝果：有人布施時選擇的福田很殊勝，所以後世得到勝果。田勝，前面說過三種田：功德田、報恩田、貧窮田。功德田、報恩田有大福德，種這一類的福田，就是田勝；譬如沃田與瘠田不同，種沃田的人收穫就很多，反之就沒什麼收穫。貧窮田，譬如遇到一隻癩痢狗，你每天布施食物給他，這叫貧窮田。如果每天上門去找到宏志老和尚或寬道法師，每天送上一個盒餐，雖然不算是勝財，但是因為他們已經證悟了，田勝的緣故，你來世就得大福德。這種勝田僧寶就只有我們正覺同修會中才有，或是從我們正覺告長假出去的僧寶，會外是不會有的。因為他們是證悟的僧寶，這就是田勝。所以同樣以一百元去布施，不管他護持什麼道場或法師，你若以這一百元來供養我們這二位師父，來世果報是相差很大的，因為福田的勝劣相差很大，所以未來世你所得到的果報絕不相同。這個部分，隨後 佛將會再說到，這就是田勝而得到勝果。

第三、施主勝而獲得勝果：譬如凡夫布施飲食，與初果人布施飲食，二人後世得到的果報大不相同；若是證悟的菩薩去施食與眾生，那又不一樣；諸地菩薩布施飲食而得到的果報又大不相同，這都是因為施主勝的緣故：施主越殊勝，後世得到的果報就越殊勝。同樣是凡夫，也有施主勝不勝的不同果報情形存在，譬如有人地位很低，必須巴結上司，否則日子不好過；所以他雖然布施了，可是施主不勝，現世果報很低劣，後世果報也低劣。可是另一個布施給上司，上司覺得他很不錯，喜歡他；

又因爲他很幹練而沒有私心，又肯爲整個機關來考量，所以上司因爲他的行施，就對他有所賞賜：升官了。他與上司的布施都是施十勝，不是互相巴結，這叫做施主勝。但是這三人的布施，後世所得到的果報都會不一樣的，這也有差別，這叫作施主勝故得到勝果。

有幾種勝田很值得種植福德呢？譬如已經四加行圓滿——聲聞道的四加行圓滿——還沒有眞正完成觀行，我見還沒有斷除，三縛結還沒有斷，這就是向須陀洹，已經算是勝田了，因爲他已經有少分功德在身。如果是須陀洹、向斯陀含、斯陀含、向阿那含、阿那含、向阿羅漢、阿羅漢，或者辟支佛乃至各個階位的菩薩，向上一直到最後身菩薩乃至諸佛，都是功德田，都有功德在身，所以是好福田，名爲田勝，在這些功德田布施都是田勝而得勝果。另外有一種人，他是因爲布施的財物具足妙好色香味觸，這叫作財勝。譬如同樣布施一餐救濟貧窮，有人布施的是色香妙味的食物，有人就只是二十塊錢買二碗白飯，醬油淋一淋，弄一點醬菜就布施了！但你施食時是很精緻的食物，後世的福報與另一人就大不相同了，這是因爲財勝而得勝果。另外一種人是施主勝，譬如這位施主對布施的因果有很淳濃的信心，不夾雜異心異見而絕對相信布施的因果，而且具足了布施、持戒、聞慧，所以他布施時也能爲人略說佛法，那就是施主勝，因此而在來世得到殊勝的布施果報。所以布施的三種不同，會使人得到不同的勝果，這也是諸位應當瞭解的。

【「善男子！有智之人施有五種：一者至心施、二者自手施、三者信心施、四者時節施、五者如法求物施。善男子！至心施者，得何等果？若至心施者，是人則得多饒財寶金銀、琉璃、車渠、馬瑙、眞珠、珊瑚、象馬牛羊、田宅、奴婢、多饒眷屬，至心施者得如是果。自手施者得何等果？自手施已，所得果報如上所說；得已能用，自手施者得如是報。信心施者得何等果？信心施已，所得果報如上所說（得已能用）；常爲父母、兄弟、宗親、一切衆生之所愛念；信心施者加如是報。時節施者，得何等果？時節施者所得果報如上所說；所須之物隨時而得，時節施者，兼如是果。如法財施得何等果？如法財施所得果報如先所說；得是財已，王賊水火所不能侵；若好色施，以是因緣是人獲得微妙上色；若以香施，是人因是名稱遠聞；若以味施，是人因是衆樂見聞，既見聞已，生愛重心；若好觸施，是人因是得上妙觸。受者受已，則能獲得壽命、色力、安樂、辯才。」】

講記 這一段還是在講布施的微細因果，對一切菩薩而言，都是非常切身的事項，大家都得特別注意用心聽聞與思惟。如果身爲菩薩道的教授師，而不爲人解說在家菩薩行施的重要，他就是在耽誤隨學者的菩薩道修行。因爲菩薩道的成就，要以福德爲基礎，不管是三賢位外門或內門的六度萬行，或初地至十地的十度萬行，都是以布施爲首。乃至出家了還是要做布施：左手進來，右手出去。也要把自己證道的法傳給徒弟，這也是法布施。布施是一切人行菩薩道的資糧，因爲成佛必須是福慧兩足的。福德資糧不夠，見道就不可能，修道就更不可能；修道的福德不足，就無法往上進修，福德不足也無法成佛。所以身爲大乘別教或圓教、通教的菩薩都一樣，雖然大乘通教只修解脫道，但也有菩薩行者，只是在遇到別教成佛之法以前繼續教導衆生修證解脫道而已，將來一樣要在遇到別教、圓教法門時迴心專修菩薩六度，也一樣要教導衆生修集六度萬行。所以在教授菩薩道時，若不能教導徒眾們勤修布施行，他就是在阻止徒眾們修集菩薩道的資糧。佛在這部經中講了很多布施的因果與原理，而我們會中多數是在家菩薩，所以這個部分就顯得非常重要；因爲未來能否見道，能否次第圓滿的修道乃至能否成佛，都與布施所生的福德有很大關係，所以我們應當先瞭解布施的種種變相與因果。

關於布施的種種法相與因果，佛說：有智慧的人行施時都具足五種布施。也就是布施時大家都要注意這五點，在每一次布施時都應具足五法，不管你布施的財物或者法品是大是小，都應該有這五法，因爲五法的具足或不具足，所得的果報大不相同。第一、要以至誠心來布施。第二、要自己親自行施，不要假手於別人。第三、要信心施。第四要時節施。第五、要如法財施。

先說至心施：不要像某些達官富賈，爲了顯示身分地位，就頤指氣使的行施：「某某人！幫我從錢櫃中拿五萬塊錢去某某寺供養三寶。」這有些頤指氣使的味道，那可不好！已經不是至心施了！而且是透過別人而布施，這是有後世因果的：不是自己親自去布施，後輩子得到福報時也一定要經過那個人才能得到，自己的福報是被他人控制的；因此應當要自己親手去布施，不要透過別人。並且在布施時要深信因果，深信布施果報昭昭不爽，不可抱著懷疑心而布施，以免減損後世的福德果報。並且要時節而施，當別人正需要時布施給他，不要等事過境遷了，對這筆錢已經不很急需了才去布施，果報是不同的。譬如有人正需要一筆錢救命，你捨不得而說：「**我現在沒錢**。」過了兩、三天，想通了：「**我還是幫助他好了**。」那時再送去時，已經不是救命，而是幫他辦喪事了。雖然他的家人因爲貧窮而接受了，但後世所得的果報是完全不同的，所以還得要懂得時節施。《水滸傳》中不是有個宋公明嗎？人家都叫他「及時雨」，對他非常感恩戴德。因爲別人正需要時，他就會來幫助，所以他的武藝雖然不很好，文才也不是頂尖的，計謀也不佳，可是大家都擁護他，正因爲他是及時雨：每次大地乾旱時就送雨來了。菩薩更應該有宋公明的及時雨心態，當衆生正需要時就及時布施，不要等事過境遷了再來補救；所以以時節施很重要，這也有後世的因果。

至於如法求物而布施，當有人來請求我們布施某種財物，但我們手裡剛好沒有，那就代他去向別人求，或者去買來送，不要推說沒有，因爲他可能求不到，而你去代求就能求得，就解決他的困難了！爲人求施時，也不可用不正當的手段去取得，譬如廖添丁劫富濟貧，是不正當的手段，也會有不同的因果。所以凡是布施時都記得要具足這五點：至誠心、親自去做、要有信心、要把握時節，所布施的財物是如法取得的。

佛說：「善男子啊！以至誠心來布施的話，他後世會得什麼樣的果呢？」爲什麼要講這個道理？是因爲有人布施時總是用下巴看人：「你要什麼？」這就是不至誠心而布施了。有人去道場供養某大和尚時，他一定要大和尚接待他，必須將他引入接待廳中，召集很多寺中的重要幹部來讚歎他，才願意把支票拿出來開，不管他開出來的支票數目多麼大，都是不至誠心而施。如果以至誠心來布施，此人未來世得到的果報，與不至誠心的果報大不相同。以至誠心來布施時，他未來世所得的果報很廣泛的，不會只侷限在某一種果報中。譬如有人說：「我家什麼都沒有，就是有錢。」眞的很有錢，銀行存款很多，可是家徒四壁，什麼都捨不得用。當他想要享用時，往往有很多遮障出現，使他無法享用成功。

如果是至心施，家中什麼財物都會有，所以多饒財寶金銀、琉璃、象馬、牛羊、田宅、奴婢，乃至多饒眷屬，這就是至誠心布施的美好果報，與某些人不至誠布施所得的果報大不相同。

如果有了至誠心，再加上親自去布施：**自手施**，不是透過別人的手去布施，那就更好了！諸位要懂得這一點：親自布施會有什麼果報？佛說至誠心而親自布施的人，除了原來的財物果報以外，是未來世所得的金銀財寶……等財物，你能隨意自在的使用，不會受制於他人。譬如有些人很有錢，可是自己沒辦法隨意使用，必須經過第三者同意蓋章才能使用。有人是要父母同意才能用，有人是要子女同意才能用，有人是要非親非故的某人同意才能用；像這樣的有錢，還眞是用得很不痛快。所以除了至誠心布施以外，還得要親手去布施，未來世得到的果報則是不必任何人同意，自己可以隨意使用。

具備了這兩種條件而布施，應該再加上對布施的因果有信心，**相信布施的因果**。布施的因果是：未來世一定會得到大量福德，獲得世間財物的果報。若能絕對信受布施的因果，未來世不但很有錢，而且你的父母、兄弟、親戚乃至跟你同宗的族人，乃至一切眾生都會愛念你，不會生嫉妒心說：「他憑什麼會這麼有錢？」有些人有錢以後大家都不喜歡他，雖然他也很努力在討好大家，可是大家總是不喜歡他。有人只是小小的布施一、兩千元，人家就想念他一輩子；而他每次都布施十萬、二十萬元，可是別人仍然不喜歡他，這是因爲他過去世布施時沒有具足布施因果的信心，布施時的心態就會有猶疑，所以後世眾生、宗親、眷屬乃至父母對他都不生愛念心，他雖然很有錢而且每月好幾萬元供養，父母就是不喜歡他。所以除了至心施、自手施，還要對布施的因果有信心：相信布施一定有福果，後世就多得果報：一切人都愛念他。共修過堂時結齋都要唱：所爲布施者，必獲其利益。沒有人是布施而不獲其利益的。所以施時得要有信心：所做的一切布施一定會在未來世得到利益。乃至也有現世就得到利益的。但是最好不要冀望現在世回收，因爲現世所得的回報，利息很少，所以應當留到未來世。而且這一世既然有許多錢財可以布施了，還想要更多的錢財做什麼？也用不著。

除了這三樣以外，還要加上**時節施**：正當眾生需要時，你就像及時雨一樣趕來幫助；要像宋公明一樣，在眾生最需要時布施。具備前三個條件了，再加上及時施，未來世得到的果報是：本來手裡剛好沒有錢，正需要一大筆錢做某種特別事業時，錢就剛好進來你的手中了，這就是時節施的好處。有的人很有錢，可是他偏就用不上：正好需要錢財時，偏偏自己的錢都剛好不在手上。譬如有人很有錢而存在外國，本來預計在台灣這一年大概用一百萬元就夠了，往往正巧有一件大事需要用另外一筆大錢，可是他正好無法提領到國外的錢。或者說像以前，以前在台灣早期存定期存款，要提前一個月通知銀行，你才能領到錢，否則不能解約提錢，那時要用錢就沒辦法了。如果過去世都是像及時雨一樣的時節施，當你正需要時就會剛好有人送錢過來，這就是所需之物隨時而得。若你正需要一頭牛來耕田，就會剛好有人不想種田而賣了田地，他的牛沒有地方養了，就送給你了，這就是時節施的好處。所以布施時不要像放馬後砲一般，應該在別人正需要時，或某一件事情正好需要這筆錢時，你把握住時間送去，你便成就後世所需之物隨時而得的福德。

最後是要**如法財施**，布施的財物必須是如法取得的。如果用不正當的手段取得，譬如從媽媽抽屜裡偷一萬塊錢去布施，就是不如法得財。如法財施，除了上面所說的果報以外，未來世還會加上特別的果報：國王、盜賊、大水、大火都不能侵奪你的財物。如法布施，譬如以良好的食物布施，不是以殘壞的食品布施；由於這個因緣，未來世可以獲得好色身。我就是上輩子沒有常常施食給眾生，大部分是做法布施，因此這一世色身從小就不太好，到現在還是不很好，一直都不太有力氣。所以我這一世見了飢餓畜生時就買好食物布施，是想彌補這個缺失。用好的食物、好的物質布施，未來世就會有好的色身或是好的財物果報。

如果是以香來布施，未來世得到的果報則是好的名稱：善名遠聞。如果是以好的味覺，譬如好吃的食物，使人味覺感受很好，不是只有鼻子所聞的香，而是舌頭所嚐的味道很好，未來世大家看見他都會喜歡他，聽到他的名字時也都會喜歡他，會產生愛重之心。俗話說「吃人的嘴軟」，眾生吃了你的好食物，當然會愛重你，不可能再說你的壞話；聽到你的名字，當然會喜歡的說：「這個人很好。」如果是以好的觸覺來布施，譬如以細緻的衣服，布料很好的衣服布施；或是布施好的床褥、好的棉被，都是好觸。以好觸來布施，未來世的色身將會獲得上妙的觸覺：穿的、睡的、用的都是觸感很好的物品，不會是粗糙不精緻的物品。

以良好五塵的物品來布施，接受你布施的人，他的五陰得到滋養而獲得壽命的增長，他的色身得到力氣，使他的身心得到平安而安住下來，他一定會對別人宣說你的好事。說了你的好事，也可以幫助眾生發起善心，所以他也多少得到一些辯才；因爲這個緣故，你未來世同樣也能得到，所以來世壽命長遠，色身也有力氣，而且身心平安，生活快樂，辯才無礙，所以 佛特地交待菩薩們要具足這五法來布施。所以諸位要記住這五點：至誠心，親手施，信施因果，時節施，如法財施。這五點千萬要記住，因爲這會影響到你們未來世菩薩道的資糧。

【「善男子！有人說言：『施於塔像，不得壽命、色力、安辯，無受者故。』是義不然！何以故？有信心故。施主信心而行布施，是故應得如是五報。善男子！譬如比丘修集慈心，如是慈心實無受者，而亦獲得無量果報。施塔像等，亦應如是得五果報。善男子！如人種穀終不生蓏，

施於塔像亦復如是，以福田故得種種果，是故我說：田得果報，物得果報，主得果報。」】

講記　有人這麼說：「布施於佛塔、佛舍利塔、阿羅漢塔、菩薩塔、或者布施於賢聖像前，不能得到壽命、色力、安樂、辯才，因為你的布施沒有人領受到，所以沒有後世應得的福德。」但是 佛說：「這個道理是不正確的。為什麼說是不正確的呢？因為布施的人有信心的緣故。施主對布施的因果有十足的信心而做布施，由於這個緣故，應得這五個果報。」這就是前面的至心施、信心施乃至如法求物施的果報。佛又說明：譬如有比丘修集慈無量心。修集慈無量心時都是觀想，由觀想而得到慈無量心的成就，是由信心而得福報的。但是他在觀想怨家、親眷、一村、一城、一國乃至一世界、十方世界的無量眾生受樂，當他觀想眾生受樂時其實眾生並沒有在受樂，只是他觀想所成的內相分而已，但是他也一樣可以獲得無量果報。譬如菩薩證悟之後，具足初禪又把慈無量心修學成就了，那他後世可以生為大梵天：初禪的第三天。也就是去當初禪天的天主，不是梵輔天也不是梵眾天。這是因為他的慈心廣大的緣故，使他的心地改變了！心改變了，所以他得到大梵天的果報，可以當初禪天的天主，但是不能獲得財物布施的果報。同理，施主對布施的因果有絕對的信心時，雖然只是於佛塔、佛像前供養，還是同樣可以獲得無量的果報。就像證悟後發起初禪而證得慈無量心時，可以成爲初禪天的天主；同理，布施於塔像等等，也應該得到這五種果報。譬如有人種下稻子、五穀，但種下去的五穀一定不會出生瓜類果實；同理，布施於佛塔、佛像、大菩薩塔、大阿羅漢塔，因爲都是福田，所以能在未來世獲得種種物質上的果報。所以我釋迦牟尼說：「因爲福田而得果報，因爲布施的物資財物而得果報，因爲布施時有布施的主人，所以由施主得到果報。」意思是說，舉凡布施時一定是有財物、有所施的對象、有信心、有施主，所以布施必定有其因果：施必有主，財必有主。

【「善男子！施有二種：一者法施、二者財施。法施則得財法二報，財施唯還得財寶報。菩薩修行如是二施，爲二事故：一令衆生遠離苦惱、二令衆生心得調伏。」】

講記　佛開示說：「善男子啊！布施有兩種：一種是法布施，第二種是財物布施。如果是佛法的布施，後世可以得到財物及佛法上的兩種回報。」換句話說，如果是做法布施，也就是為人說法，也會有財、法二報，意思是在未來世佛法的修證上會有大幅度的增長。但若是布施的佛法是錯誤的，是引導別人大妄語，是殘害別人法身慧命的邪法，未來世佛法的證量也會在錯誤的方向有大幅度的增長，不斷的深入邪法中，這就是熏習的果報及回報的道理。但是為人宣說正確的佛法，只要能正確的演說一場，不只是未來世在佛法上有大增長，而且還會同時獲得財物上的增長，法布施有這樣大的功德和福德。想想看：出來當親教師，未來世的福報會如何？可眞是不得了！因為我們的親教師可不是只有講一場佛法而已。如果自己的財物不多，無法大力財施，但是有能力說法，可以發願將來當親教師努力度眾生；悟後為眾生宣演正法以後，會在未來世得財、法二報。

如果是做財物布施，後世就只有很多財寶的回報。如果未來世要做大事業：想在佛法中做大事業，只做法施就可能不太夠，那也可以在法施過程中再布施一筆錢出來，補強財物布施，我正是這樣做的。這是希望後世能有資財用來利益更多的眾生、能為佛教做更多的事情，而不必靠別人護持。菩薩修行財施與法施目的有兩個：第一是要使眾生遠離苦惱，因為佛法的布施，教導眾生斷我見、斷我執，以及取證生命的實相——法界的實相——使得眾生有智慧了，就可以遠離苦惱。你用財物來布施，他們也可以解除長時期或短時期的財物匱乏苦惱，所以財法二施都可以讓眾生遠離苦惱。而且布施的目的也是為了讓眾生的心可以調伏下來，若眾生心不能先加以調伏，想要讓他們進入佛法就很不容易。所以菩薩為眾生說法之前，往往還先提供一些布施；就像我們同修會代表諸位不斷的印行結緣書，讓大眾生起歡喜心。一本結緣書少則一、三十元，多則六、七十元；這只是印刷成本，沒有計算著作權及人工成本；如果加上著作權及人工成本，那就不只這些錢了。我們這樣布施，眾生拿到書時，看到這麼精美的一本書：紙張又好、印刷又好、裝訂又好、設計也很好，眾生拿到了會想：「這一本書要很多錢才印得出來！正覺同修會還真的用心良苦，我不應該辜負人家。」所以他會好好去讀。細讀以後思惟清楚就遠離煩惱了，而且心得調伏。除非情執深重、故意顛倒法義的是非，否則一定會遠離煩惱而且心得調伏。心調伏以後，不就被你度了嗎？他們雖然不一定會來會中學法，但也可以自己在家中努力進修，把過去所得的邪知邪見全部丟棄，回歸正見中，那也算是調伏，也算是遠離了苦惱：遠離了我見的煩惱。所以菩薩修法施和財施目的就在這兩點。

【「善男子！復有三施：一以法施、二無畏施、三財物施。以法施者，教他受戒、出家修道白四羯磨，爲壞邪見說於正法，能分別說實非實等，宣說四倒及不放逸，是名法施。若有衆生怖畏王者、師子、虎狼、水火、盜賊，菩薩見已能爲救濟，名無畏施。自於財寶破慳不吝，若好若醜若多若少，牛羊象馬房舍臥具，樹林泉井奴婢僕使，水牛駝驢車乘輦轝，瓶甕釜鑊、繩床坐具、銅鐵瓦器，衣服瓔珞燈明香花，扇蓋帽履机杖繩索，犁鐍斧鑿、草木水石，如是等物，稱求者意隨所須與，是名財施；若起僧坊及起別房，如上施與出家之人，唯除象馬。」】

講記　佛又說布施可以分爲三種：第一、以佛法布施，第二、以無畏布施，第三、以財物布施。若以佛法布施，第一種譬如教令別人去受在家戒、出家戒、菩薩戒，或者教他出家修道，要白四羯磨。「白」就是說明，爲什麼叫四羯磨？因爲羯磨有三，三羯磨都要三次，但是三羯磨之前先要稟白，所以叫作「一白三羯磨」，簡稱爲白四羯磨；也就是教導他受戒、出家、修道的意思，這就是以佛法布施。第二、爲了破壞眾生的邪見而爲眾生宣說正法，譬如當代大師們都教導說：「我們的覺知心一念不生時就是進入無餘涅槃境界中了。」這是邪見，他們這樣教導眾生時就是邪教導。若要進入無餘涅槃中，佛說要滅盡十八界；但覺知心只是意識心，十八界所攝，這個覺知心一念不生而保留著，你怎麼入無餘涅槃？你聽到大法師們亂說法誤導眾生，就告訴他與眾生：這個說法不正確，並教導他們把這個我見斷掉。要讓他們知道：覺知心是不能進入涅槃境界中的，進入涅槃是要把自己滅掉，只剩下涅槃的本際獨存。這樣教導眾生及大師們，讓大師與眾生們都瞭解這個道理，這就是法布施：「破壞眾生的邪見而說正法」。如果能再爲大家講解般若的眞實義——法界的實相，這當然更是壞眾生邪見而說正法。

第三種是為眾生分別宣說眞實法與不眞實法，那當然是專講佛菩提的正道。佛菩提正道中說什麼是眞實法？只有金剛心才是眞實法。金剛心就是如來藏，除了祂以外，一切法都可以被破壞。因為只有一個金剛心可以出世間，只有這個金剛心是不能破壞的，而且是常住不變的無餘涅槃中的本際，因此只有祂才是眞實法，其他都是可破壞法。譬如山河大地歲月最長遠，但也會壞；乃至最頑強的意根照樣可以壞：在阿羅漢們入無餘涅槃時都會壞滅而不再出現。所以都叫作非實法，菩薩必須要為眾生解說非眞實法有哪些？為什麼都非眞實？才是為壞邪見而說正法。

若有人提出問題：「意根如何能壞？」你說：「可以！入無餘涅槃後就壞掉了！所以祂非實。」「意識為什麼能壞？」你說：「後腦杓打你一棒就間斷了，這就是壞。死後永斷，不能去到未來世，這就是壞，所以不眞實。」眾生聽懂了，再告訴他們：「什麼是眞實法呢？如來藏是眞實法；你悶絕了！或你將來死了！祂不死，還在。阿羅漢入了無餘涅槃，意根與意識都斷滅了，祂還在，永遠不壞，所以是眞實法。」這樣就是爲眾生條分縷析加以分別。詳細的解說就是分別說，你爲眾生詳細分別說明眞實法與非眞實法，就是以法布施。

第四種法施是宣說四倒而不放逸，什麼叫作四倒？這很容易記住的，只要你今晚聽我說過了就能記得住。四倒是四種與正見相顛倒的看法，眞正的正見是常、樂、我、淨：是說第八識眞實的常，眞實的樂，眞實的我，眞實的清淨。對這四法如實了知，就是離於顛倒了。四倒的意思是：眾生沒有智慧，把非常當作常、非樂認作樂、無我認作眞我、不淨認作清淨，所以名爲四倒，所以四倒就是常、樂、我、淨的顛倒見。

譬如索達吉喇嘛、印順、昭慧、星雲、證嚴、達賴、宗喀巴……等人堅持意識心是不生不滅的，那就是非常而誤計爲常，因爲從醫學常識、阿含教理、生活常識中都可以了知意識心是眾法爲緣而生的生滅法，夜夜暫斷，死後入胎時就永斷不現，此世意識不能去到未來世，所以是永斷的；但是他們都顚倒計度爲常，就是非常計常；然後又因爲證不到如來藏，就把如來藏否定，謗爲無常的、子虛烏有的虛妄法，誣稱第三轉法輪的如來藏系列經典是說虛妄唯識法。以上兩種邪見合起來就成爲第一倒：非常計常、常計非常。

意識覺知心根本不是究竟快樂的心，因爲祂會生滅，也常常會與痛苦相應，不是究竟樂的眞實法；也因爲會生滅，所以會與無常苦痛牽扯不清；他們把這個非樂法的意識心當作是眞實究竟樂的心，所以是非樂計樂的顚倒想。特別是索達吉與達賴、宗喀巴等藏密人士，認爲意識覺知心可以修四喜，可以有時住在第四喜的行淫最大快樂中，所以誤認爲眞實樂，不知道這不是究竟樂，也是無常的樂，也是苦中作樂，所以索達吉他們都是非樂計樂。然後又將如來藏究竟安隱而離諸苦的究竟樂，說爲虛妄法而不是究竟樂的眞實法，又成爲樂計非樂。合起來就是非樂計樂、樂計非樂，這就是第二倒。

意識覺知心（離念靈知心）根本就不是眞實的我，打你一棒就暫時斷滅了！又只有一世存在而不能來往三世，是沒有常住我性的心，是無我法，怎麼會是眞實常住的我呢？把無常性的意識覺知心認作眞實我，所以就說粗意識或細意識是常住法，那就是無我計我的顚倒想。眞實我只有一個法，那就是無蘊處界我性的如來藏，祂常住不壞，沒有任何一法可以滅除祂，乃至十方諸佛威神之力合爲一個極大力，也無法毀滅任何一個有情的如來藏心；因爲祂常住不滅，不像意識與意根都可以滅壞而無眞實我的體性，所以如來藏才是眞實我；可是索達吉喇嘛、印順、昭慧、星雲、證嚴、達賴、宗喀巴……等人都把虛妄的意識我誤計爲眞實我，反而把常住的眞我如來藏否定，就成爲我計非我。二者合起來就是第三倒：我計非我、非我計我。

這個意識心只要現起時，永遠與六塵混在一起，不可能離六塵而獨自存在；因爲跟六塵常在一起就難免會有貪染，當然是不清淨的染污心；必須極努力修到如來地時才是清淨的，所以意識心是不淨的；但是他們把染污的意識心認計爲清淨的心；特別是索達吉等密宗喇嘛們，把最污垢的淫行中第四喜的覺知心意識，誤認爲最究竟清淨的心，而昭慧、星雲、證嚴、聖嚴等人近年來卻都與喇嘛們走在一起，公開承認藏密也是佛教的一派，都是不淨計淨的顚倒者。只有如來藏是離六塵的，所以祂根本就不會有貪愛染汙，而祂所含的染汙種子都是七識心所有的，都與祂不相應，所以如來藏才是眞實的清淨法；但是他們卻都不承認如來藏才是究竟清淨法，而說如來藏是外道神我、梵我的不淨心，正是淨計不淨的顚倒人。他們只認意識覺知心有時短時間的清淨而說是清淨心，這就是不淨計淨。所有藏密法王、喇嘛們一個個都跟索達吉一樣，都說離念靈知就是眞實的清淨心，都說正在享受淫樂時的一念不生覺知心都不起語言文字妄想，說那時的覺知心就是清淨心。又譬如宗喀巴說雙身法中的淫樂第四喜的覺知心就是眞實清淨心，那眞是顚倒到極點了，已經是沒有辦法形容的愚癡和顚倒了，眞是不可思議的愚癡顚倒，這就是不淨計淨。只有如來藏是清淨心，他們卻說是不淨的外道神我，成爲淨計不淨者。綜合他們的不淨計淨、淨計不淨，就是第四倒。

諸位今天聽了，只要記住常樂我淨四字，把每一個字顚倒過來，譬如常字：常計非常、非常計常，然後舉例說明。四字都一樣的講，這樣就會講四倒了，你就可以做法布施了。你們可以把我概略的說明加以發揮，條分縷析的舉例說明，就可以爲人宣說四倒的正義。凡是有人說常樂我淨時不是講如來藏的話，都叫做倒，只要與常樂我淨四字相反的就是四倒。你能把眞實的不顚倒詳細說給眾生聽聞，就是解說眞正的常樂我淨，就是在弘揚最勝妙的如來藏法。你可以再加上不放逸法勸導眾生：「你現在懂得什麼叫做四倒了，也知道諸方大師落在四倒中了，你就要趕快遠離，從此要改修正法，從此要不放逸的修證正法。」能這樣爲人宣說，就是有善巧方便的法布施。

如果有眾生心中恐怖畏懼，或者惡王想要殘害他，或有獅子、虎狼要咬他，或是遇到大水、大火、盜賊，使他產生恐怖和畏懼，你身爲菩薩就應該救濟他們，也就是說，假使菩薩有大威德時，應該讓眾生離開惡王、獅子、虎狼、水火、盜賊的威脅，這就是無畏布施。

菩薩對財寶已經破除了慳貪之心，所以不吝嗇，因此對於自己擁有的財物寶貝，不論是好的、醜的，擁有很多的或擁有很少的都可以布施而不慳貪吝惜。有時以牛羊象馬房舍臥具，或以樹林泉水、水井、奴婢僕使來布施。古時印度社會制度分階級，所以奴婢都屬於主人所有的財產，是可以布施出去的。古時的印度，女人也是男人所有的財物；就如同基督教的耶和華講的：女人是亞當的一根肋骨。古時的印度正是這樣，所以男人有權利把妻子布施出去。包括水牛、駝驢、車乘、輦轝、種種財物，乃至自己庭院裡的草、木、水、石頭，都稱求者意而布施。也許有人想：「石頭哪有人要？」但是石頭也可以賣錢的，一車一車的賣去砌房子；甚至有的石頭一顆要賣幾萬塊錢，有的石頭甚至一敲開裡面都是寶石，那可不僅僅幾萬元；譬如拇指大小的一顆頂級祖母綠，你想要多少錢？這不也是石頭嗎？所以不要看到石頭就說那不值錢，現在你想要買一顆石頭放在庭院中，兩尺見方一顆石頭，你想要多少錢？還得要花上一、二千元，所以石頭往往也有人要。這些財物都要稱求者意，「稱」就是說讓來求的人心得意滿，這些都是財物布施。

又譬如建造僧坊，就是建造出家法師們所住的房子、房間；以及另起別房，譬如附屬的茅房、灶房、柴房，布施給出家之人，也是財施。但是有兩樣不能布施給出家人：大象與馬。出家人不騎馬、驢子、大象，比丘、比丘尼如果騎上驢子、大象，像什麼樣子呢？外道也會誹謗說：「坐在眾生背上，奴役眾生，眞不慈悲。」所以不布施馬與大象。因爲出家人也不可以用大象來工作。印度出家人不種田、不割稻，所以不用牛或象來耕田或拉車。至今印度、泰國、緬甸都還是不行的，因爲出家人慈悲爲懷，所以不可奴役眾生，外道也會誹謗，所以說唯除象馬牛羊。

【「善男子！施有四累：一慳貪心、二不修施、三輕小物、四求世報。如是四累，二法能壞：一修無我、二修無常。善男子！若欲樂施，當破五事：一者瞋心、二者慳心、三者妒心、四者惜身命、五者不信因果；破是五事，常樂布施。樂施之人，獲得五事：一者終不遠離一切聖人、二者一切衆生樂見樂聞、三者入大衆時不生怖畏、四者得好名稱、五者莊嚴菩提。」】

講記 佛接著說：「善男子啊！有四個法會拖累你的布施修行。第一、因爲慳貪的心沒有破除掉，所以就會拖累你。」每次想要布施時都要斟酌再三，總是考慮了很久很久才能下決定布施，這就是慳貪之心拖累了布施。「第二、從來不肯修布施行」，以前沒有常常布施，所以第一次布施時都會很困難。如果布施習慣了，就不會有困難。當他第一次布施以後，受施者很感激他，他想：「人家很感激，感覺很不錯哩！」心中就很快樂，以後受布施的人又遇見了：「某某人啊！眞的感謝你喔！感恩、感恩。」心中覺得：「被人家感恩，還眞的是滿心歡喜。」漸漸的歡喜心出來了，就會有第二次、第三次的布施。到後來布施習慣了，無所謂歡喜或不歡喜，可是久不布施時就會覺得彆扭，布施已經變成一個習性了，就沒有拖累布施的惡法了，所以得要經常修布施。「第三、輕視所布施的財物太微小」，因爲輕視小物，所以就會拖累布施行。有時去到某個道場時，剛好口袋裡不方便，只能護持三百元，眞的不好意思拿出手，就會很少有機會可以布施了，因爲要湊到滿意的數目，總是要一段時日的，這樣一來，布施的習性就不容易養成了。所以不必管布施財物多寡，有緣遇到了就拿出來布施。「第四是求世報」，也會拖累布施行：求世間果報的人會這樣想：「我布施給他，他將來會不會回報我？我布施給他，他會不會一生感恩我？」有時被布施的人因爲時間久了就忘了，後來遇到時若沒有再對他說一次感恩，他心中就想：「都把我給忘了！」這都是求世報，那麼布施的心就不容易再發起了。

這四種拖累布施的事情，用兩個法就可以破壞掉：第一、修無我，第二、修無常。既然無我，還要慳貪做什麼？連自我都是假的，假我所有的東西當然更是虛假的，何必慳貪呢？就比較願意布施了！又想：布施財物以後會使福德累積到下一生，下一期生命不是還可以用嗎？反正這一世的我也是假的，也帶不到下一世去，那就願意修布施了，不必再慳貪了。既然無我，被布施的人也沒有眞實我，雙方都沒有眞實我性，又何必理會布施的財物是多或少，財物的大小就不必管它了，反正做了就是了。既然無我，有什麼果報可說？捨壽前就算得了果報，那也不是眞正能得，連自我都是假的，何必去求更假的世間果報？所以修無我與無常，布施的四累就破除了。如果單修無常的話，那更簡單：「這些財物都帶不走。既然帶不走，我慳貪做什麼？不如留一些給自己的未來世用。留給子孫，子孫也不會保障我未來世可以好好享用。」你留給子孫，子孫也不感激你。子孫會想：「你死了，本來就該給我的。」既然是無常，帶不走，不如留一些給未來世的自己用，那就得好好的布施了。所以用無常觀，輕小物、求世報的不好心態也都可以對治的，就可以使自己的布施心提起來，能歡喜的布施。

如果想要喜樂於布施，要破除五件事：第一、瞋心。不要因爲布施時，對方嫌少、或嫌財物不夠好，你就起瞋心。如果能對治了瞋心，就不會讓自己對布施生起煩惱。第二、不要起慳心，把慳心破除，就不會再討厭布施了。其實說穿了，布施不是在布施財物，而是在布施慳貪，把慳貪隨同財物一起送給別人。別人爲什麼要你的財物？因爲他有慳貪嘛！（大眾笑）你爲什麼不要那些財物？因爲你對那些財物沒有慳貪，所以那份財物就代表慳貪，所以布施出去的財物都是慳貪。你把慳貪布施給別人，以後雙方熟悉了，有情分了，再慢慢教導他：**「你也應該布施慳貪。」**這樣子就把自他雙方討厭布施的心態破除了。第三、要破妒心：**「我布施十萬元給他，他有了十萬元，我反而沒有了十萬元，反而不如他了。」**還眞是傻呢！竟然嫉妒對方有那十萬元，產生了妒心。但是產生妒心時，其實是在把自己往下拉，是向下墮落；煩惱輕了才能往上昇華，煩惱重了當然是墮落。我們以前講《楞嚴經》時不是講過「情與想」了嗎？情多想少就墮落，想多情少就上升，嫉妒心正是情而不是想，所以要把嫉妒心破掉。第四、不可太愛惜身命，如果貪惜身命就會想：「我的財物並不多，布施出去以後身邊只剩下一千萬元，萬一老了得重病，醫藥費用掉一千萬元，那我要怎麼辦？」還眞想得太多了！人家手裡有十萬元存款時就說：「我夠用了！多餘的幾千元就布施了。」他有一千萬卻還嫌少。有時杞人憂天：「萬一地震把我的房子震垮了，我要再蓋房子時沒有錢，那該怎麼辦？」這就是惜身命，結果就沒有辦法樂於布施了。第五、不相信布施的因果，所以就不肯布施了。「佛說布施給畜生，未來世還得百倍之福報，到底是眞的、假的？」不相信布施的因果，所以每次布施之前就懷疑，懷疑到最後就留著自己用，拿不出去了。同理，想要去做義工時心中也想：「我去做了這些義工，眞的有未來世的福德果報嗎？」懷疑的結果，做義工時就懶懶散散而不能生起歡喜心，後世應得的果報就變差了。所以對布施的因果要深信，才能使得自己的布施修行不被障礙。破除這五件事，就能常常樂於布施。

常常樂於布施的人就可以獲得五件功德受用：第一、終究不會遠離一切聖人。破除了這五件事而常樂於布施的人，終究不會遠離一切聖人。在人間想要遇到眞正的聖人一直都很困難，因爲末法時代冒充的聖人太多了，眞是數不清了！譬如藏密說法王有四、有五，活佛可就漫山遍野了！但不管是法王或活佛，都是假的，有哪一個喇嘛是法王？至少要修到十地時才能稱爲法王，但他們有誰是法王？都是還沒有見道的凡夫。所有的活佛也都是凡夫，都未見道：二乘斷我見的見道與大乘親證如來藏的見道都沒有。至少要證得法身如來藏，才有被稱爲活佛的基本資格。否則都是尙未發起法身慧命的凡夫，哪能稱爲活佛？其實每人身上都有一尊活的佛，當你證得法身如來藏了才能叫作活佛，他們都沒有證得，當然只是凡夫，所以都是假的活佛。所以藏密行者遇到的所謂聖人，其實都是假聖人。爲什麼他們會遇到假聖人？因爲他們過去世修集資糧都不肯眞實布施，他們修集福德資糧時都用觀想的：觀想出許多米、許多財物，觀想了很多以後再觀想別人接受他的供養。結果是什麼都沒供養（大眾笑）。這樣到底是有沒有布施呢？結果是沒有布施。因爲那都是他自己的內相分，沒有具足身口意的布施，當然沒有見道、修道所需的福德資糧，當然會遇到假名聖人。肯布施才會遇到眞正的聖人。

第二、樂施的人，一切眾生都喜歡看見他，也喜歡聽到他的名號，一聽到時就會說他是大善人，大家都稱讚，所以有大善名。

第三、常常樂於布施的人就會產生威德，他也許個子矮矮小小、乾乾瘦瘦的，但是大眾都喜歡他，因爲他是好人，多數人受過他的恩惠；即使從來都無求於他的陌生人，也會認同他，因爲好人總是不會讓人討厭的。如果有個呆子，一天到晚拿新台幣來送給你，你會討厭他嗎？就算他再怎麼呆，你也不會討厭他的，大眾都是「人同此心，心同此理」。有時人家也會想：「**這個人錢財無量，樂於布施，也許哪一天我有什麼需要時也可以求助於他。**」人都會這麼想。所以大善人不管去到哪裡，誰都會喜歡他，他得到許多人的愛戴，當然就有威德了；因此這個人走入大眾中時，不會生起怖畏心。

第四、得到好名稱。善名可以逆風而揚，不像香味只能順風而飄。

第五、莊嚴菩提。修學菩薩的法與道，必須以福德爲基本；若沒有修集福德，佛菩提就沒辦法修證，這跟解脫道大不相同。解脫道的修證不需很大的福德，只要過去世曾與正法結了緣就有機會修證，也許無量億劫以後遇到曾經結緣過的聖人而獲得解脫果。可是佛菩提道得要有福德做基礎，因為佛菩提要以福德及智慧來莊嚴，兩法缺一不可。乃至等覺菩薩福德那麼大了，最後還要百劫修相好，那時內外財都施，修足大福德以後才能成佛；所以想要莊嚴菩提，就得要樂於布施。到了等覺菩薩的階段，要眼睛就挖給你，要手就砍給你；要我的房子，我的房子就送給你，你要我的命，我就把命送給你，所以說「無一時非捨身時，無一處非捨命處」。連等覺菩薩都還要這樣廣修福德，我們還在這個因地，怎能不修福德呢？所以想要成佛，就得要有無量的福德來莊嚴你的佛菩提，所以第五說樂施的人可以莊嚴菩提。

【「善男子！菩薩之人，名一切施。云何名為一切施耶？善男子！菩薩摩訶薩如法求物，持以布施，名一切施；恒以淨心施於受者，名一切施；少物能施，名一切施；所愛之物破慳能捨，名一切施；施不求報，名一切施；施時不觀田以非田，名一切施；怨親等施，名一切施。菩薩施財凡有二種：一者眾生、二者非眾生。於是二中乃至自身，都不吝惜，名一切施。菩薩布施由憐愍心，名一切施；欲施、施時、施已不悔，名

一切施。或時設以不淨物施，爲令前人生喜心故。酒毒刀杖枷鎖等物，若得自在、若不自在，終不以施。不施病人不淨食藥，不劫他物乃至一錢持以布施。菩薩施時雖得自在，終不罵打、令諸僕使生瞋苦惱。如法財施，不求現在後世果報。施已常觀煩惱罪過，深觀涅槃功德微妙，除菩提已更無所求。施貧窮時，起悲愍心。施福田時，生喜敬心。施親友時，不生放捨心。若見乞者，則知所須，隨相給與，不令發言。何以故？不待求施，得無量果。」

講記　佛說當菩薩的人要一切施，所以眞正的菩薩在布施時就稱爲一切施者。佛說菩薩摩訶薩如法求物而行布施（證悟了就是菩薩摩訶薩，還沒有證悟如來藏就不叫作摩訶薩。摩訶薩不一定是指初地以上，有許多經中說證悟如來藏而生起般若智慧的人就是摩訶薩），你證悟而成爲摩訶薩了，以後布施時應當如法求物，不可以再像以前在凡夫位時，以剋扣父母的供養來布施，否則就是不如法求物來布施。若能如法求物，持以布施，就稱爲一切施。永遠都以清淨心來布施給接受的人，也叫作一切施。布施時不計較所施財物的多寡，即使身邊正好財物不多，也能拿出來布施，這叫作一切施。自己所珍愛的寶物也能破除慳心，捨棄出來布施給需要的人，叫作一切施。布施時不求回報，也是一切施。布施時不先觀察是不是功德田？也不觀察是否為貧窮田而不兼有功德田？遇到是福田就布施了，這叫作一切施。怨親等施，即使是怨家有困難而拉下臉來相求，也同樣願意布施，不單單布施給親眷，所以叫作一切施。菩薩布施財物時有兩大類的施物：第一類被布施的是眾生，譬如布施象馬牛羊雞鴨等等。第二類是布施非眾生類的財物，譬如錢財田舍車乘藥草及非動物性的飲食等。在這兩類被布施的財物中，眾生的部分包括自己的身命都不吝惜，就是一切施，能布施內財是很不容易的。

談到布施內財，有一點要特別提出說明，你們也應該轉告在慈濟中的親朋好友；他們願意捨壽時捐贈器官，這是立意良善之舉，但是有一點得要讓他們明白：布施內財是大事。雖然他們不是活著時布施，是死後布施，但在醫師判定為腦死時，他是不是眞的腦死？這是大有問題的。像我們有位同修，醫師宣布說她腦死，已經走了，就向她的配偶說：**「是否可以把幫她維生的管子都拔掉？讓她死亡？」**她同修問我，我說：「別忙著做這件事，弄個不好，你可能會成爲殺人！等我去看了再講。」這位被醫師判爲腦死的植物人，我進了加護病房，卻可以方便與她溝通；因爲我有道種智，我有很多方便善巧跟她溝通，所以我判定她還沒有腦死，意識仍然存在而可以與她溝通。所以我出來向她同修講：「你不可以做這件事情，要不要走，由她自己決定，她自己還沒有準備要走，你不能代她決定。」後來出院了，醫師還說是奇蹟，她還回來同修會看我，有時也回來正覺講堂聽經。所以眞的不能太大意，因爲醫師沒有道種智，判斷並不一定全都準確。當時她只是器官障礙而無法表示意思而已，並不是眞的走了。就算腦死而說走了，意根和如來藏也還沒走，假使那時開膛破肚、捐贈器官，她不就要痛苦死了？生起瞋心時可能就因此下墮三塗了！如果你們在慈濟中的親朋好友已經簽下死時捐贈器官的同意書，請他們一定要在同意書上補上捐贈的條件：「必須在我呼吸、心跳停止前五分鐘，先爲我全身麻醉。」不然到時候意識還在（因爲息脈停止後最快也要一、兩個鐘頭以後，意識才會斷絕）。假使息脈剛停止，意識其實都還在時，都沒有先麻醉就開割器官，亡者將會極爲痛苦，但是那時他又動不了而無法表示意思，那時生起極瞋恨的心，痛到極點而起瞋恨心罵天毀地、也一定會痛罵證嚴法師沒有告知將會有這個痛苦，可能會因此而妄謗佛、法、僧三寶而下墮三惡道。一心行善的結果卻是下墮三惡道，那不是很冤枉嗎？所以請諸位記得提醒他們，記得在捐贈器官的同意書上加註這先行麻醉的條件。將來醫師要是宣布他腦死（那時其實不一定已經腦死，因爲醫師也有可能宣布錯誤，所以醫師如果沒有道種智，很可能害人無數；以爲是在幫人，結果卻是實質上殺人：殺一個人去幫幾個人），必須在心跳停止前先打全身性的麻醉劑，然後拔掉儀器管子而使息脈停止，那時意識雖在，也知道人家在割他的色身，但他沒有感覺到痛，就不會生起瞋心，就會以歡喜心來接受器官捐贈的事，就能成就他們的人天善業果報。這確實是大果報，因爲他是施內財而救別人的命。但是這件事情要請大家決定布施內財時，必須注意到。如果你們將來要去簽那個同意書，我不反對，我會讚歎，但是記住要加上這一點：在心跳停止以前五分鐘先注射全身麻醉劑量。然後要割要剮就隨他們，記得加上這一句。

布施眾生色身時，自己的五陰也算是眾生，所以等覺菩薩……們包括自身都不吝惜，就叫作一切施。菩薩布施時是以慈悲、憐愍的心來布施，所以叫作一切施。既然是憐愍心，不會因爲是怨家就不布施，所以叫作一切施。菩薩摩訶薩在布施之前，心中決定要布施了，正當布施時及布施以後，心中都不後悔；布施了就不再去想它，這樣叫作一切施。有時菩薩假使以不清淨的物品來布施，那也是爲了讓被布施者生起歡喜心的緣故。不清淨之物，譬如眾生肉：有人很喜歡吃羊肉、牛肉，凡是肉案子上買得到的肉類，你就買了布施給他，方便度他入佛法中。有人喜歡吃蔥、蒜，你就送給他，爲了讓他生起歡喜心，你才能爲他說法。如果你布施的財物，他一看就討厭了，你還能爲他說法嗎？還能接引他入佛法嗎？所以有時菩薩以不淨物來布施，只是方便行，所以有開緣。

至於酒、毒、刀、杖、枷鎖等物，這些是使眾生沉淪的器物，菩薩摩訶薩絕不會拿來布施。譬如布施酒，眾生喝了酒，會心性迷亂。但是有時也有開緣而可以布施酒，譬如某人必須緊急外科開刀，但在野外並沒有麻醉劑，只能用烈酒來當麻醉劑，那你就設法求來布施，開緣的事都只要把握一個原則就行了：是善事。如果是花天酒地的人，他要求你布施一瓶酒給他喝得爛醉如泥，當然就不布施了！縱使你在學佛之前，家中收藏了很多好酒，一杯也不能布施給他，因爲那只會害他。同理，毒、刀、杖、枷鎖等物，若是確實用來幫助眾生的，就可以開緣而布施，否則都不許開緣，遮止和開緣一定要把握好，要以智慧來把握。但這些物品多半是拿去做不利眾生的事，所以原則上都不許拿來布施。

也不應布施不清淨的食物和藥物給病人，譬如有的食物已經長霉了才拿去布施，他想：「我先把它洗一洗，反正洗了就看不到。」草藥也是一樣，不要放到已經有一些霉味了才拿去布施。西藥的保存期限有三年或多過三年的，若是保存得很好，一直放在低溫而無陽光處，如果偶有超過半個月、兩個月、一年的，馬馬虎虎還可以用；如果保存得很好，一直都擺在冰箱中，那就沒問題。如果已經過了十年，又沒有放在冰箱裡，或者某些藥物的特性是不許超過一點點時間的，還把它拿來布施，那都是不清淨的藥，不能拿來布施給病人。也不可以劫奪他人的財物，而用來布施，乃至一錢之微也不可以搶來布施，因爲都是不清淨的錢財。

菩薩在布施時，雖然自己是很有自在力、很有威德，但是始終不斥罵他的僕人、使用人，也不打他們，不讓他們生起瞋心和苦惱。而且布施時一定要如法財施，依照前面所講的五個要領去布施，也不可非法求財而布施，也不求現在世或後世的果報。因為當你心中生起未來世會得布施的快樂果報時，心中其實已經沒有功德而只剩下福德了，所以菩薩不求現在、後世果報。意思就是教你要有智慧：不但布施後要有福德，還要有功德。假使心中想：「**我今天贈送一個肉包子給癩痢狗，來世得百倍之報，我來世至少可以擁有一百個肉包子。**」那你就少了功德。你根本就不要想它，那一百個肉包子的福德絕對跑不掉，無人可以奪取。但你不想那個福德時，你就沒有掛礙，就多了一樣解脫的受用。福德是絕對跑不掉的，因為 佛說施必有主，既然你是施主，未來世的福德當然該你得，誰也得不到。那又何必想它而少了功德呢？

布施以後應當常常觀察煩惱有什麼罪過？煩惱的定義要先弄清楚，這不是世間人講的煩惱，因為那都是我所的煩惱。我們佛教中講的煩惱主要是我見、我執，以及無始無明的上煩惱。要是能常常觀察這些煩惱的罪過，就不會對布施生起討厭心；接著再深入觀察涅槃的功德、涅槃的微妙。涅槃有什麼功德呢？因爲涅槃不生不滅、不垢不淨、不增不減、不來不去、不一不異，永遠離兩邊，所以有本來解脫的功德。凡是離兩邊的句子都可以拿來用，把所有的兩邊都各加上個不，那就是涅槃。因爲佛說：不生名涅，不滅名槃；不增名涅，不減名槃……。所以涅槃永遠是離兩邊的中道，中道就是涅槃的功德，這是從親證涅槃本際而現觀得到的。可是涅槃的本際要怎麼證？祂很微妙、很難證，所以眾生證不到，連印順也是用意識思惟來揣測涅槃，所以印順法師對涅槃描寫了一大堆（當然現在跟我比起來就變成一小堆了，因爲現在網站上蒐尋涅槃這二個字，聽說我註解的涅槃法義最多，沒有人敢把涅槃寫這麼多、寫這麼詳細：從各個層面把它寫出來，因爲涅槃微妙，除非親證，寫越多就越會有過失出現），可是他根本就不懂涅槃。

因爲親證了，所以我們繼續講：「說我們還沒有入涅槃就先證得涅槃；阿羅漢證得涅槃，可是其實卻入不了涅槃、證不了涅槃：他們可以入無餘涅槃，其實卻沒有證到涅槃，而他們也沒有入涅槃；我們沒有入涅槃，但我們卻入在涅槃中，卻親證涅槃。」沒有人敢這樣寫，我們就敢寫啊！這有什麼關係？因爲涅槃法界的事實本來就是這樣的，法界的實相本來如是。所以現在聽說我註解的涅槃法義是最多的，聽說上網站搜尋的結果是這樣，我也不知道是不是眞的，諸位就姑妄聽之吧！這意思就是說，涅槃很微妙，沒有多少人確實知道涅槃，連定性二乘阿羅漢都無法像我們對涅槃知道這麼多，所以說涅槃很微妙。所以你證悟了，成爲菩薩摩訶薩了，智慧超過二乘無學聖人了，就要有能力深觀涅槃的功德與微妙。

涅槃有什麼功德？有的：本來性、自性性、清淨性、涅槃性，這不就有四個功德了嗎？至少你能爲人家宣說這四個功德，就能利樂有情，能接引眾生信受佛法而進入佛法中來，這當然也是涅槃功德的一種：你自己得到涅槃功德的自受用，也產生了度眾的他受用功德了，這也是涅槃的功德。你悟後講了出來，還沒悟的人聽來聽去就是聽不懂；甚至阿羅漢們，當你講到不入涅槃就已實證涅槃，他們也聽不懂；你說不斷思惑就證涅槃，他們也聽不懂；不斷煩惱而證菩提，他們眞的聽不懂，這不就是很微妙的智慧嗎？你們應當如是次第深觀，當涅槃的功德與微妙都觀行過了，煩惱罪過也觀察過了，接下來心中還會求什麼呢？當然只剩下求佛菩提一件事了！此外更無別求。

禪宗有個公案：古時的大中皇帝在太子位而逃難時；因爲皇位被篡奪了，他的皇帝老子預先爲他留了一副戒牒和僧衣，因爲已經算準會被篡位，就事先交代他：當皇宮被攻破了，你就趕快開啓錦盒。他拿起鎖子打開了，中有戒牒、剃刀、僧服，所以連法名都有了，他就請隨從趕快幫他剃了髮，穿起僧衣逃出宮外。後來就住在寺院中當沙彌。後來他遇到黃檗禪師剛悟而寄居在同一個寺院，那時黃檗禪師正在禮佛，他心中想：「開悟了還要禮什麼佛？」所以就向黃檗禪師講：「不著佛求，不著法求，不著僧求，禮什麼佛？」黃檗起身就打他一掌：「不著佛求，不著法求，不著僧求，如是禮佛！」（大眾都笑）你們笑得這麼大聲，是因爲懂了意思；可是你們有些人不懂這個意思，那就找你的親教師問去，但是要小心挨一掌。就是這樣，這就是菩提。到了這個階段，你這兩個方面都深觀過了，當然別無所求，只剩下佛菩提值得追求；因爲其他的都只是一世之事，佛菩提的具足親證卻是永續而無窮無盡的。所以此時除了菩提之外，更無所求了。

菩薩布施給貧窮人時，雖然是以財物布施，其實是把貧窮布施出去了，正因爲有錢財，才能布施貧窮；若沒有錢財，又如何布施貧窮？所以施貧窮時要起悲愍心，因爲對方接受了你布施給他的貧窮。若是布施給福田時，要生起歡喜、恭敬心，因爲福田有三，除了純粹的貧窮田以外，有一部分是功德田，還有一部分是報恩田。既然是這樣，對功德田與報恩田當然應該生起歡喜心、恭敬心來報恩。又因爲是功德田，讓我們可以具足未來世的廣大福德資糧，所以更應該生起歡喜心、恭敬心來布施。有些愚癡人，供養了師父三、五萬元，就出去說：「我師父都是靠我供養的。」這麼愚癡！有智慧的人就不會如此。布施給親友時，不可以生起放捨之心：「這個親友一天到晚要跟我求財。」不要放捨他，你就多少布施給他，讓他能解決眼前的困境。正因爲你這一世常常接濟他，所以未來世見了你，他就跟定你了：見了你就沒來由的歡喜，就是願意跟定你，不管別人對他怎麼好，他還是跟定你。同理，有些人過去世，我沒有對他們布施過，但大法師們往世對他們布施過，所以他們就一定會篤定的永遠跟大法師走，永遠不會來跟我。這一世，終於有一、二本書布施到他身上，未來世才會跟我學法；所以度眾生並不是一世的事情，這些事情都是一世又一世這樣連續下去的，就像演連續劇一般，每一集是一世，這種佛菩提的連續劇，演到成佛時暫告一段落；但是成佛之後度眾生仍然是不終止的。所以不應該對任何人生起放捨心，即使是無根誹謗你而抵制你的人，也要把眞實法義寫出來送給他，讓他懂得思惟辨正法義的正邪，捨壽前有機會在佛前懺悔；即使是暗地裡懺悔都是好的，所以你要爲他寫出來，多少都能利益他，這就是不生放捨心。

如果看見有人來求乞，我們應當善觀察，知道他所需要的是什麼財物，隨他所需而送給他，不需要等到他開口。如果有親友很窮、或者負債累累，借不到錢而來找你，那你就三千、兩千元送給他，讓他可以維持基本的生存條件，不要等他開口。有人面子薄，不好意思開口；甚至於有些人面子薄，想借一些錢，可是嘴還沒張開，臉就先紅了，你就不必讓他難過，先送給他。也許有人想：「錢財要送給人家，還得要這樣委屈自己。」但是佛說：「不等待人家開口求，你就布施，這樣後世可以得到無量倍的果報。」有這種好處給你，而你布施的錢財不多，只是二、三千元而已，但是未來世得無量倍的果報，所以應該不待求即施。

【「善男子！施主有三，謂下、中、上。不信業果，深著慳吝，恐財有盡；見來求者，生瞋礙想，是名爲下。雖信業果，於財生慳，恐有空竭；見來求者，生於捨心，是名爲中。深信業果，於財物所，不生慳吝。觀諸財物是無常想，見來求者，有與則喜，無與則惱；以身致物而用與之，是名爲上。復有下者，見來求者，顰面不看，惡罵毀辱。復有中者，雖復施與，輕賤不敬。復有上者，未求便施，敬心而與。復有下者，爲現報施；復有中者，爲後報施；復有上者，憐愍故施。復有下者，爲報恩施；復有中者，爲業故施；復有上者，爲法藏施。復有下者，畏勝故施；復有中者，等己故施；復有上者，不擇怨親。又復下者，有財言無；又復中者，多財言少；又復上者，少索多與。施者無財，亦復三種：最下之人，見來求者，惡心瞋責；中品之人，見來求者，直言無物；

上品之人，見來求者，自鄙無物，心生愁惱。善男子！又復下者，常為賢聖之所訶責；又復中者，常為賢聖之所憐愍；又復上者，賢聖見已，心生歡喜。」

講記　施主有三品，就好像喝酒的人也有上中下三品。上品就像李白，喝了酒變成詩仙，寫起詩來非常飄逸自然；中品人喝醉了就睡覺，不打擾別人；下品人喝醉了可就大吵大鬧，令人厭惡，所以說酒有三品人。如是，施主也有三品：下、中、上三品。

先講下品施主：假使施主不信業果，不信布施善業在未來世會有善法果報，所以深心中慳吝貪著，恐怕財物會因為布施而無餘存，所以看見有人來求時就起瞋心；雖然他不一定會在臉上表現出來，心中卻認為：「你這個人障礙我累積錢財。」生起瞋恚及障礙之想，這就是下品施主。另一種人雖然相信布施有因果，可是對於財物太慳貪，恐怕布施財物會布施完了，自己沒得用，所以看見有人來求財時，他雖然心中不氣，可是卻生起捨離求財者的心，希望不要再見到來求財的人，這是中品人。還有一種人，他深信布施的業和果報，所以對財物不生慳吝之心，觀察財物是無常，帶不到未來世去，所以看見有人來求時，如果有財物能施給求財的人，心中就很歡喜；如果沒有財物可以給對方，他心中就很愁惱；所以他就以自己的力量去幫求財者求得財物，給那個求財者，這個人就是上品的施主。請問諸位：你想要當上品施主、下品施主、還是中品施主啊？這可得要自己斟酌了。

還有一種下品施主，看見有人來求財物時，他就把臉轉到別的方向去，不看來人。如果來求財的人說：「你怎麼都不理我？」他就加以毀辱，這就是下品施主。還有中品人，當別人來求時，他也布施了，可是布施時是抱著輕賤之心、不敬之心，輕視對方：「你就是這麼窮，還得要我來布施。」這是中品施主。還有一種人，看見人家來了就知道是要來求財的，沒等到對方開口就先布施了，並且布施時是以恭敬心來給與，這就是上品施主。有智慧的人會想：「既然總是要給，何不給得爽快一點！」既然給了又責罵、輕視人家，對方回去以後可能一點人情都沒有了！既然要布施出去，不如留著一份人情在；布施以後竟然沒有人情，那不是很愚癡的作法嗎？所以看來還是應該要當上品人。聰明人一定要當上品人，明知道他來了就是要錢，明知道你非得要三千元才能滿足他，就不必等他開口，見了就先遞過去，歡歡喜喜給他，他也好記住你這一份人情。布施了以後，你心中就不必去想有沒有人情，反正人情一定在。人情在了，你再去想有沒有人情，那不就是多此一舉了嗎？就像吃過飯、肚子飽了，就不必再去想：「我已經很飽了。」這樣就有布施波羅蜜了，就是上品人。所以布施的時候要有正確的心態，不然的話，爲了求解脫而去布施，反而被布施給綁住了。

接下來還有三品：還有一種下品人是爲了現世的果報，所以去布施，比如拿錢來買好名聲，這就是爲了現世的果報。若是爲了利益某一個人，希望他來年可以提升自己的職位，這就是現報而施，都是下品人。還有一種人是爲了後世的果報而布施，譬如他聽說布施給一條狗，比如布施一條香腸，來世可得一百條香腸，他爲了來世的後報而布施，這就是中品人；若不是學佛人，能爲了求來世果報而行善，也是很好的，所以是中品施主。還有一種人，他根本不在意現世有沒有回報，也不在意來世的回報，純粹是因爲是悲心，憐愍眾生窮苦，所以願意布施；他不是求報而施，所以是上品施主。

還有一種下品人，爲了報恩而布施，比如以前有人幫助過他，所以他現在一帆風順，爲了報恩而布施給恩人——報恩田；這是報恩而施，不是爲了悲心而主動布施的，所以是下品施主。還有中品人是爲了業果，是爲了下輩子能獲得大福德果報，或是爲了消除上輩子所造的惡業，所以這一世去布施，這些都屬於修善業或除惡業而布施，這是中品施主。還有一種上品人，他是爲了法藏，是爲了修集福德資糧成就菩薩的道業而布施的；因爲菩薩的道業與解脫道不同，菩薩的道業是屬於佛菩提，佛菩提道業的法藏修證，每一階段都需要有許多福德資糧，越往上修越要更大的福德資糧；所以他是爲了法藏而布施的，不爲求世間果報而布施，所以是上品施主。這樣看來，如果說人家有恩於你，而你不肯去回報布施，那就是連下品人都不如了，因爲下品人還肯爲了報恩而施，可是有恩於你的人，你若都不回報，那就連下品都排不上了。

還有一種下品人，他是畏懼上位的人勢力比自己大，所以不得不去巴結，這種布施是下品。還有一種中品人，他不是爲了巴結對方，因爲對方跟他是平等的，他只是爲了與對方結善緣而去布施的，這是中品人。如果是上品人，他不選擇親人或是怨家，平等看待而布施，所以是上品人。還有一種下品人，人家來求，他明明有錢財，卻推辭說：「我沒有錢啦！我窮得很！」口中說沒有，這是下品人。中品人其實有很多錢財，人家來勸募善事：「你布施一萬元好啦！」他說：「唉呀！我沒那麼多錢啦！我布施五千塊好了。」這就成爲中品了：多財言少。還有上品人，有人來勸募：「你布施一萬元好不好？」他想：「這件事情很重要，一萬元可能太少了，我捐十萬元好了。」少索多與，是上品人。

一向沒有錢財可以布施的人，本是下品施主；但是還可以再分成三品人：最下品人看見有人來求他布施時，他就心中生起惡劣心，又起瞋心責罵對方，這就是下品中的下品人。下品中的中品人，看見有人來求財時，他不會起惡心、起瞋心罵人，但是他會直接說：「我確實沒有錢，沒有財物可以給你。」直接明說沒有財物可以布施。下品中的上品人，他沒有財物可以布施，可是看見人家來求時，他對自己沒有錢財可以布施，覺得很慚愧，因此心中生起憂愁煩惱來，希望自己有錢財可以布施。

沒有錢財可以布施的下品人，以這些不同的心態與作爲而再分成三品。

佛接著總結說：下品施主是常常會被賢聖所訶責的。所以我們有時會說：如果是眞正修菩薩行的人，不可能一窮二白，連一個小布施都做不出來。從來都不布施的人，或者說來到正覺講堂一直都不護持正法的人，來學了三年妙法竟然都沒有護持過一毛錢，這太荒唐了！菩薩絕對不可能窮到每天買一包涼水的十元、十五元錢財都沒有。如果每天省下一包涼水錢，一個月下來也有幾百塊錢，總是能多少護持正法的；只要有心，不可能完全沒有能力護持的。在台灣不可能有窮到這種狀況的人，如果眞有窮到這種狀況的人，一定不是菩薩行者。菩薩行者不論初學、久學，過去世對布施都很習慣，這一世怎麼會一窮二白呢？如果有正當的職業，縱使每天花一包飲料錢都覺得很奢侈，不然一週買一瓶飲料來喝，總也會有的；把這錢省下來，每個月也可以布施幾十元、一百元吧！可是三年共修下來，一毛錢的護持也沒有，義工也從來都不做，這樣的自了漢，根本不是菩薩心性的修行者，要求我錄取他去參加禪三，那我可眞對不起別人了！人家既做義工又護持正法，我沒錄取他，卻錄取那個自了漢去，眞正對不起別人！可是我絕不能做對不起人的事。所以下品施主是表示他從來沒有布施的習慣，連護持正法都不肯了，何況去布施給眾生？更難了！當然這種人一定常爲賢聖之所訶責。我們會說這種人還沒有菩薩性，這樣說他，就是訶責。

如果是中品人，他會布施的，雖然有時布施不很情願；賢聖們看見這個人布施時不情不願，覺得他沒智慧，所以就會憐愍他；因爲憐愍的關係，有時偶爾也會給他一個布施賢聖而得大果報的機會。如果他逮到機會布施了，可能就有因緣證悟實相。另外一種人，一切賢聖看見了都歡喜，因爲他眞是菩薩種性，不會吝惜錢財，每遇到正法都會不遺餘力的護持；所以賢聖們總是會想辦法幫助他，看他有沒有證悟的因緣；就算沒有很好的因緣，也會製造一些小因緣給他，幫他悟入，一切賢聖都是這樣的心態。當你證悟了以後，也會有同樣的心態，所謂人同此心，心同此理。我們這樣的想法，一切賢聖乃至諸佛都是一樣的想法。諸佛不會因爲你供養很多黃金，祂就起歡喜心。你供養祂，祂起歡喜心，是因爲看到你的菩薩性已經發起了。爲了你的菩薩性發起而生歡喜心，不是爲了你供養的黃金。你供養三大牛車的黃金，祂也用不著。譬如佛陀早期也是住在山洞中或樹下坐著過夜的，後來有人供養精舍了，才住在房屋裡。不論是在山洞或在樹下坐夜，或在精舍中坐夜，佛都不在意，所以不是因爲有人供養大量黃金而歡喜，是因爲看見供養者的菩薩性生起了所以歡喜的。　佛告訴我們上中下三品施主，目的就是指示我們：想要成就菩薩的道業，成就佛果，應當要明白布施的眞義；應當以上品施主的標準來要求自己，成佛之道就可以快速的成就。如果都是以下品施主的方式在做，成佛之道得要具足三大無量數劫。若是上品施主，可以長劫入短劫，修證佛道可就迅速多了。

【「善男子！智人行施，爲自他利；知財寶物是無常故，爲令衆生生喜心故，爲憐愍故，爲壞慳故，爲不求索後果報故，爲欲莊嚴菩提道故。是故菩薩一切施已，不生悔心，不慮財盡，不輕財物，不輕自身，不觀時節，不觀求者；常念乞者如飢思食，親近善友諮受正教。見來求者，心生歡喜；如失火家，得出財物；歡喜讚歎，說財多過。施已生喜，如寄善人，復語乞者：『汝今眞是我功德因，我今遠離慳貪之心，皆由於汝來乞因緣。』即於求者生親愛心。既施與已，復教乞者如法守護，勤修供養佛法僧寶。菩薩如是樂行施已，則得遠離一切放逸。雖以身分施於乞者，終不生於一念惡心，因是更增慈悲喜捨。不輕受者，亦不自高。自慶有財，稱求者意。增長信心，不疑業果。」

講記 佛開示說：「善男子啊！有智慧的人修行布施是爲了自己的利益，也是爲了他人的利益。心中很清楚知道財寶及種種物品都是無常的緣故，因爲只有一生能使用它，無法帶去未來世。爲了使衆生出生歡喜心的緣故，爲了憐愍衆生的緣故，爲了壞除自己慳心的緣故，爲了不求索後世果報的緣故，也是爲了想要莊嚴菩提的緣故而布施。所以菩薩一切財物布施了以後，也不產生悔恨之心，不考慮布施以後財物會喪失殆盡，也不輕視自己的財物是不好的、輕微的，也不輕視自己布施的一切身行，不觀察時節因緣，也不觀察來求布施的人身分高低。常常心中念著這個求乞的人生活難過，就好像已經餓了很久而心中只想著食物一般的急迫。這個善男子能夠這樣體諒求乞者而布施，他就懂得親近善友，懂得前往諮問、接受正法的教導。凡是有看見來求布施的人，總是會心生歡喜，就好像家中失火時能把財物救出來，是非常歡喜的。爲什麼會這樣呢？如果家裡失火而能迅速把財物救出來，你的財物損失就減少了。我爲什麼要說這樣的譬喻呢？因爲三界就是個火宅，你的財物如果一直留在身上，捨報了也帶不去未來世，就等於被大火燒掉一樣。」

你把帶不走的財物拿來布施，下輩子不但回到你身上，而且還能增加很多孳息，那就好比從火宅中把財物救出來。所以布施就是把錢財分散到很多地方收藏起來，來世就一一收回來。有智慧者應當這樣想：今天布施了食物給一條狗，未來世會回收一百倍。佛在前面有說過：爲什麼布施以後來世得財？因爲受施者是田，因爲布施者是施主，因爲布施的是財物，所以未來世就一定有福德果報。把財物抓在手裡，死時全部不情不願的交給子孫，或者歡歡喜喜的交給子孫，結果是子孫一世很好過，但下輩子的你很難過，因爲此世不行施的結果就是來世無福報，你到底要哪一種？所以我的看法是：一部分留給子孫，一部分布施出去。這樣也對得起子孫：「我有留財物給你，沒有全部布施出去。」我總是有留給你，就算是你來要債的，我這世把債還清了。但是我又有部分布施出去了，布施出去的財物，就成爲未來世行菩薩道的世間資糧，來世沒有後顧之憂，可以安心辦道，這不就是「如失火家得出財物」嗎？以後布施時要記得 佛這個開示：「財物布施出去了，我已經把部分錢財救出火宅了，下一輩子還是我所有的。」若能這樣信受而記住，一定會生起布施的歡喜心：「布施了以後歡喜讚歎，說財物留在身上會有很多的過失。」不如把它留到未來世，生生世世修菩薩道時都有資糧：每一世修集很多的福德，每一世都用一點點；再繼續布施修集更多的福德，繼續每一世只用一點點；一直滾雪球滾下去，福德的增加速度就變得很快，想要成佛，不快也難。這就是說，布施要「如失火之家得出財物」一般的歡喜，要讚歎布施，也說財物留在身邊有許多過失。

我們常常看見有人在世時布施做得不多，他考慮到未來世的福報，所以預先寫下遺囑：「我的財產有一半要捐到什麼慈善機構去。」可是死後家人把遺囑給撕了、燒了，一毛錢也不布施，他希望得到未來世的福德資糧就落空了。與其留到死後再施，不如在自己手裡布施出去，就有確定的把握了！特別是在臨命終那幾年，或者病得正重還有一口氣在，堅持自己親手布施、至誠心而且時節施，免得到時候子孫們看了說：「這麼多錢布施出去，我們這一世不是少了很多錢用嗎？」他們可捨不得了。所以捨報之後，子孫依照吩咐去布施的，可以說是絕無僅有，或是只作極少分的布施。如果肯依遺囑取一半去布施，那可眞的是孝子賢孫了！一般狀況是：你想要布施一千萬元給某某慈善機構，但是子孫以五百萬元幫你布施出去，五百萬元留下自己用，你就得要歡喜偷笑了！算是很孝順的了！因爲他們沒有學佛，也不信布施的因果，又加上私心，肯爲你布施五百萬出去，就已經很有良心了！別想他們會完全遵照遺囑去做。所以應該趁自己還有一口氣、還能決斷時，親自布施；因爲布施有主，你是施主，未來世得布施果報的人當然就是你。託子孫在你死後去做，來世想使用錢財時還得經過他的手才能使用，不是好作法。

佛接著說：布施以後要生起歡喜心，就好像把這一世的錢財寄託給一個善人，不會私吞了你的財物。世間的善人有時也會有起貪念而私吞的事，如果你沒有親自去要回來，也沒有立下字據而交代別人，他就私吞了。但是布施的善果不會被私吞，因為施的因果就是如此，而你是施主。所以你寄託給這位接受布施的大善人，他是一定會在來世加上很多倍歸還給你。所以凡是有人來向你求布施，你要當他是被寄放財物而不會私吞的大善人，因為他變成你的福田了！不管他是貧窮田、報恩田、功德田，他只要開口向你求財，就成為你所寄付的大善人，你就告訴他：「你今天真的是我修集功德的因，我今天可以遠離慳貪之心，都是因為你來求我布施的因緣，所以我就把慳貪之心布施出去了。」但是最後面一句話，留在心中講就好，千萬別說出口。因此要對來求布施的人，生起親愛之心。已經布施了，還要教導他如法守護求乞到的錢財，不要讓他拿去花天酒地。還要教導他殷勤修行：修供養三寶之行。

菩薩像這樣快樂、歡喜的修行布施以後，漸漸就可以遠離一切放逸之心。雖然有時甚至以自己的身分內財身體器官布施給求乞者，始終不會在心中生起一念的惡心，反而因為這個緣故，更加的增長了他慈悲喜捨的心，而且不會輕視接受布施的人，也不會心中生起自高之心，因為對方是我們的福田，是我們未來世獲得廣大的世間可愛異熟果的福田，所以不該高慢來待人，而且自己歡喜的慶祝：「我還是有錢財可以布施的。」布施時要起歡喜心：「我有錢財可以布施，滿足求乞者心中所想要的。」也可以藉著布施來增長信心，不懷疑善業的果報。

【「善男子！若能觀財是無常相，觀諸衆生作一子想，是人乃能施於乞者。善男子！是人不爲慳結所動，如須彌山風不能動，如是之人，能爲衆生而作歸依，是人能具檀波羅蜜。」】

講記 佛說：如果能觀察錢財是無常的，無法永留；而且觀察眾生時要把他們當作自己的獨生子，能這樣想的話，這個人就一定能布施於乞求者，他就不會被慳貪的垢結所動轉，他樂於布施的心行會像須彌山那樣堅固的安住，而所有的境界風都無法動轉他，這種人是眞正的菩薩，能作爲眾生的歸依。如果有人能這樣做到，他就具足布施波羅蜜了。

接下來 佛開始說布施的因果：

【「善男子！有智之人，爲四事故樂行惠施：一者因施能破煩惱、

二者因施發種種願、三者因施得受安樂、四者因施多饒財寶。善男子！無貪之心，名之爲施；云何無貪？施即是業，物即是作；爲業爲作，具足布施，名爲無貪。因於布施破煩惱者，既行惠施，破慳貪、嫉妒、瞋恚、愚癡。云何因施發種種願？因是施已，能發種種善惡等願，因善惡願得善惡果；何以故？誓願力故。云何因施得受安樂？因是施故，受人天樂至無上樂。云何因施多饒財寶？因是施故，所求金銀乃至畜生，如意即得。善男子！若人樂施，是人即壞五弊惡法：一者邪見、二者無信、三者放逸、四者慳吝、五者瞋癡。離是惡已，心生歡喜。因歡喜故，乃至獲得眞正解脫。是人現在得四果報：一者一切樂見乃至怨家、二者善名流布遍於四方、三者入大衆時心無怖畏、四者一切善人樂來親附。」

講記　佛開始宣說布施的因果原理：有智慧的人爲了四件事情而樂於施惠於眾生，樂行布施。第一、因爲布施能破除煩惱：眾生最多的煩惱就是我所煩惱，眾生對於我見煩惱，還沒有機會接觸到時，一般煩惱都是我所上面的煩惱；譬如這是我所有的眷屬、我所有的房屋、我所有的田地、我所有財產、我所有的名聲、我所有的權利、我所有的 power，這就是眾生的我所煩惱。如果能布施，就能漸漸破除這些我所煩惱，他會開始認清這些都是無常之物、無常之法，何必慳貪？如果能布施，就把我所煩惱分分破除掉了，所以說布施能破煩惱。學佛本來就是要破煩惱，結果卻連我所的煩惱都破除不掉，出家後專修佛法了，卻老是想要獲取更多的錢財土地，你說他還能破我見的煩惱嗎？連我所煩惱都破不掉了！所以破我見煩惱、我執煩惱的先決條件，就是先破我所煩惱。而我所煩惱最基本的煩惱就是錢財，名聞與恭敬則是其次。

第二、因為布施而能發起種種善願：布施而發種種善願，就是想要使後世趣向善道而且不虞道糧缺乏，所以樂行惠施。沒智慧的人樂施時是為了發惡願，想要在來世獲得廣大福報與威德，用來報復仇人。發善惡願就是樂施的第二個原因。

第三、因為想要藉布施善行而得到安樂。常常有人疾病纏身，世間醫師都治不好，他就發大願，面對佛、菩薩聖像，有時是去求神發願：「如果能讓我這個病好轉痊癒了，我願意布施一百萬元。」後來病果然好了，他就去還願。可是發願時若去跟鬼神發願，可千萬要講清楚；有人爲了求財，去向鬼神發願說：「你如果讓我中了樂透，我願意爲你塑造金身、幫你蓋廟。」第二天果然中了樂透獎，中多少錢呢？三千元、五千元，連塑造金身都不夠，何況是蓋廟？當然是無法還願的；可是從此以後，他再也不曾中過獎，又一直疾病纏身。本來只是沒有錢財，現在是無財還加上疾病纏身；因爲他對鬼神發了願，要幫他塑金身、蓋廟，鬼神讓他中了樂透獎，他沒有去還願，心想：「我才得到三千元、五千元，哪有能力幫你蓋廟？你又沒有給我得第一獎。」但是鬼神才不管這些，一旦幫他中了獎，就得要還願。所以對鬼神發願時要講清楚：「你如果讓我中了第一獎，得到一億元，我就幫你蓋廟。」這種人是因爲拜鬼布施反而不得安樂了；所以向鬼神求願、發願時要講清楚，否則因爲那個布施求願反而招得未來不如意。

第四個樂於布施的原因，是因爲知道布施可以使未來每一世都有很多財寶，安樂無憂，別人都搶不走、騙不走，因爲本來就是屬於你的。

佛又開示說：「善男子啊！無貪的心就叫作布施。」也許有人說：「我心中沒有貪啊！可是我也沒有布施。」其實這是睜著眼睛說瞎話，因爲從來不布施的人就表示有貪嘛！惻隱之心誰人無之？總有遇到眾生困難時，一定會有布施的時候；當時若是無貪之心就一定會布施，所以無貪之心名之爲施。爲什麼又說無貪的布施就是業呢？爲什麼無貪的布施會成就善業？業不是只有惡業，也有善法業，所以布施所成就的業也是有善惡性不同的。佛開示說：因爲布施的財物就是有作之法，把財物布施了正是有爲有作的法，布施既然是有作的法，當然是業；有爲有作的財物施出去了，也有施者的身口意行，也有受施者的身口意行，一定已經具足布施的法；具足了布施法的條件：施者五陰、受者五陰、布施財物，具足成就布施，才能說是無貪。無貪的善心經由布施，就把我所煩惱給斷除了，由布施的緣故來破我所煩惱。也就是說：既然能眞心修行布施，這個人一定可以破除慳貪、嫉妒、瞋恚和愚癡。如果是下品施主，布施久了也會變成中品施主，中品人布施久了也會變成上品施主。有一天總會想通：同樣是布施，作下品人不如作中品人，作中品人不如作上品人。人家說習慣成自然，布施習慣了就不罵人了，不罵人就變成中品人；中品人布施習慣了，反正看見誰來都得歡歡喜喜布施，就不會再生起不悅的心來，就提升爲上品施主。所以布施能破除慳貪、嫉妒、瞋恚和愚癡；因爲他最後有智慧了，懂得成爲上品人，愚癡就破除了；並且未來可以引發他證得佛菩提的因緣，所以無明愚癡也跟著破除了。

爲什麼說布施是業？因爲布施是有爲法，布施者會得善果，但也會間接引生惡行而生惡果，所以布施是業。接著 佛說：爲何會因爲布施而發種種不同的願？因爲人在布施之後，能因布施的福德而發起種種善願、惡願；若是因爲布施而發善願就得善果，若因布施而發惡願就得惡果。爲什麼布施會有不同的果報呢？這都是因爲誓願力量的緣故。布施後發起善願：**「我現在布施在三寶中，福德很大，我以這個大福德，願生生世世在菩薩道修證上順利而無遮障。」**這是發善願，由於這個誓願力，就從布施的大福德使誓願產生了力量，這個善願的誓願力可以讓你世世修習菩薩道而沒有遮障。有的人反過來，他是爲了惡願而布施，想要藉大布施的誓願力而造惡業來報復；所以經上有說：有個比丘爲了對付一個有大勢力的鬼神，所以他大力供養三寶，供養三寶時發起惡願：**「願我來世當更有力量的神或天主，誓願毀滅那個侮辱我的鬼神。」**後來他果然成功了，威德力比那個得罪他的鬼神還要大，就把那個鬼神加以凌辱，使鬼神死亡，但這比丘也因此惡業而下墮惡道，這就是因施而發惡願。因爲布施於三寶中會得到大福德，這個福德當然也看布施的物勝、心勝、田勝而定，田勝而布施大時福德就大，田勝而對弘法的誓願力也大時威德也就增大。佛的威德從兩個部分來：一是一切種智的威德，另一部分是福德上的威德。沒有人福德能超勝於諸佛，因爲諸佛在等覺位百劫之中極力的修集福德，所以沒有人能勝過，所以福德無量廣大，所以諸佛不是單只有智慧上的福德與威德。有人爲了達成某一種惡願而做大布施，未來世成就了，惡願也會跟著成就，他就得到惡果，都是因爲布施後所發的誓願力的緣故，所以 佛說施即是業：引生善惡業。

爲什麼因爲布施能得到安樂果報？這是由於布施的緣故而得到人天樂乃至無上樂。人天樂是說未來世得到世間財物或名利的回報，人天樂包括生欲界天中享福。無上樂的獲得是因爲布施後隨即以布施的福德發了誓願，願自己不久的將來可以證得解脫果乃至佛菩提果，這就是無上樂，由布施而得。爲什麼說因爲布施而可以多饒財寶？「多」是說財寶數量比別人多，「饒」是說多到用不完。爲什麼能多饒財寶呢？是由於布施求願的緣故，來世希望擁有的金銀財寶田產房舍，乃至所需要的牛羊象馬等等畜生，都可以如他所願而獲得。

所以佛說：「善男子啊！如果有人樂於布施，這個人可以壞除五種不好的法：第一、破除無因無果的邪見。第二、破除對法界因果的懷疑，他會相信法界中布施的因果，乃至由相信布施的因果而漸次開始相信修道的出世間因果。第三、可以壞除放逸之心。第四、可以壞除慳吝之心。第五、可以壞除瞋恚愚癡之心。遠離這五種惡法以後，自然而然心中生起了歡喜心，就會因爲歡喜心的緣故，得到更高的可愛異熟果報，乃至於獲得眞正的解脫。」從這裡就知道布施的重要。特別是對於菩薩道的行者來說，這布施是非常重要的，因爲菩薩所證得的佛菩提果和解脫果都要從布施中得。

「這個人現在世可以得到四種果報：第一、一切眾生都樂於看見他，乃至怨家也樂於看見他。」因爲怨家也沒有理由來攻擊他，怨家也會想：「這個人很樂於幫助別人，欺負過他的人他都願意幫助，我將來如果有需要找他，他也會幫助我。」所以怨家見了他也會喜歡他。「第二、善名流布遍於四方。」當別人提到他的時候，一定會說：「這個人是大善人。」就豎起大拇指起來讚歎，所以這個善名會宣流布散到四方去。「第三、當他走進大眾中，沒有恐怖畏懼之心。」因爲大家都受過他的好處，沒有人會對他起不好的心行；即使有人尚未得到他的好處，也不敢誹謗他，因爲是大家公認的大善人，誰願意去唱反調成爲眾矢之的呢？「第四、一切善人看見了都會認同他，所以都會喜歡與他親近。」不會拒他於千里之外，所以一切善人樂來親附。如同現代有獅子會、扶輪社，以行善爲主要宗旨。如果有人加入會中，可是造橋鋪路、做善事，他都不肯出「分子錢」，會員善人當然都會討厭：「每次要派分子來做善事，他都不願意出錢。」就把他驅逐出會，善人都不來親附他。如果每次行事時大家分攤各出幾萬元，可是你自己還主動加倍出錢，結果是未來每次要做善事時，大家都喜歡邀請你參加，都會親附你，一定不會把你給忘記了，這就是一切善人樂來親附。

【「善男子！修行施已其心無悔，是人若以客塵煩惱故墮於地獄，雖處惡處不飢不渴，以是因緣離二種苦：一鐵丸苦、二鐵漿苦。若畜生身，所須易得，無所匱乏。若餓鬼身，不受飢渴，常得飽滿。若得人身，壽命、色力、安樂、辯才，及信、戒、施、多聞、智慧，勝於一切。雖處惡世，不為惡事；惡法生時，終不隨受。於怖畏處，不生恐怖。若受天身，十事殊勝。」】

講記　廣修布施以後，心中沒有悔恨錢財被布施出去了，這個人如果是因爲在客塵上，特別是指我所煩惱，也就是貪瞋癡的煩惱（是從客塵上發生的我所煩惱，以及把虛妄的自我誤認為真實不壞法而毀謗正法，都是從客塵而生的煩惱。客塵在《楞嚴經》有定義過了，所以客塵就是指相對於真實心以外的我所煩惱，都屬於客塵。如果是因我見沒有斷除而被辨正法義時，覺得名聞利養受損而誹謗正法，這就是客塵所生的煩惱），若因客塵煩惱而不能安忍就造了謗法大惡業，因此墮於地獄；這位樂於布施的人，也可以遠離地獄眾生應受的痛苦。他是修學佛法而不貪財、不貪色，卻會下墮地獄，原因就只有一樣：毀謗正法。爲什麼會毀謗正法？因爲善知識說：覺知心、意識心是虛妄心，如來藏才是眞心。而這位施主一生樂於布施，卻不信離念靈知意識覺知心是妄心，堅決認定離念靈知不是意識，離念靈知就是眞如心，所以他心中不服，就毀謗正法與善知識。他即使毀謗正法而下了地獄，雖然處在惡處，卻因爲廣作布施的功德很大，做了很多大善業，福德很大的緣故，在地獄惡處時也是不飢不渴的；他就不需求取食物與飲水，就不會受燒紅鐵丸與燒融鐵漿灌口之苦。地獄眾生多數是因爲飢餓，所以尋找食物，就感應獄卒前來，以燒紅了的鐵丸塞進他的嘴吃；因爲很口渴，想求水喝，就招感了獄卒來，把他的口鉗開，灌進燒融了的鐵漿，當然都是從上到下統統焦爛。可是這位常修布施行的施主，因爲在人世時布施很多，所以謗法、謗賢聖後出生到地獄時，不飢不渴就不求吃、不求喝，就不會感應獄卒來塞他吃鐵丸、喝鐵漿，就沒有這兩種苦。所以大力布施的人造惡後，與不曾布施的人造惡業而下墮三塗的待遇並不一樣：這很公平。雖然從地獄身的一生看來似乎不公平，因爲他有特殊待遇。所以說，謗法有謗法的果報，但謗法之後仍然保有布施的果報；可惜的是他的布施福報用在地獄中免苦，而不是在人間享福。

地獄報受完了，再把人間布施的餘福用到畜生道中，怎麼用呢？當他地獄果報受完了，來到旁生當畜生，所需易得：牠想要吃肉就有肉，想要吃魚就有魚。又譬如受生爲國王的大象，想要甘蔗就有甘蔗，希望披戴瓔珞就有瓔珞，這就是牠以前在人間布施的餘福：所須易得，無所匱乏。如果畜生道報完了，再去餓鬼道時可就不一樣了，他受餓鬼之身時，不會如同一般餓鬼常受飢渴，他常得飽滿，不必與別人爭奪污穢之物，這就是大施主造惡業後的餘福果報。我們都要有智慧，布施以後所得的福德不要在地獄中用，也不要在餓鬼、畜生道中用，而要在人間享用：除了自用以外，還可以莊嚴佛菩提、利益眾生。所以布施是大好事，但是千萬不要謗法；不知道的就閉嘴不講，心中也不要自己胡亂妄想，很單純的安住在一個狀況中：「這不是我所證得境界，對或不對我都不知道，所以我不要對這個法下定論。」這才是有智慧的人，他布施的果報還是存在，就不用到三惡道中去享用，可以在人間享用；保住人身才是最重要的。如果施主未來世得到的是人身，他會長壽，絕對不會活到

三、四十歲就死掉了；而且色身有力氣，不會一天到晚癱在床上，他能照顧自己生活起居；並且生活也過得很安樂，沒有什麼憂愁擔心的；再加辯才無礙，能爲眾生說法，或在世間法上有辯才而能做種種論述。如果修學佛法時，可以具足信心、具足戒行，也可以具足布施波羅蜜，還可以得到二個最好的法：多聞和智慧。

又因爲多聞與智慧的關係，可以再轉生好的果報：有一天聽到聞所未聞的勝妙法時，不會生起煩惱，不會誹謗。諸位！你們想想看：你們當初剛讀到正覺同修會的結緣書，不會妄加誹謗；雖然我們所寫的《邪見與佛法》說：「阿羅漢未證得涅槃。」你們讀了不會毀謗。但是我知道有很多人剛讀到《邪見與佛法》時，一直在誹謗：誹謗了好幾年，後來才懺悔。這仍算是很好的人，懂得懺悔。有的人在結緣書架看見《邪見與佛法》，乾脆就收去燒掉。爲什麼他們會這樣做？都是因爲他們以前沒有多聞，智慧不能增長，所以聽到聞所未聞法、讀到聞所未聞法時生起煩惱。也有很多人進入同修會之前，對成佛之道網站好奇，因爲聽到人家罵說：「這個蕭平實不曉得是什麼樣的邪魔外道，弄得本來平靜無波的佛教界烏煙瘴氣。」他不知道我們是激濁揚清，只是好奇而上了網站去看，結果一看就上癮了。才知道是聞所未聞的勝妙法：「很難遇到的正法給我遇到了。」他就進來學了，你們之中有很多人是這樣來的。有人是讀到了書就相應了，這表示你們過去世曾經是多聞的人，不是少聞寡慧者。少聞寡慧者一聽到和一般說法不同時，他不會分辨雙方的法對或不對，他會依先入爲主的觀念而直接否定掉，生起煩惱，就造作破法的惡業：收集正法書籍而當作邪法書籍去燒掉。如果樂於布施，在布施行中會漸次提升自己的層次；以後除了壽命、色力、安樂、辯才，除了信、戒、施以外，一定會有二個很大的好處，就是多聞和智慧。因爲這些緣故，所以施主勝於一切眾生；由此道理說：你這一世有很多錢財可以布施，或有布施的習慣，就表示你過去世曾經做過很多的布施。

常常修行布施的人，縱使處於惡劣的年代中，他也不會跟著眾生去造惡業、做惡事。當有惡法在他身邊出現時，他終究不會隨順接受的。乃至出生在怖畏恐懼之處，心中也不會有恐怖之心。假使他因爲布施而不造惡業，所以出生於欲界天，他也會有十件事情比別人殊勝，就是五根超勝於一般的欲界天人，所獲得的五塵領受樂報，也超勝於一般的欲界天人，所以說有十事殊勝。

【「善男子！有智之人，爲二事故能行布施：一者調伏自心，二者壞怨瞋心，如來因是名無上尊。善男子！智者施已，不求受者愛念之心；不求名稱，免於怖畏；不求善人來見親附，亦不求望天人果報。觀於二事：一者以不堅財易於堅財、二者終不隨順慳吝之心。何以故？『如是財物，我若終沒，不隨我去，是故應當自手施與；我今不應隨施生惱，應當隨施生於歡喜。』善男子！施者先當自試其心，以外物施；知心調已，次施內物。因是二施獲得二法：一者永離諸有、二者得正解脫。善男子！如人遠行，身荷重擔，疲苦勞極，捨之則樂；行施之人見來求者，捨財與之，心生喜樂亦復如是。」】

講記　佛開示說：有智慧的人爲了兩件事情的緣故，所以能修行布施。第一、是爲了調伏自心，不對我所起貪，因此可以不受繫縛，在我所上面獲得解脫。第二、是爲壞除怨心和瞋心，諸如來就是因爲這個緣故而稱爲無上尊。一般衆生看見別人比自己有錢時，就會起怨心；看見衆生來求取財物，使自己不能迅速比別人更有錢，所以就起瞋心了！諸如來都沒有這種怨心，也沒有這種瞋心，所以都有大智慧，因此稱爲無上尊。有智慧的人布施了以後，不追求或希望受施者對他起愛念之心；如果心中有這樣的希望，他就被這個念與貪繫縛了。他不追求世間名聲，也不想因爲布施而免除怖畏；如果他以布施去追求名聲，就被名聲所繫縛；如果爲了免於財物被奪的怖畏而布施，就被我所繫縛了。有智慧的人布施後並不希望一切善人因此而面見他、親附他；也不希望、追求人天善法的果報，因爲有這樣的想法就是被我所繫縛住了。

有智慧的人布施之後，能觀察兩件事：第一、自己以不堅固的財物轉換成堅固的法財。第二、不隨順於慳貪吝嗇之心。爲什麼這樣說呢？因爲如果捨報了，所布施的財物都不會追隨自己去到下一世，既然帶不走，何不自己親自布施給衆生呢？布施了以後，下輩子還會回到自己身上，所以應該自己親手歡喜的布施。我今天不應該隨著財物的布施失去而生起煩惱，反而應該因爲財物被我親手布施出去以後，將會在未來世回到我身上來，因此而生歡喜心。

修學布施的人，如果想要增長布施的層次，應當先試煉一下自己的心能不能樂於布施，那就先以身外之物來布施，布施到自己的心已經調伏了以後，覺得自己有能力布施內財了，那時再發願把身體的器官布施。譬如有人兩個腎臟都很好，他願意布施一個給眾生；肝臟非常好，可以割一部分布施。但這應該從外財的布施開始，逐漸再轉到內財來布施，不要一開始就布施內財，然後再來悔不當初。所以應先從外財做起。由於這樣有智慧的布施，就可以得到兩個法上的果報：第一、永遠可以離開三界諸有。諸有是指三界中的二十五有，歸類而說三界諸有。第二、可以得到正解脫。

爲什麼講正解脫呢？因爲有很多解脫是方便解脫，不是眞正的解脫。譬如有人說：「不管別人怎麼罵我、欺負我，都不會生氣，所以我解脫了。」這是世間法上的解脫。有人說：「我只要一念不生，什麼都不看，心都不動，覺知心就這樣進入無餘涅槃中安住。」那叫作假解脫，不是正解脫；因爲我見、我執都沒有斷，不是正解脫。正解脫與方便解脫、我所解脫不同。方便解脫是方便說，不便罵他是大妄語，就說他是方便解脫，這是客氣的說法。若是我，就當面對他講：「你這樣說會成爲大妄語的，應該要修正。」所以正解脫跟方便解脫大不相同。因爲正解脫是斷我見、我執，乃至菩薩證得諸地果報，才是正解脫。

對布施的修行，應當這樣看待財物：譬如有人要走好幾千里遠路，身上揹著很多很重的金銀珠寶，當然到不了目的地。如果只走上一、二公里，揹上五十公斤的珠寶也願意。可是如果要徒步走上三百公里，你就得考慮了：「我還是把一半送給好友吧！因爲太重了，一定走不到故鄉。」財寶也一樣，遠行時身荷重擔的財寶，疲苦勞極，捨掉一分就有一分快樂。你不服氣的說：「我捨掉二十五公斤好了，揹二十五公斤上路。」可是我告訴你：二十五公斤還是很重，你要不信的話，試試看：我們的結緣書一大箱大約二十五公斤，你揹揹看，走上兩公里就好，一定會氣喘吁吁幾乎要虛脫了。所以還是得要再布施，那時眞是捨之則樂。修行布施者就以這樣的信心和觀念，看見有人來求布施，就捨財與之。捨財與之以後心生喜樂，也應當這樣來看待。

【「善男子！智者常作如是思惟：『欲令此物隨逐我身至後世者，莫先於施。』復當深觀貧窮之苦，豪貴快樂，是故繫心常樂行施。善男子！若人有財，見有求者，言無言懅；當知是人已說來世貧窮薄德，如是之人名爲放逸。善男子！無財之人自說無財，是義不然；何以故？一切水草，人無不有；雖是國主不必能施，雖是貧窮非不能施，何以故？貧窮之人亦有食分，食已洗器，棄蕩滌汁，施應食者亦得福德；若以塵麵施於蟻子，亦得無量福德果報；天下極貧，誰當無此塵許麵也？誰有一日食三揣麵，命不全者？是故諸人應以食半、施於乞者。善男子！極貧之人，誰有赤裸無衣服者？若有衣服，豈無一綖施人繫瘡、一指許財作燈炷耶？善男子！天下之人，誰有貧窮當無身者？如其有身，見他作福，身應往助，歡喜無厭，亦名施主，亦得福德。或『時』有分，或有與等，或有『勝』者；以是因緣，我受波斯匿王食時，亦咒願王及貧窮人，所得福德等無差別。」】

講記　佛開示說：「善男子啊！有智慧的人常常做這樣的思惟：『如果想要讓這些財物追隨著我去到未來世，最好的方法不會優先於布施。』」因爲你布施了以後，來世得到布施的極多倍果報，而你是施主——布施之主——當然只有你能得到這件布施的果報，所以想要讓這一世的財物轉移到未來世的自己身上去，最好就是布施。「而且還要深入觀察『貧窮是多麼痛苦，豪貴是多麼快樂自在』。這樣深入觀察以後，想要使自己不會像貧苦人乞討時遭人白眼、生活困苦，自然就會常常把心放在布施上面了。」窮人向人伸手乞討，還不一定能夠得到財物，往往招惹人家辱罵：「你這個人好手好腳，爲什麼不去工作賺錢？」如果是殘障者向人乞求，有時還是會被人帶著異樣的眼光布施，背後還會說：「可憐喔！不曉得上輩子造了什麼業？」這樣深觀以後：「我來世可不要當貧窮人。」那就會記得布施而遠離貧窮了。看到那些有錢人，身旁很多人巴結他、簇擁著他，就算說話沒道理，別人也讚歎他有道理，你想：「我未來世如果要度眾生，沒道理硬說有道理，硬要把他拉入佛門中，眾生也得聽我的。」看來很需要來世很有錢，所以心想：「我未來世還是應該要豪貴自在才好啊！要離開貧窮之苦。」來世想要豪貴自在，那該怎麼辦？當然是布施嘛！由於這樣深觀的緣故，就把心綁在布施上面，常常樂於修行布施。

佛又開示說：「善男子啊！如果有一個人其實是有錢財的，可是當他看見有人來求財時卻說沒有錢財，他說話是怕別人向他請求布施，我們就應該要知道這個人已經把他來世貧窮而沒有功德的果報先爲大眾說明了。」佛講這一句話很重。這個人明明有錢，卻推說沒錢；這話講久了，這一世眞的會變得沒錢，來世當然更會沒錢了。如果有人請求你隨喜功德做一件有意義的事，雖然沒有錢可以幫忙，你就說：「可惜，我今天剛好沒帶錢出來。」你就不要說：「我很窮，我沒有錢。」否則眞會把自己講窮了。你就讚歎說：「這次的功德就讓你做吧！你眞是大施主啊！」就讚歎隨喜，來世也有隨喜的福德，別人聽了多少贊助一些，你也算是幫助這件事情成就了，來世也得到一分福德，也會有一點錢：口惠實不至，來世也有福德。再怎麼貧窮，這個隨喜功德總能做得到，來世也得到一小分福德。所以千萬不要開口說：「唉呀！我很窮，我沒錢，我做不來。」當他這樣講時，就已經把自己未來世的貧窮跟薄德先告訴大家了。如果這樣做，就是放逸的人。

沒有錢財的人，自己說自己沒有錢財，這個道理是不能成立的。因爲一切的水與草，哪個人會沒有呢？以飲水布施也是施，身口意具足的解除別人的口渴，所以舀一碗水布施也是布施。有位老婆婆很貧窮，都沒辦法布施，有位大阿羅漢憐愍她，希望她來世有錢財，故意去找她布施。老婆婆說：「我沒有錢財可以布施，也沒有飯可以供養你。」阿羅漢說：「沒關係！你去河裡舀一碗清水來布施給我。」阿羅漢就在那邊等她。阿羅漢有腳不自己去舀，故意要讓老婆婆去舀水來布施給他，就是要讓她種福田。老婆婆布施了一碗水給他，他就爲她咒願：「願您來世得大福德。」難道你沒有水可以布施嗎？布施給眾生一把草，你難道也沒有嗎？一定做得到啊！如果眞的沒有錢，你去向牛布施：割幾把草送給牠吃也可以。牠吃了你的草，你來世得福德；不但如此，牠來世若生到人間，遇到你時還要當你的徒弟，見了你就跟定你了，所以說「一切水草人無不有」。

富人雖然容易布施，可是一國之主也不必然就能布施。有人當了國王不但不肯布施，還要橫徵暴斂；有人雖然是貧窮，也不一定就無法布施。爲什麼呢？最貧窮的人既然能活下來，他至少也有少分福德中應有的飲食，當他吃完後把碗、盆用少量水蕩滌一下的濃汁，在捨棄時不亂潑，用來布施給那時正應該飲食的昆蟲，也可以得到福德。用蕩滌汁的遺棄來布施，也可以得到少量福德。如果有人做饅頭、麵包，揉麵板上剩下的少許麵粉，細心的清掃蒐集起來布施給螞蟻，也可以得到無量的福德果報。天下最貧窮的人，難道每天吃一些麵包或做一些麵包時，連一點點如同灰塵一樣的麵粉屑都沒有嗎？天下有沒有人每天吃三揣麵（三揣就是抓三把麵作爲三餐：三揣麵就是三團麵），沒有人每天吃三團麵而生命保不住的。既然每天還可以吃三團麵，把所應吃的一半分量來布施給求乞的人，也可以布施的。

即使是最貧的人，難道他會貧窮到連衣服都沒有嗎？如果他有衣服難道不能從衣服上拆下一條線來布施給別人綁瘿瘡？古人長了瘡，最好的治療方法就是用線從瘿瘡的根部纏住，讓血液無法流到瘿瘡中滋養長大；第二天再把細繩拆開，重新纏緊一點；讓瘿瘡每天都得不到血液滋養，纏到後來，瘿瘡就掉下來了，這是古人治瘿瘡的方法。最貧窮的人難道沒有衣服嗎？如果有衣服，看到別人長瓥瘡在身上，也可以抽下一條線布施給他綁瓥瘡，還是有能力布施的人啊！如果有衣服，難道沒有能力撿一件比較破的剪下一些綁成燈炷送給別人點燈？如果能做好燈芯，送去荒廢了的寺院中，在　佛像前把它點起來供養，這也是布施，未來世也得無量福德。

佛說：「善男子啊！天下之人有誰會貧窮到沒有身體的呢？」只有一種人是沒有身體，就是無色界的天人，可是他不是天下，他在天上，所以天下的人沒有窮到沒有身體的。「如果有身體，看見別人在造福、修福德時，應該以身體前去幫助；心中歡喜而沒有厭倦，這樣的人也叫作施主，未來世也可以得到許多福德。」有時因爲你有時間，時間也可以布施；或者有財物……等等可以給別人，或者因爲具有超越於別人的特殊身分，或超勝別人的智慧，也可以用來布施，就應該動身前往幫助。「由於這一些因緣，我釋迦牟尼常常身往護助：我在接受波斯匿王食物供養時，不但咒願波斯匿王未來世福德無量，也同時咒願貧窮人所得到的福德與波斯匿王相等而沒有差別。」

【「善男子！如人買香：塗香、末香、散香、燒香，如是四香，有人觸者、買者、量者，等聞無異，而是諸香不失毫釐；修施之德亦復如是，若多若少、若麤若細，若隨喜心、身往佐助，若遙見聞心生歡喜，其心等故，所得果報無有差別。善男子！若無財物，見他施已，心不喜信，疑於福田，是名貧窮。若多財寶自在無礙，有良福田，內無信心不能奉施，亦名貧窮。是故智者隨有多少任力施與，除布施已，無有能得人天之樂至無上樂。是故我於契經中說：『智者自觀餘一揣食，自食則生，施他則死，猶應施與』，況復多耶？」】

講記　佛說：「善男子啊！譬如有人買香，他買的香不論是塗香、末香、散香、或者燃燒的香，這四種香，如果有人接觸到或者來買的人、賣香稱量的人，都同樣嗅聞到而沒有差別，但是這些香不因爲是買者或稱量者或接觸者而有差異，還是一樣散放出香味來，不失毫釐。修布施的福德也是這樣：布施的財物、身力，或多或少或粗或細，或者只是隨喜心，或者親身前往佐助，或者有人在很遠的地方看見、聽到而隨著心生歡喜，由於心是平等性的緣故，所得到的果報就沒有差別；同樣都有福德。」所以平等心很重要，但怎麼樣是平等心？在悟前總是不平等的，你得要悟了才是眞平等。所以悟了之後，縱使自己身邊剛好沒有財物可以共襄盛舉，也應該以歡喜心來隨喜讚歎，堅固其心：堅固自己與布施者、見聞者的布施心。並且以法界實相的平等心來看待施者、受者、施事，這就是親觀布施的三輪體空，都無所得與所失；現觀三輪體空時，你讚歎布施，當然就平等平等了：布施者布施了以後所得也是空，未來世施主獲得廣大福德時的身分也是空；我在這邊讚歎時也是空無所得，所以其心平等。既然排斥或行施都是平等，不如加以讚歎，讚歎了以後未來世也得福德，也與布施者平等平等。他布施財物，我嘴上布施讚歎，我也得福德，所以也是平等平等。能如此現觀，才是眞的平等心；能在事上理上觀察都平等，這時你隨喜功德一樣可以獲得部分布施的果報，所以 佛說所得果報無有差別，因爲其心平等的緣故。

如果自己沒有財物，看見別人布施時心中就不歡喜，產生了嫉妒心；又不相信布施的果報，就懷疑種福田的因果到底是眞的、假的？佛說這個人就是貧窮人，因爲他不能生信、不能歡喜。不能生信、歡喜，每次看見別人布施時就鬱鬱寡歡，甚至有時會講：「你別布施那麼多了，留一點自己過生活。傻瓜！為什麼要布施那麼多？」這會造成未來世自己的貧窮，因為他連隨喜的福德都得不到，這人就是疑於福田的薄福人，這人未來世就是貧窮人。別人布施時，即使是去布施給非正法的道場，你也該少講話；只要那個道場不謗正法，他講他的法，你弘揚你的法就好，不必去阻止別人布施，除非那是個殘害眾生法身慧命的邪法。

「如果有人財寶很多，自在無礙，當他有因緣遇到好福田時，但他因為心中沒有對布施因果的信心，所以無法奉上供養，這個人未來世也將是貧窮人。由於這個緣故，有智慧者就隨著身上或多或少的錢財，依自己的能力範圍去布施、給與。因為除了布施以外，沒有別的方法能獲得人間、天上的快樂，乃至無上的解脫之樂——佛菩提的修證之樂。所以我釋迦牟尼佛在契經中這麼說：『有智慧者自己觀察到只剩下一摶食，如果自己吃了可以維持生存，若全部布施給別人時自己就會死，這樣的狀況下還是應該布施。』何況有很多的食物或者錢財呢？」

【「善男子！智者當觀財是無常，是無常故，於無量世失壞耗滅，不得利益；雖是無常，而能施作無量利益，云何慳惜不布施也？智者復觀世間若有持戒多聞，持戒多聞因緣力故，乃至獲得阿羅漢果；雖得是果，不能遮斷飢渴等苦。若阿羅漢難得房舍、衣服、飲食、臥具、病藥，皆由先世不施因緣；破戒之人若樂行施，是人雖墮餓鬼、畜生，常得飽滿無所乏少。善男子！除布施已，不得二果：一者自在、二者解脫。若持戒人雖得生天，不修施故，不得上食微妙瓔珞。若人欲求世間之樂及無上樂，應當樂施。智者當觀生死無邊，受樂亦爾。是故應爲斷生死施，不求受樂。復作是觀：雖復富有四天下地，受無量樂猶不知足，是故我應爲無上樂而行布施，不爲人天；何以故？無常故，有邊故。」】

講記　佛開示說：「有智慧者應當觀察財物是無常的，因爲是無常的緣故，所以無量世以來每一世都會遺失、損壞、耗滅，所以沒辦法得到眞正不壞的利益。雖然世間的財物是無常，但是卻可以讓我們拿來布施而做出無量的利益，可以利益自己也可以利益眾生，我們爲什麼要慳惜這些無常之物而不布施呢？有智慧者還應觀察：世間如果有持戒、多聞的人，由於持戒和多聞因緣所產生力量的緣故，可以獲得人天樂乃至阿羅漢果，雖然得到了阿羅漢果，卻無法因爲證得阿羅漢果就遠離飢餓口渴等苦。」證得阿羅漢果了還是沒辦法的，只有往世的布施使他成爲阿羅漢以後，可以遠離飢渴等苦。「如果有阿羅漢始終得不到房舍居住而必須住山洞或者樹下，也得不到衣服、飲食及睡臥所需的床鋪，乃至生病了所需要的藥物也得不到，就表示這位阿羅漢是過去無量世以來都不做布施的因緣，才會這樣子。即使是破戒的人，如果往世樂於修行布施，縱使不慎造作惡業而墮於餓鬼道、畜生道中，但他在餓鬼道中不會當餓鬼，而是當有財鬼，常得飽滿。」有財鬼，譬如土地公；城隍爺不但是有財鬼，同時是大力鬼；又如有應公、石頭公、大樹公，都是有財鬼。祂們因爲過去世修行布施，但是一時氣憤而不慎造作了惡業，才會墮於鬼道中。所以 佛做個結論說：「除了布施以外，不可能得到二個果報：第一、自在，第二、解脫。」因爲布施可以獲得世間富樂，無人能劫奪，所以自在。因爲布施，所以遠離我與我所的繫縛而得解脫。

「持戒不壞的人雖然可以生欲界天中享福，但因爲不修布施的緣故，生到欲界天時卻無法得到最上妙的食物，他得到的欲界天食物不如別人；他也得不到微妙瓔珞來莊嚴色身，他得到的瓔珞是下劣品。所以如果有人想要求得世間的快樂，乃至解脫道或佛菩提道無上樂，應當樂於布施。有智慧者應當觀察生死無邊無際，在無邊生死中由於布施所得到的快樂也是無邊際的；因此菩薩應該爲了斷除生死而修布施，不該爲了求來世的快樂而修布施。」

「還要這樣觀察：雖然在人間當轉輪聖王而富有四天下的土地，所受的快樂是無量的，但是仍然不應該當作是眞實樂。」因爲普天下一切財物都歸他掌管了，所以能享受人間最大的富足和快樂，可是世人不知這種快樂是無常的法，總以爲是常而不壞的，卻還不知道滿足，還想要求得更多的快樂。假使這個地球都讓他擁有了，他還會希望把月亮佔爲己有，進而擴之還想要把整個太陽系、整個娑婆世界都佔爲己有，乃至想要再佔有忉利天主的寶座，如同經中說的轉輪聖王因此貪心而失去一切，輪轉生死不絕。「菩薩有這樣的見地，就會想到自己應該爲無上樂而修行菩薩的布施行，不應當爲了人天的快樂來修菩薩行。因爲這些財富、快樂都是無常的法，都不是眞實法，而且都有邊際，因爲終究會失去。」因此應當常觀財物是無常，應當修學佛菩提道、解脫道來親證自在解脫的境界，以不堅之財來換取堅固的法財。（詳續第六輯中解釋）

佛菩提二主要道次第概要表——二道並修，以外無別佛法

佛菩提道——大菩提道

十信位修集信心 —— 一劫乃至一萬劫

遠波羅蜜多

資糧位

初住位修集布施功德（以財施爲主）。
二住位修集持戒功德。
三住位修集忍辱功德。
四住位修集精進功德。
五住位修集禪定功德。
六住位修集般若功德（熏習般若中觀及斷我見，加行位也）。

外門廣修六度萬行

見道位

七住位明心般若正觀現前，親證本來自性清淨涅槃。
八住位起於一切法現觀般若中道。漸除性障。
十住位眼見佛性，世界如幻觀成就。

一至十行位，於廣行六度萬行中，依般若中道慧，現觀陰處界猶如陽焰，至第十行滿心位，陽焰觀成就。

一至十迴向位熏習一切種智；修除性障，唯留最後一分思惑不斷。第十迴向滿心位成就菩薩道如夢觀。

內門廣修六度萬行

初地：第十迴向位滿心時，成就道種智一分（八識心王一一親證後，領受五法、三自性、七種第一義、七種性自性、二種無我法）復由勇發十無盡願，成通達位菩薩。復又永伏性障而不具斷，能證慧解脫而不取證，由大願故留惑潤生。此地主修法施波羅蜜多及百法明門。證「猶如鏡像」現觀，故滿初地心。

二地：初地功德滿足以後，再成就道種智一分而入二地；主修戒波羅蜜多及一切種智。滿心位成就「猶如光影」現觀，戒行自然清淨。

解脫道：二乘菩提

→ 斷三縛結，成初果解脫

→ 薄貪瞋癡，成二果解脫

→ 斷五下分結，成三果解脫

入地前的四加行令煩惱障現行悉斷，成四果解脫，留惑潤生。分段生死已斷，煩惱障習氣種子開始斷除，兼斷無始無明上煩惱。

近波羅蜜多　　大波羅蜜多　　圓滿波羅蜜多

修道位　　究竟位

三地：二地滿心再證道種智一分，故入三地。此地主修忍波羅蜜多及四禪八定、四無量心、五神通。能成就俱解脫果而不取證，留惑潤生。滿心位成就「猶如谷響」現觀及無漏妙定意生身。

四地：由三地再證道種智一分故入四地。主修精進波羅蜜多，於此土及他方世界廣度有緣，無有疲倦。進修一切種智，滿心位成就「如水中月」現觀。

五地：由四地再證道種智一分故入五地。主修禪定波羅蜜多及一切種智，斷除下乘涅槃貪。滿心位成就「變化所成」現觀。

六地：由五地再證道種智一分故入六地。此地主修般若波羅蜜多——依道種智現觀十二因緣一一有支及意生身化身，皆自心眞如變化所現，「非有似有」，成就細相觀，不由加行而自然證得滅盡定，成俱解脫大乘無學。

七地：由六地「非有似有」現觀，再證道種智一分故入七地。此地主修一切種智及方便波羅蜜多，由重觀十二有支一一支中之流轉門及還滅門一切細相，成就方便善巧，念念隨入滅盡定。滿心位證得「如犍闥婆城」現觀。

八地：由七地極細相觀成就故再證道種智一分而入八地。此地主修一切種智及願波羅蜜多。至滿心位純無相觀任運恆起，故於相土自在，滿心位復證「如實覺知諸法相意生身」故。

九地：由八地再證道種智一分故入九地。主修力波羅蜜多及一切種智，成就四無礙，滿心位證得「種類俱生無行作意生身」。

十地：由九地再證道種智一分故入此地。此地主修一切種智——智波羅蜜多。滿心位起大法智雲，及現起大法智雲所含藏種種功德，成受職菩薩。

等覺：由十地道種智成就故入此地。此地應修一切種智，圓滿等覺地無生法忍；於百劫中修集極廣大福德，以之圓滿三十二大人相及無量隨形好。

妙覺：示現受生人間已斷盡煩惱障一切習氣種子，並斷盡所知障一切隨眠，永斷變易生死無明，成就大般涅槃，四智圓明。人間捨壽後，報身常住色究竟天利樂十方地上菩薩；以諸化身利樂有情，永無盡期，成就究竟佛道。

← 七地滿心斷除故意保留之最後一分思惑時，煩惱障所攝色、受、想三陰有漏習氣種子全部斷盡。

← 煩惱障所攝行、識二陰無漏習氣種子任運漸斷，所知障所攝上煩惱任運漸斷。

← 斷盡變易生死成就大般涅槃

圓滿成就究竟佛果

佛子蕭平實　謹製

（二〇〇九、〇二　修訂）
（二〇一二、〇二　增補）

佛教正覺同修會〈修學佛道次第表〉

第一階段

＊以憶佛及拜佛方式修習動中定力。
＊學第一義佛法及禪法知見。
＊無相拜佛功夫成就。
＊具備一念相續功夫—動靜中皆能看話頭。
＊努力培植福德資糧，勤修三福淨業。

第二階段

＊參話頭，參公案。
＊開悟明心，一片悟境。
＊鍛鍊功夫求見佛性。
＊眼見佛性〈餘五根亦如是〉親見世界如幻，成就如幻觀。
＊學習禪門差別智。
＊深入第一義經典。
＊修除性障及隨分修學禪定。
＊修證十行位陽焰觀。

第三階段

＊學一切種智真實正理—楞伽經、解深密經、成唯識論…。
＊參究末後句。
＊解悟末後句。
＊透牢關—親自體驗所悟末後句境界，親見實相，無得無失。
＊救護一切衆生迴向正道。護持了義正法，修證十迴向位如夢觀。
＊發十無盡願，修習百法明門，親證猶如鏡像現觀。
＊修除五蓋，發起禪定。持一切善法戒。親證猶如光影現觀。
＊進修四禪八定、四無量心、五神通。進修大乘種智，求證猶如谷響現觀。

佛教正覺同修會 共修現況 及 招生公告 2019/02/18

一、共修現況：（請在共修時間來電，以免無人接聽。）

台北正覺講堂 103 台北市承德路三段 277 號九樓 捷運淡水線圓山站旁
Tel..**總機** 02-25957295（晚上）（**分機：九樓**辦公室 10、11；知客櫃檯 12、13。 **十樓**知客櫃檯 15、16；書局櫃檯 14。 **五樓**辦公室 18；知客櫃檯 19。**二樓**辦公室 20；知客櫃檯 21。）
Fax..25954493

第一講堂 台北市承德路三段 277 號九樓

禪淨班：週一晚班、週三晚班、週四晚班、週五晚班、週六下午班、週六上午班（共修期間二年半，全程免費。皆須報名建立學籍後始可參加共修，欲報名者詳見本公告末頁。）

進階班：週一晚班、週三晚班、週四晚班、週五晚班（禪淨班結業後轉入共修）。

增上班：瑜伽師地論詳解：每月單數週之週末 17.50～20.50。平實導師講解，2003 年 2 月開講至今，預計 2019 年圓滿，僅限已明心之會員參加。

禪門差別智：每月第一週日全天 平實導師主講（事冗暫停）。

不退轉法輪經詳解 本經所說妙法極爲甚深難解，時至末法，已然無有知者；而其甚深絕妙之法，流傳至今依舊多人可證，顯示佛法眞是義學而非玄談，其中甚深極妙令人拍案稱絕之第一義諦妙義。已於 2019 年元月底開講，由平實導師詳解。每逢周二晚上開講，第一至第六講堂都可同時聽聞，歡迎菩薩種性學人，攜眷共同參與此殊勝法會現場聞法，不限制聽講資格。本會學員憑上課證進入第一至第四講堂聽講，會外學人請以身分證件換證進入聽講（此爲大樓管理處安全管理規定之要求，敬請諒解）；第五及第六講堂（B1、B2）對外開放，不需出示任何證件，請由大樓側門直接進入。

第二講堂 台北市承德路三段 267 號十樓。

禪淨班：週一晚上班。

進階班：週三晚班、週四晚班、週五晚班、週六下午班。禪淨班結業後轉入共修。

不退轉法輪經詳解：平實導師講解。每週二 18.50~20.50 影像音聲即時傳輸

第三講堂 台北市承德路三段 277 號五樓。

禪淨班：週六下午班。

進階班：週一晚班、週三晚班、週四晚班、週五晚班。

不退轉法輪經詳解：平實導師講解。每週二 18.50~20.50 影像音聲即時傳輸

第四講堂 台北市承德路三段 267 號二樓。

進階班：週一晚上班、週三晚上班、週四晚上班（禪淨班結業後轉入共修）。

不退轉法輪經詳解：平實導師講解。每週二 18.50~20.50 影像音聲即時傳輸

第五、第六講堂

念佛班　每週日晚上，第六講堂共修（B2），一切求生極樂世界的三寶弟子皆可參加，不限制共修資格。

進階班：週一晚班、週三晚班、週四晚班。

不退轉法輪經詳解：平實導師講解。每週二 18.50~20.50 影像音聲即時傳輸。第五、第六講堂爲**開放式講堂**，不需以身分證件換證即可進入聽講，台北市承德路三段 267 號地下一樓、地下二樓。每逢週二晚上講經時段開放給會外人士自由聽經，請由大樓側面梯階逕行進入聽講。**聽講者請尊重講者的著作權及肖像權，請勿錄音錄影，以免違法；若有錄音錄影被查獲者，將依法處理。**

正覺祖師堂　大溪區美華里信義路 650 巷坑底 5 之 6 號（台 3 號省道 34 公里處 妙法寺對面斜坡道進入）電話 03-3886110　傳眞 03-3881692 本堂供奉 克勤圓悟大師，專供會員每年四月、十月各三次精進禪三共修，兼作本會出家菩薩掛單常住之用。除禪三時間以外，公元 2018 年前每逢單月第一週之週日 9:00~17:00 開放會內、外人士參訪，當天並提供午齋結緣，自公元 2019 年後開放參訪日期請參見本會公告。教內共修團體或道場，得另申請其餘時間作團體參訪，務請事先與常住確定日期，以便安排常住菩薩接引導覽，亦免妨礙常住菩薩之日常作息及修行。

桃園正覺講堂（第一、第二講堂）：桃園市介壽路 286、288 號 10 樓（陽明運動公園對面）電話：03-3749363（請於共修時聯繫，或與台北聯繫）

禪淨班：週一晚上班（1）、週一晚上班（2）、週三晚上班、週四晚上班、週五晚上班。

進階班：週四晚班、週五晚班、週六上午班。

增上班：雙週六晚上班（增上重播班）。

不退轉法輪經詳解：平實導師講解。每週二晚上，以台北正覺講堂所錄 DVD 放映；歡迎會外學人共同聽講，不需出示身分證件。

新竹正覺講堂　新竹市東光路 55 號二樓之一　電話 03-5724297（晚上）

第一講堂：

禪淨班：週一晚上班、週五晚上班、週六上午班。

進階班：週三晚上班、週四晚上班（由禪淨班結業後轉入共修）。

增上班：單週六晚上班。雙週六晚上班（重播班）。

不退轉法輪經詳解：平實導師講解。每週二晚上，以台北正覺講堂所錄 DVD 放映。歡迎會外學人共同聽講，不需出示身分證件。

第二講堂：

禪淨班：週三晚上班、週四晚上班。

不退轉法輪經詳解：每週二晚上與第一講堂同步播放講經 DVD。

第三、第四講堂：裝修完畢，即將開放。

台中正覺講堂 04-23816090（晚上）

第一講堂 台中市南屯區五權西路二段 666 號 13 樓之四（國泰世華銀行樓上。鄰近縣市經第一高速公路前來者，由五權西路交流道可以快速到達，大樓旁有停車場，對面有素食館）。

禪淨班：週三晚上班、週四晚上班。

進階班：週一晚上班、週六上午班（由禪淨班結業後轉入共修）。

增上班：**增上班**：單週六晚上班。雙週六晚上班（重播班）。

不退轉法輪經詳解：平實導師講解。每週二晚上，以台北正覺講堂所錄 DVD 放映。歡迎會外學人共同聽講，不需出示身分證件。

第二講堂 台中市南屯區五權西路二段 666 號 4 樓

禪淨班：週一晚上班、週三晚上班、週六上午班。

進階班：週五晚上班（由禪淨班結業後轉入共修）。

不退轉法輪經詳解：每週二晚上與第一講堂同步播放講經 DVD。

第三講堂、第四講堂：台中市南屯區五權西路二段 666 號 4 樓。

嘉義正覺講堂 嘉義市友愛路 288 號八樓之一　電話：05-2318228

第一講堂：

禪淨班：週一晚上班、週四晚上班、週五晚上班、週六上午班。

進階班：週三晚上班（由禪淨班結業後轉入共修）。

增上班：單週六晚上班。雙週六晚上班（重播班）。

不退轉法輪經詳解：平實導師講解。每週二晚上，以台北正覺講堂所錄 DVD 放映。歡迎會外學人共同聽講，不需出示身分證件。

第二講堂 嘉義市友愛路 288 號八樓之二。

台南正覺講堂

第一講堂 台南市西門路四段 15 號 4 樓。06-2820541（晚上）

禪淨班：週一晚上班、週三晚上班、週四晚上班、週五晚上班、週六下午班。

增上班：**增上班**：單週六晚上班。雙週六晚上班（重播班）。

不退轉法輪經詳解：平實導師講解。每週二晚上，以台北正覺講堂所錄 DVD 放映。歡迎會外學人共同聽講，不需出示身分證件。

第二講堂 台南市西門路四段 15 號 3 樓。

不退轉法輪經詳解：每週二晚上與第一講堂同步播放講經 DVD。

第三講堂 台南市西門路四段 15 號 3 樓。

進階班：週三晚上班、週四晚上班、週六上午班（由禪淨班結業後轉入共修）。

不退轉法輪經詳解：每週二晚上與第一講堂同步播放講經 DVD。

高雄正覺講堂　高雄市新興區中正三路 45 號五樓 07-2234248（晚上）

第一講堂（五樓）：

禪淨班：週一晚班、週三晚班、週四晚班、週五晚班、週六上午班。

增上班：單週週末下午，以台北增上班課程錄成 DVD 放映之，限已明心之會員參加。

不退轉法輪經詳解：平實導師講解。每週二晚上，以台北正覺講堂所錄 DVD 放映。歡迎會外學人共同聽講，不需出示身分證件。

第二講堂（四樓）：

進階班：週三晚上班、週四晚上班、週六上午班（由禪淨班結業後轉入共修）。

不退轉法輪經詳解：每週二晚上與第一講堂同步播放講經 DVD。

第三講堂（三樓）：

進階班：週四晚班（由禪淨班結業後轉入共修）。

香港正覺講堂　☆**已遷移新址**☆

九龍觀塘，成業街 10 號，電訊一代廣場 27 樓 E 室。

（觀塘地鐵站 B1 出口，步行約 4 分鐘）。電話：(852) 23262231

英文地址：Unit E，27th Floor, TG Place, 10 Shing Yip Street, Kwun Tong, Kowloon

禪淨班：雙週六下午班 14:30-17:30，已經額滿。
雙週日下午班 14:30-17:30。
單週六下午班 14:30-17:30，已經額滿。

進階班：雙週五晚上班（由禪淨班結業後轉入共修）。

增上班：單週週末上午，以台北增上班課程錄成 DVD 放映之。

增上重播班：雙週週末上午，以台北增上班課程錄成 DVD 放映之。

不退轉法輪經詳解：平實導師講解。雙週六 19:00-21:00，以台北正覺講堂所錄 DVD 放映；歡迎會外學人共同聽講，不需出示身分證件。

美國洛杉磯正覺講堂　☆**已遷移新址**☆

825 S. Lemon Ave Diamond Bar, CA 91789 U.S.A.

Tel. (909) 595-5222（請於週六 9:00~18:00 之間聯繫）

Cell. (626) 454-0607

禪淨班：每逢週末 15：30~17：30 上課。

進階班：每逢週末上午 10：00~12：00 上課。

不退轉法輪經詳解：平實導師講解。每週六下午 13：00~15：00 以台北所錄 DVD 放映。歡迎各界人士共享第一義諦無上法益，不需報名。

二、招生公告　本會台北講堂及全省各講堂、香港講堂，每逢**四月、十月**下旬開新班，每週共修一次（每次二小時。開課日起三個月內仍可插班）；但美國洛杉磯共修處之禪淨班得隨時插班共修。各班共修期間皆爲二年半，全程免費，欲參加者請向本會函索報名表（各共修處皆於共修時間方有人執事，非共修時間請勿電詢或前來洽詢、請書），或直接從本會官方網站(http://www.enlighten.org.tw/newsflash/class)或成佛之道網站下載報名表。共修期滿時，若經報名禪三審核通過者，可參加四天三夜之禪三精進共修，有機會明心、取證如來藏，發起般若實相智慧，成爲實義菩薩，脫離凡夫菩薩位。

三、新春禮佛祈福 農曆**年假**期間停止共修：自農曆新年前七天起停止共修與弘法，正月 8 日起回復共修、弘法事務。新春期間正月初一～初七 9.00～17.00 開放台北講堂、正月初一~初三開放桃園、新竹、台中、嘉義、台南、高雄講堂，以及大溪禪三道場（正覺祖師堂），方便會員供佛、祈福及會外人士請書。美國洛杉磯共修處之休假時間，請逕詢該共修處。

密宗四大派修雙身法，是外道性力派的邪法；又以生滅的識陰作為常住法，是常見外道，是假的藏傳佛教。

西藏覺囊巴以他空見弘揚第八識如來藏勝法，才是真藏傳佛教

佛教正覺同修會　弘法行事表

2019/02/18

1、**禪淨班**　以無相念佛及拜佛方式修習動中定力，實證一心不亂功夫。傳授解脫道正理及第一義諦佛法，以及參禪知見。共修期間：二年六個月。每逢四月、十月開新班，詳見招生公告表。

2、**進階班**　禪淨班畢業後得轉入此班，進修更深入的佛法，期能證悟明心。各地講堂各有多班，繼續深入佛法、增長定力，悟後得轉入增上班修學道種智，期能證得無生法忍。

3、**增上班　瑜伽師地論**詳解　詳解論中所言凡夫地至佛地等 17 師之修證境界與理論，從凡夫地、聲聞地……宣演到諸地所證無生法忍、一切種智之眞實正理。由平實導師開講，每逢一、三、五週之週末晚上開示，僅限已明心之會員參加。2003 年二月開講至今，預定 2019 年講畢。

4、**不退轉法輪經**詳解　本經所說妙法極為甚深難解，時至末法，已然無有知者；而其甚深絕妙之法，流傳至今依舊多人可證，顯示佛法眞是義學而非玄談，其中甚深極妙令人拍案稱絕之第一義諦妙義。已於 2019 年元月底開講，由平實導師詳解。不限制聽講資格。

5、**精進禪三**　主三和尚：平實導師。於四天三夜中，以克勤圓悟大師及大慧宗杲之禪風，施設機鋒與小參、公案密意之開示，幫助會員剋期取證，親證不生不滅之眞實心——人人本有之如來藏。每年四月、十月各舉辦三個梯次；平實導師主持。僅限本會會員參加禪淨班共修期滿，報名審核通過者，方可參加。並選擇會中定力、慧力、福德三條件皆已具足之已明心會員，給以指引，令得眼見自己無形無相之佛性遍佈山河大地，眞實而無障礙，得以肉眼現觀世界身心悉皆如幻，具足成就如幻觀，圓滿十住菩薩之證境。

6、**阿含經**詳解　選擇重要之阿含部經典，依無餘涅槃之實際而加以詳解，令大眾得以現觀諸法緣起性空，亦復不墮斷滅見中，顯示經中所隱說之涅槃實際—如來藏—確實已於四阿含中隱說；令大眾得以聞後觀行，確實斷除我見乃至我執，證得**見到**眞現觀，乃至**身證**……等眞現觀；已得大乘或二乘見道者，亦可由此聞熏及聞後之觀行，除斷我所之貪著，成就慧解脫果。由平實導師詳解。不限制聽講資格。

7、**解深密經**詳解　重講本經之目的，在於令諸已悟之人明解大乘法道之成佛次第，以及悟後進修一切種智之內涵，確實證知三種自性性，並得據此證解七眞如、十眞如等正理。每逢週二 18.50~20.50 開示，由平實導師詳解。將於《**不退轉法輪經**》講畢後開講。不限制聽講資格。

8、**成唯識論**詳解　詳解一切種智眞實正理，詳細剖析一切種智之微細深妙廣大正理；並加以舉例說明，使已悟之會員深入體驗所證如來藏之微密行相；及證驗見分相分與所生一切法，皆由如來藏—阿賴耶識—直接或展轉而生，因此證知一切法無我，證知無餘涅槃之本際。將於增上班《瑜伽師地論》講畢後，由平實導師重講。僅限已明心之會員參加。

9、**精選如來藏系經典**詳解　精選如來藏系經典一部，詳細解說，以此完全印證會員所悟如來藏之眞實，得入不退轉住。另行擇期詳細解說之，由平實導師講解。僅限已明心之會員參加。

10、**禪門差別智**　藉禪宗公案之微細淆訛難知難解之處，加以宣說及剖析，以增進明心、見性之功德，啓發差別智，建立擇法眼。每月第一週日全天，由平實導師開示，僅限破參明心後，復又眼見佛性者參加（事冗暫停）。

11、**枯木禪**　先講智者大師的《小止觀》，後說《釋禪波羅蜜》，詳解四禪八定之修證理論與實修方法，細述一般學人修定之邪見與岔路，及對禪定證境之誤會，消除枉用功夫、浪費生命之現象。已悟般若者，可以藉此而實修初禪，進入大乘通教及聲聞教的三果心解脫境界，配合應有的大福德及後得無分別智、十無盡願，即可進入初地心中。親教師：平實導師。未來緣熟時將於正覺寺開講。不限制聽講資格。

註：本會例行年假，自 2004 年起，改爲每年農曆新年前七天開始停息弘法事務及共修課程，農曆正月 8 日回復所有共修及弘法事務。新春期間（每日 9.00~17.00）開放台北講堂，方便會員禮佛祈福及會外人士請書。大溪區的正覺祖師堂，開放參訪時間，詳見〈正覺電子報〉或成佛之道網站。本表得因時節因緣需要而隨時修改之，不另作通知。

佛教正覺同修會　贈閱書籍 目錄　　2018/10/20

1.**無相念佛**　平實導師著　回郵 36 元
2.**念佛三昧修學次第**　平實導師述著　回郵 52 元
3.**正法眼藏—護法集**　平實導師述著　回郵 76 元
4.**真假開悟簡易辨正法&佛子之省思**　平實導師著　回郵 26 元
5.**生命實相之辨正**　平實導師著　回郵 31 元
6.**如何契入念佛法門**（附：印順法師否定極樂世界）平實導師著　回郵 26 元
7.**平實書箋**—答元覽居士書　平實導師著　回郵 52 元
8.**三乘唯識**—如來藏系經律彙編　平實導師編　回郵 80 元
（精裝本　長 27 cm　寬 21 cm　高 7.5 cm　重 2.8 公斤）
9.**三時繫念全集**—修正本　回郵掛號 52 元（長 26.5 cm×寬 19 cm）
10.**明心與初地**　平實導師述　回郵 31 元
11.**邪見與佛法**　平實導師述著　回郵 36 元
12.**甘露法雨**　平實導師述　回郵 36 元
13.**我與無我**　平實導師述　回郵 36 元
14.**學佛之心態**—修正錯誤之學佛心態始能與正法相應　孫正德老師著　回郵52元
附錄：平實導師著**《略說八、九識並存…等之過失》**
15.**大乘無我觀**—《悟前與悟後》別說　平實導師述著　回郵 36 元
16.**佛教之危機**—中國台灣地區現代佛教之真相（附錄：公案拈提六則）
平實導師著　回郵 52 元
17.**燈 影**—燈下黑（覆「求教後學」來函等）　平實導師著　回郵 76 元
18.**護法與毀法**—覆上平居士與徐恒志居士網站毀法二文
張正圜老師著　回郵 76 元
19.**淨土聖道**—兼評**選擇本願念佛**　正德老師著　由正覺同修會購贈 回郵52 元
20.**辨唯識性相**—對「紫蓮心海《辯唯識性相》書中否定阿賴耶識」之回應
正覺同修會 台南共修處法義組 著　回郵 52 元
21.**假如來藏**—對法蓮法師《如來藏與阿賴耶識》書中否定阿賴耶識之回應
正覺同修會 台南共修處法義組 著　回郵 76 元
22.**入不二門**—公案拈提集錦 第一輯（於平實導師公案拈提諸書中選錄約二十則，
合輯爲一冊流通之）平實導師著　回郵 52 元
23.**真假邪說**—西藏密宗索達吉喇嘛《破除邪說論》真是邪說
釋正安法師著　上、下冊回郵各 52 元
24.**真假開悟**—真如、如來藏、阿賴耶識間之關係　平實導師述著　回郵 76 元
25.**真假禪和**—辨正釋傳聖之謗法謬說　孫正德老師著　回郵76 元

26.**眼見佛性**—駁慧廣法師眼見佛性的含義文中謬說

游正光老師著　回郵 52 元

27.**普門自在**—公案拈提集錦 第二輯（於平實導師公案拈提諸書中選錄約二十則，合輯爲一冊流通之）平實導師著　回郵 52 元

28.**印順法師的悲哀**—以現代禪的質疑為線索　恒毓博士著　回郵 52 元

29.**識蘊真義**—現觀識蘊內涵、取證初果、親斷三縛結之具體行門。

—依《成唯識論》及《唯識述記》正義，略顯安慧《大乘廣五蘊論》之邪謬

平實導師著　回郵 76 元

30.**正覺電子報** 各期紙版本　免附回郵　每次最多函索三期或三本。

（已無存書之較早各期，不另增印贈閱）

31.**現代人應有的宗教觀**　蔡正禮老師 著　回郵 31 元

32.**遠惑趣道**—正覺電子報般若信箱問答錄　第一輯　回郵 52 元

33.**遠惑趣道**—正覺電子報般若信箱問答錄　第二輯　回郵 52 元

34.**確保您的權益**—器官捐贈應注意自我保護　游正光老師 著　回郵 31 元

35.**正覺教團電視弘法三乘菩提 DVD 光碟（一）**

由正覺教團多位親教師共同講述錄製 DVD 8 片，MP3 一片，共 9 片。有二大講題：一爲「三乘菩提之意涵」，二爲「學佛的正知見」。內容精闢，深入淺出，精彩絕倫，幫助大眾快速建立三乘法道的正知見，免被外道邪見所誤導。有志修學三乘佛法之學人不可不看。（製作工本費 100 元，回郵 52 元）

36.**正覺教團電視弘法 DVD 專輯（二）**

總有二大講題：一爲「三乘菩提之念佛法門」，一爲「學佛正知見（第二篇）」，由正覺教團多位親教師輪番講述，內容詳細闡述如何修學念佛法門、實證念佛三昧，以及學佛應具有的正確知見，可以幫助發願往生西方極樂淨土之學人，得以把握往生，更可令學人快速建立三乘法道的正知見，免於被外道邪見所誤導。有志修學三乘佛法之學人不可不看。（一套 17 片，工本費 160 元。回郵 76 元）

37.**喇嘛性世界**—揭開假藏傳佛教譚崔瑜伽的面紗　張善思 等人合著

由正覺同修會購贈　回郵 52 元

38.**假藏傳佛教的神話**—性、謊言、喇嘛教　張正玄教授編著

由正覺同修會購贈　回郵 52 元

39.**隨　緣**—理隨緣與事隨緣　平實導師述　回郵 52 元。

40.**學佛的覺醒**　正枝居士 著　回郵 52 元

41.**導師之真實義**　蔡正禮老師 著　回郵 31 元

42.**淺談達賴喇嘛之雙身法**　兼論解讀「密續」之達文西密碼

吳明芷居士 著　回郵 31 元

43.**魔界轉世**　張正玄居士 著　回郵 31 元

44.**一貫道與開悟**　蔡正禮老師 著　回郵 31 元

45.**博愛**—愛盡天下女人　正覺教育基金會 編印　回郵 36 元

46.**意識虛妄經教彙編**—實證解脫道的關鍵經文　正覺同修會編印　回郵36元

47.**邪箭囈語**—破斥藏密外道多識仁波切《破魔金剛箭雨論》之邪說

陸正元老師著　上、下冊回郵各52元

48.**真假沙門**—依 佛聖教闡釋佛教僧寶之定義

蔡正禮老師著　俟正覺電子報連載後結集出版

49.**真假禪宗**—藉評論釋性廣《印順導師對變質禪法之批判

及對禪宗之肯定》以顯示真假禪宗

附論一：凡夫知見 無助於佛法之信解行證

附論二：世間與出世間一切法皆從如來藏實際而生而顯

余正偉老師著　俟正覺電子報連載後結集出版　回郵未定

★ 上列贈書之郵資，係台灣本島地區郵資，大陸、港、澳地區及外國地區，請另計酌增（大陸、港、澳、國外地區之郵票不許通用）。尚未出版之書，請勿先寄來郵資，以免增加作業煩擾。

★ 本目錄若有變動，唯於後印之書籍及「成佛之道」網站上修正公佈之，不另行個別通知。

函索書籍請寄：佛教正覺同修會　103 台北市承德路 3 段 277 號 9 樓

台灣地區函索書籍者請附寄郵票，無時間購買郵票者可以等值現金抵用，但不接受郵政劃撥、支票、匯票。大陸地區得以人民幣計算，國外地區請以美元計算（請勿寄來當地郵票，在台灣地區不能使用）。欲以掛號寄遞者，請另附掛號郵資。

親自索閱：正覺同修會各共修處。　★請於共修時間前往取書，餘時無人在道場，請勿前往索取；共修時間與地點，詳見書末正覺同修會共修現況表（以近期之共修現況表爲準）。

註：正智出版社發售之局版書，請向各大書局購閱。若書局之書架上已經售出而無陳列者，請向書局櫃台指定洽購；若書局不便代購者，請於正覺同修會共修時間前往各共修處請購，正智出版社已派人於共修時間送書前往各共修處流通。 郵政劃撥購書及 大陸地區 購書，請詳別頁正智出版社發售書籍目錄最後頁之說明。

成佛之道 網站：http://www.a202.idv.tw　正覺同修會已出版之結緣書籍，多已登載於 成佛之道 網站，若住外國、或住處遙遠，不便取得正覺同修會贈閱書籍者，可以從本網站閱讀及下載。　書局版之《宗通與說通》亦已上網，台灣讀者可向書局洽購，售價 300 元。《狂密與眞密》第一輯~第四輯，亦於 2003.5.1.全部於本網站登載完畢；台灣地區讀者請向書局洽購，每輯約 400 頁，售價 300 元（網站下載紙張費用較貴，容易散失，難以保存，亦較不精美）。

＊＊假藏傳佛教修雙身法，非佛教＊＊

正智出版社 籌募弘法基金發售書籍目錄　2019/02/18

1.**宗門正眼**—公案拈提 第一輯 重拈　平實導師著　500 元
因重寫內容大幅度增加故，字體必須改小，並增爲 576 頁 主文 546 頁。比初版更精彩、更有內容。初版《禪門摩尼寶聚》之讀者，可寄回本公司免費調換新版書。免附回郵，亦無截止期限。（2007 年起，每冊附贈本公司精製公案拈提〈超意境〉CD 一片。市售價格 280 元，多購多贈。）

2.**禪淨圓融**　平實導師著　200 元（第一版舊書可換新版書。）

3.**真實如來藏**　平實導師著　400 元

4.**禪—悟前與悟後**　平實導師著　上、下冊，每冊 250 元

5.**宗門法眼**—公案拈提 第二輯　平實導師著　500 元
（2007 年起，每冊附贈本公司精製公案拈提〈超意境〉CD 一片）

6.**楞伽經詳解**　平實導師著　全套共 10 輯　每輯 250 元

7.**宗門道眼**—公案拈提 第三輯　平實導師著　500 元
（2007 年起，每冊附贈本公司精製公案拈提〈超意境〉CD 一片）

8.**宗門血脈**—公案拈提 第四輯　平實導師著　500 元
（2007 年起，每冊附贈本公司精製公案拈提〈超意境〉CD 一片）

9.**宗通與說通**—成佛之道 平實導師著 主文 381 頁 全書 400 頁售價 300 元

10.**宗門正道**—公案拈提 第五輯　平實導師著　500 元
（2007 年起，每冊附贈本公司精製公案拈提〈超意境〉CD 一片）

11.**狂密與真密 一～四輯**　平實導師著　西藏密宗是人間最邪淫的宗教，本質不是佛教，只是披著佛教外衣的印度教性力派流毒的喇嘛教。此書中將西藏密宗密傳之男女雙身合修樂空雙運所有祕密與修法，毫無保留完全公開，並將全部喇嘛們所不知道的部分也一併公開。內容比大辣出版社喧騰一時的《西藏慾經》更詳細。並且函蓋藏密的所有祕密及其錯誤的中觀見、如來藏見……等，藏密的所有法義都在書中詳述、分析、辨正。每輯主文三百餘頁　每輯全書約 400 頁　售價每輯 300 元

12.**宗門正義**—公案拈提 第六輯　平實導師著　500 元
（2007 年起，每冊附贈本公司精製公案拈提〈超意境〉CD 一片）

13.**心經密意**—心經與解脫道、佛菩提道、祖師公案之關係與密意　平實導師述　300 元

14.**宗門密意**—公案拈提 第七輯　平實導師著　500 元
（2007 年起，每冊附贈本公司精製公案拈提〈超意境〉CD 一片）

15.**淨土聖道**　兼評「選擇本願念佛」　正德老師著　200 元

16.**起信論講記**　平實導師述著　共八輯　每輯二百餘頁　售價各 250 元

17.**優婆塞戒經講記**　平實導師述著 共八輯 每輯三百餘頁 售價各 250 元

18.**真假活佛**—略論附佛外道盧勝彥之邪說（對前岳靈犀網站主張「盧勝彥是證悟者」之修正）　正犀居士（岳靈犀）著　流通價 140 元

19.**阿含正義**—唯識學探源　平實導師著　共七輯　每輯 300 元

20.**超意境** CD 以平實導師公案拈提書中超越意境之頌詞，加上曲風優美的旋律，錄成令人嚮往的超意境歌曲，其中包括正覺發願文及平實導師親自譜成的黃梅調歌曲一首。詞曲雋永，殊堪翫味，可供學禪者吟詠，有助於見道。內附設計精美的彩色小冊，解說每一首詞的背景本事。每片 280 元。【每購買公案拈提書籍一冊，即贈送一片。】

21.**菩薩底憂鬱** CD 將菩薩情懷及禪宗公案寫成新詞，並製作成超越意境的優美歌曲。 1.主題曲〈菩薩底憂鬱〉，描述地後菩薩能離三界生死而迴向繼續生在人間，但因尚未斷盡習氣種子而有極深沈之憂鬱，非三賢位菩薩及二乘聖者所知，此憂鬱在七地滿心位方才斷盡；本曲之詞中所說義理極深，昔來所未曾見；此曲係以優美的情歌風格寫詞及作曲，聞者得以激發嚮往諸地菩薩境界之大心，詞、曲都非常優美，難得一見；其中勝妙義理之解說，已印在附贈之彩色小冊中。 2.以各輯公案拈提中直示禪門入處之頌文，作成各種不同曲風之超意境歌曲，值得玩味、參究；聆聽公案拈提之優美歌曲時，請同時閱讀內附之印刷精美說明小冊，可以領會超越三界的證悟境界；未悟者可以因此引發求悟之意向及疑情，眞發菩提心而邁向求悟之途，乃至因此眞實悟入般若，成眞菩薩。 3.正覺總持咒新曲，總持佛法大意；總持咒之義理，已加以解說並印在隨附之小冊中。本 CD 共有十首歌曲，長達 63 分鐘。每盒各附贈二張購書優惠券。每片 280 元。

22.**禪意無限** CD 平實導師以公案拈提書中偈頌寫成不同風格曲子，與他人所寫不同風格曲子共同錄製出版，幫助參禪人進入禪門超越意識之境界。盒中附贈彩色印製的精美解說小冊，以供聆聽時閱讀，令參禪人得以發起參禪之疑情，即有機會證悟本來面目而發起實相智慧，實證大乘菩提般若，能如實證知般若經中的眞實意。本 CD 共有十首歌曲，長達 69 分鐘，每盒各附贈二張購書優惠券。每片 280 元。

23.**我的菩提路**第一輯　釋悟圓、釋善藏等人合著　售價 300 元

24.**我的菩提路**第二輯　郭正益、張志成等人合著　售價 300 元

25.**我的菩提路**第三輯　王美伶等人合著　售價 300 元

26.**我的菩提路**第四輯　陳晏平等人合著　售價 300 元

27.**鈍鳥與靈龜**—考證後代凡夫對大慧宗杲禪師的無根誹謗。
平實導師著 共 458 頁 售價 350 元

28.**維摩詰經講記** 平實導師述 共六輯 每輯三百餘頁 售價各 250 元

29.**真假外道**—破劉東亮、杜大威、釋證嚴常見外道見 正光老師著 200 元

30.**勝鬘經講記**—兼論印順《勝鬘經講記》對於《勝鬘經》之誤解。
平實導師述　共六輯　每輯三百餘頁　售價250 元

31.**楞嚴經講記** 平實導師述 共 15 輯，每輯三百餘頁 售價 300 元

32.**明心與眼見佛性**—駁慧廣〈蕭氏「眼見佛性」與「明心」之非〉文中謬說
正光老師著　共448 頁　售價300 元

33.**見性與看話頭** 黃正倖老師 著，本書是禪宗參禪的方法論。
內文 375 頁，全書 416 頁，售價 300 元。
34.**達賴真面目**—玩盡天下女人 白正偉老師 等著 中英對照彩色精裝大本 800 元
35.**喇嘛性世界**—揭開假藏傳佛教譚崔瑜伽的面紗 張善思 等人著 200 元
36.**假藏傳佛教的神話**—性、謊言、喇嘛教 正玄教授編著 200 元
37.**金剛經宗通** 平實導師述 共九輯 每輯售價 250 元。
38.**空行母**—性別、身分定位，以及藏傳佛教。
珍妮·坎貝爾著 呂艾倫 中譯 售價 250 元
39.**末代達賴**—性交教主的悲歌 張善思、呂艾倫、辛燕編著 售價 250 元
40.**霧峰無霧**—給哥哥的信 辨正釋印順對佛法的無量誤解
游宗明 老師著 售價 250 元
41.**第七意識與第八意識？**—穿越時空「超意識」
平實導師述 每冊 300 元
42.**黯淡的達賴**—失去光彩的諾貝爾和平獎
正覺教育基金會編著 每冊 250 元
43.**童女迦葉考**—論呂凱文〈佛教輪迴思想的論述分析〉之謬。
平實導師 著 定價 180 元
44.**人間佛教**—實證者必定不悖三乘菩提
平實導師 述，定價 400 元
45.**實相經宗通** 平實導師述 共八輯 每輯 250 元
46.**真心告訴您(一)**—達賴喇嘛在幹什麼？
正覺教育基金會編著 售價 250 元
47.**中觀金鑑**—詳述應成派中觀的起源與其破法本質
孫正德老師著 分為上、中、下三冊，每冊 250 元
48.**藏傳佛教要義**—《狂密與真密》之簡體字版 平實導師 著 上、下冊
僅在大陸流通 每冊 300 元
49.**法華經講義** 平實導師述 共二十五輯 每輯 300 元
已於 2015/05/31 起開始出版，每二個月出版一輯
50.**西藏「活佛轉世」制度**—附佛、造神、世俗法
許正豐、張正玄老師合著 定價 150 元
51.**廣論三部曲** 郭正益老師著 定價 150 元
52.**真心告訴您(二)**—達賴喇嘛是佛教僧侶嗎？
—補祝達賴喇嘛八十大壽
正覺教育基金會編著 售價 300 元
53.**次法**—實證佛法前應有的條件
張善思居士著 分為上、下二冊，每冊 250 元
54.**涅槃**—解說四種涅槃之實證及內涵 平實導師著 上、下冊 各 350 元
55.**山法**—西藏關於他空與佛藏之根本論
篤補巴·喜饒堅贊著 傑弗里·霍普金斯英譯
張火慶教授、張志成、呂艾倫等中譯 精裝大本 1200 元

56.**假鋒虛焰金剛乘**—揭示顯密正理，兼破索達吉師徒《般若鋒兮金剛焰》
釋正安法師著 簡體字版 即將出版 售價未定

57.**廣論之平議**—宗喀巴《菩提道次第廣論》之平議 正雄居士著
約二或三輯 俟正覺電子報連載後結集出版 書價未定

58.**救護佛子向正道**—對印順法師中心思想之綜合判攝
游宗明老師著 書價未定

59.**菩薩學處**—菩薩四攝六度之要義 陸正元老師著 出版日期未定。

60.**八識規矩頌**詳解 ○○居士 註解 出版日期另訂 書價未定。

61.**印度佛教史**—法義與考證。依法義史實評論印順《印度佛教思想史、佛教史地考論》之謬說 正偉老師著 出版日期未定 書價未定

62.**中國佛教史**—依中國佛教正法史實而論。 ○○老師 著 書價未定。

63.**中論正義**—釋龍樹菩薩《中論》頌正理。
孫正德老師著 出版日期未定 書價未定

64.**中觀正義**—註解平實導師《中論正義頌》。
○○法師（居士）著 出版日期未定 書價未定

65.**佛藏經講記** 平實導師述 出版日期未定 書價未定

66.**阿含經講記**—將選錄四阿含中數部重要經典全經講解之，講後整理出版。
平實導師述 約二輯 每輯300元 出版日期未定

67.**實積經講記** 平實導師述 每輯三百餘頁 優惠價300元 出版日期未定

68.**解深密經講記** 平實導師述 約四輯 將於重講後整理出版

69.**成唯識論略解** 平實導師著 五～六輯 每輯300元 出版日期未定

70.**修習止觀坐禪法要講記** 平實導師述 每輯三百餘頁
將於正覺寺建成後重講、以講記逐輯出版 出版日期未定

71.**無門關**—《無門關》公案拈提 平實導師著 出版日期未定

72.**中觀再論**—兼述印順《中觀今論》謬誤之平議。正光老師著 出版日期未定

73.**輪迴與超度**—佛教超度法會之真義。
○○法師（居士）著 出版日期未定 書價未定

74.**《釋摩訶衍論》平議**—對偽稱龍樹所造《釋摩訶衍論》之平議
○○法師（居士）著 出版日期未定 書價未定

75.**正覺發願文**註解—以真實大願為因 得證菩提
正德老師著 出版日期未定 書價未定

76.**正覺總持咒**—佛法之總持 正圜老師著 出版日期未定 書價未定

77.**三自性**—依四食、五蘊、十二因緣、十八界法，說三性三無性。
作者未定 出版日期未定

78.**道品**—從三自性說大小乘三十七道品 作者未定 出版日期未定

79.**大乘緣起觀**—依四聖諦七真如現觀十二緣起 作者未定 出版日期未定

80.**三德**—論解脫德、法身德、般若德。 作者未定 出版日期未定

81.**真假如來藏**—對印順《如來藏之研究》謬說之平議 作者未定 出版日期未定

82.**大乘道次第** 作者未定 出版日期未定 書價未定

83.**四緣**—依如來藏故有四緣。 作者未定 出版日期未定

84.**空之探究**—印順《空之探究》謬誤之平議　作者未定　出版日期未定
85.**十法義**—論阿含經中十法之正義　作者未定　出版日期未定
86.**外道見**—論述外道六十二見　作者未定　出版日期未定

正智出版社有限公司 書籍介紹

禪淨圓融：言淨土諸祖所未曾言，示諸宗祖師所未曾示；禪淨圓融，另闢成佛捷徑，兼顧自力他力，闡釋淨土門之速行易行道，亦同時揭櫫聖教門之速行易行道；令廣大淨土行者得免緩行難證之苦，亦令聖道門行者得以藉著淨土速行道而加快成佛之時劫。乃前無古人之超勝見地，非一般弘揚禪淨法門典籍也，先讀爲快。平實導師著 200元。

宗門正眼—**公案拈提**第一輯：繼承克勤圜悟大師碧巖錄宗旨之禪門鉅作。先則舉示當代大法師之邪說，消弭當代禪門大師鄉愿之心態，摧破當今禪門「世俗禪」之妄談；次則旁通教法，表顯宗門正理；繼以道之次第，消弭古今狂禪；後藉言語及文字機鋒，直示宗門入處。悲智雙運，禪味十足，數百年來難得一睹之禪門鉅著也。平實導師著　500元（原初版書《禪門摩尼寶聚》，改版後補充爲五百餘頁新書，總計多達二十四萬字，內容更精彩，並改名爲《宗門正眼》，讀者原購初版《禪門摩尼寶聚》皆可寄回本公司免費換新，免附回郵，亦無截止期限）（2007年起，凡購買公案拈提第一輯至第七輯，每購一輯皆贈送本公司精製公案拈提〈超意境〉CD一片，市售價格280元，多購多贈）。

禪—悟前與悟後：本書能建立學人悟道之信心與正確知見，圓滿具足而有次第地詳述禪悟之功夫與禪悟之內容，指陳參禪中細微淆訛之處，能使學人明自眞心、見自本性。若未能悟入，亦能以正確知見辨別古今中外一切大師究係眞悟？或屬錯悟？便有能力揀擇，捨名師而選明師，後時必有悟道之緣。一旦悟道，遲者七次人天往返，便出三界，速者一生取辦。學人欲求開悟者，不可不讀。　平實導師著。上、下冊共500元，單冊250元。

眞實如來藏：如來藏眞實存在，乃宇宙萬有之本體，並非印順法師、達賴喇嘛等人所說之「唯有名相、無此心體」。如來藏是涅槃之本際，是一切有智之人竭盡心智、不斷探索而不能得之生命實相；是古今中外許多大師自以爲悟而當面錯過之生命實相。如來藏即是阿賴耶識，乃是一切有情本自具足、不生不滅之眞實心。當代中外大師於此書出版之前所未能言者，作者於本書中盡情流露、詳細闡釋。眞悟者讀之，必能增益悟境、智慧增上；錯悟者讀之，必能檢討自己之錯誤，免犯大妄語業；未悟者讀之，能知參禪之理路，亦能以之檢查一切名師是否眞悟。此書是一切哲學家、宗教家、學佛者及欲昇華心智之人必讀之鉅著。　平實導師著　售價400元。

宗門法眼——**公案拈提**第二輯：列舉實例，闡釋土城廣欽老和尚之悟處；並直示這位不識字的老和尚妙智橫生之根由，繼而剖析禪宗歷代大德之開悟公案，解析當代密宗高僧卡盧仁波切之錯悟證據，並例舉當代顯宗高僧、大居士之錯悟證據（凡健在者，爲免影響其名聞利養，皆隱其名）。藉辨正當代名師之邪見，向廣大佛子指陳禪悟之正道，彰顯宗門法眼。悲勇兼出，強捋虎鬚；慈智雙運，巧探驪龍；摩尼寶珠在手，直示宗門入處，禪味十足；若非大悟徹底，不能爲之。禪門精奇人物，允宜人手一冊，供作參究及悟後印證之圭臬。本書於2008年4月改版，增寫為大約500頁篇幅，以利學人研讀參究時更易悟入宗門正法，以前所購初版首刷及初版二刷舊書，皆可免費換取新書。平實導師著 500元（2007年起，凡購買公案拈提第一輯至第七輯，每購一輯皆贈送本公司精製公案拈提〈超意境〉CD一片，市售價格280元，多購多贈）。

宗門道眼——**公案拈提**第三輯：繼宗門法眼之後，再以金剛之作略、慈悲之胸懷、犀利之筆觸，舉示寒山、拾得、布袋三大士之悟處，消弭當代錯悟者對於寒山大士……等之誤會及誹謗。亦舉出民初以來與虛雲和尚齊名之蜀郡鹽亭袁煥仙夫子——南懷瑾老師之師，其「悟處」何在？並蒐羅許多眞悟祖師之證悟公案，顯示禪宗歷代祖師之睿智，指陳部分祖師、奧修及當代顯密大師之謬悟，作爲殷鑑，幫助禪子建立及修正參禪之方向及知見。假使讀者閱此書已，一時尚未能悟，亦可一面加功用行，一面以此宗門道眼辨別眞假善知識，避開錯誤之印證及歧路，可免大妄語業之長劫慘痛果報。欲修禪宗之禪者，務請細讀。平實導師著 售價500元（2007年起，凡購買公案拈提第一輯至第七輯，每購一輯皆贈送本公司精製公案拈提〈超意境〉CD一片，市售價格280元，多購多贈）。

楞伽經詳解：本經是禪宗見道者印證所悟眞僞之根本經典，亦是禪宗見道者悟後起修之依據經典；故達摩祖師於印證二祖慧可大師之後，將此經典連同佛鉢祖衣一併交付二祖，令其依此經典佛示金言、進入修道位，修學一切種智。由此可知此經對於眞悟之人修學佛道，是非常重要之一部經典。此經能破外道邪說，亦破佛門中錯悟名師之謬說，亦破禪宗部分祖師之狂禪：不讀經典、一向主張「一悟即成究竟佛」之謬執。並開示愚夫所行禪、觀察義禪、攀緣如禪、如來禪等差別，令行者對於三乘禪法差異有所分辨；亦糾正禪宗祖師古來對於如來禪之誤解，嗣後可免以訛傳訛之弊。此經亦是法相唯識宗之根本經典，禪者悟後欲修一切種智而入初地者，必須詳讀。　平實導師著，全套共十輯，已全部出版完畢，每輯主文約320頁，每冊約352頁，定價250元。

宗門血脈—公案拈提第**四**輯：末法怪象—許多修行人自以爲悟，每將無念靈知認作眞實；崇尚二乘法諸師及其徒眾，則將**外於如來藏之緣起性空**—無因論之無常空、斷滅空、一切法空—錯認爲佛所說之般若空性。這兩種現象已於當今海峽兩岸及美加地區顯密大師之中普遍存在；人人自以爲悟，心高氣壯，便敢寫書解釋祖師證悟之公案，大多出於意識思惟所得，言不及義，錯誤百出，因此誤導廣大佛子同陷大妄語之地獄業中而不能自知。彼等書中所說之悟處，其實處處違背第一義經典之聖言量。彼等諸人不論是否身披袈裟，都非佛法宗門血脈，或雖有禪宗法脈之傳承，亦只徒具形式；猶如螟蛉，非眞血脈，未悟得根本眞實故。禪子欲知佛、祖之眞血脈者，請讀此書，便知分曉。平實導師著，主文452頁，全書464頁，定價500元（2007年起，凡購買公案拈提第一輯至第七輯，每購一輯皆贈送本公司精製公案拈提〈超意境〉CD一片，市售價格280元，多購多贈）。

宗通與說通：古今中外，錯誤之人如麻似粟，每以常見外道所說之靈知心，認作眞心；或妄想虛空之勝性能量爲眞如，或錯認物質四大元素藉冥性（靈知心本體）能成就吾人色身及知覺，或認初禪至四禪中之了知心爲不生不滅之涅槃心。此等皆非通宗者之見地。復有錯悟之人一向主張「宗門與教門不相干」，此即尚未通達宗門之人也。其實宗門與教門互通不二，宗門所證者乃是眞如與佛性，教門所說者乃說宗門證悟之眞如佛性，故教門與宗門不二。本書作者以宗教二門互通之見地，細說「宗通與說通」，從初見道至悟後起修之道、細說分明；並將諸宗諸派在整體佛教中之地位與次第，加以明確之教判，學人讀之即可了知佛法之梗概也。欲擇明師學法之前，允宜先讀。平實導師著，主文共381頁，全書392頁，只售成本價300元。

宗門正道—**公案拈提**第五輯：修學大乘佛法有二果須證—解脫果及大菩提果。二乘人不證大菩提果，唯證解脫果；此果之智慧，名爲聲聞菩提、緣覺菩提。大乘佛子所證二果之菩提果爲佛菩提，故名大菩提果，其慧名爲一切種智—函蓋二乘解脫果。然此大乘二果修證，須經由禪宗之宗門證悟方能相應。而宗門證悟極難，自古已然；其所以難者，咎在古今佛教界普遍存在三種邪見：1.以修定認作佛法，2.以無因論之緣起性空—否定涅槃本際如來藏以後之一切法空作爲佛法，3.以常見外道邪見（離語言妄念之靈知性）作爲佛法。如是邪見，或因自身正見未立所致，或因邪師之邪教導所致，或因無始劫來虛妄熏習所致。若不破除此三種邪見，永劫不悟宗門眞義、不入大乘正道，唯能外門廣修菩薩行。平實導師於此書中，有極爲詳細之說明，有志佛子欲摧邪見、入於內門修菩薩行者，當閱此書。主文共496頁，全書512頁。售價500元（2007年起，凡購買公案拈提第一輯至第七輯，每購一輯皆贈送本公司精製公案拈提〈超意境〉CD一片，市售價格280元，多購多贈）。

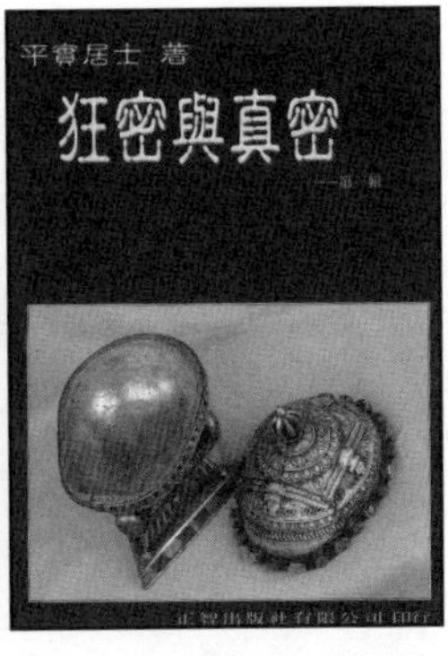

狂密與眞密：密教之修學，皆由有相之觀行法門而入，其最終目標仍不離顯教經典所說第一義諦之修證；若離顯教第一義經典、或違背顯教第一義經典，即非佛教。西藏密教之觀行法，如灌頂、觀想、遷識法、寶瓶氣、大聖歡喜雙身修法、喜金剛、無上瑜伽、大樂光明、樂空雙運等，皆是印度教**兩性生生不息**思想之轉化，**自始至終**皆以**如何能運用交合淫樂之法達到全身受樂**爲其中心思想，純屬欲界五欲的貪愛，不能令人超出欲界輪迴，更不能令人斷除我見；何況大乘之明心與見性，更無論矣！故密宗之法絕非佛法也。而其明光大手印、大圓滿法教，又皆同以常見外道所說**離語言妄念之無念靈知心**錯認爲佛地之眞如，不能直指不生不滅之眞如。西藏密宗所有法王與徒眾，都尚未開頂門眼，不能辨別眞僞，以**依人不依法、依密續不依經典**故，不肯將其上師喇嘛所說對照第一義經典，純依密續之藏密祖師所說爲準，因此而誇大其證德與證量，動輒謂彼祖師上師爲究竟佛、爲地上菩薩；如今台海兩岸亦有自謂其師證量高於 釋迦文佛者，然觀其師所述，猶未見道，仍在觀行即佛階段，尚未到禪宗相似即佛、分證即佛階位，竟敢標榜爲究竟佛及地上法王，誑惑初機學人。凡此怪象皆是狂密，不同於眞密之修行者。近年狂密盛行，密宗行者被誤導者極眾，動輒自謂已證佛地眞如，自視爲究竟佛，陷於大妄語業中而不知自省，反謗顯宗眞修實證者之證量粗淺；或如義雲高與釋性圓…等人，於報紙上公然誹謗眞實證道者爲「騙子、無道人、人妖、癩蛤蟆…」等，造下誹謗大乘勝義僧之大惡業；或以外道法中有爲有作之甘露、魔術……等法，誑騙初機學人，狂言彼外道法爲眞佛法。如是怪象，在西藏密宗及附藏密之外道中，不一而足，舉之不盡，學人宜應愼思明辨，以免上當後又犯毀破菩薩戒之重罪。密宗學人若欲遠離邪知邪見者，請閱此書，即能了知密宗之邪謬，從此遠離邪見與邪修，轉入眞正之佛道。

平實導師著 共四輯 每輯約400頁（主文約340頁）每輯售價300元。

宗門正義—公案拈提第六輯：佛教有六大危機，乃是藏密化、世俗化、膚淺化、學術化、宗門密意失傳、悟後進修諸地之次第混淆；其中尤以宗門密意之失傳，爲當代佛教最大之危機。由宗門密意失傳故，易令世尊本懷普被錯解，易令世尊正法被轉易爲外道法，以及加以淺化、世俗化，是故宗門密意之廣泛弘傳與具緣佛弟子，極爲重要。然而欲令宗門密意之廣泛弘傳予具緣之佛弟子者，必須同時配合錯誤知見之解析、普令佛弟子知之，然後輔以公案解析之直示入處，方能令具緣之佛弟子悟入。而此二者，皆須以公案拈提之方式爲之，方易成其功、竟其業，是故平實導師續作宗門正義一書，以利學人。全書500餘頁，售價500元（2007年起，凡購買公案拈提第一輯至第七輯，每購一輯皆贈送本公司精製公案拈提〈超意境〉CD一片，市售價格280元，多購多贈）。

心經密意—心經與解脫道、佛菩提道、祖師公案之關係與密意。二乘菩提所證之解脫道，實依第八識心之斷除煩惱障現行而立解脫之名；大乘菩提所證之佛菩提道，實依親證第八識如來藏之涅槃性、清淨自性、及其中道性而立般若之名；禪宗祖師公案所證之眞心，即是此第八識如來藏；是故三乘佛法所修所證之三乘菩提，皆依此如來藏心而立名也。此第八識心，即是《心經》所說之心也。證得此如來藏已，即能漸入大乘佛菩提道，亦可因證知此心而了知二乘無學所不能知之無餘涅槃本際，是故《心經》之密意，與三乘佛菩提之關係極爲密切、不可分割，三乘佛法皆依此心而立名故。今者平實導師以其所證解脫道之無生智及佛菩提之般若種智，將《心經》與解脫道、佛菩提道、祖師公案之關係與密意，以演講之方式，用淺顯之語句和盤托出，發前人所未言，呈三乘菩提之眞義，令人藉此《心經密意》一舉而窺三乘菩提之堂奧，迥異諸方言不及義之說；欲求眞實佛智者、不可不讀！主文317頁，連同跋文及序文…等共384頁，售價300元。

宗門密意—公案拈提第七輯：佛教之世俗化，將導致學人以信仰作爲學佛，則將以感應及世間法之庇祐，作爲學佛之主要目標，不能了知學佛之主要目標爲親證三乘菩提。大乘菩提則以般若實相智慧爲主要修習目標，以二乘菩提解脫道爲附帶修習之標的；是故學習大乘法者，應以禪宗之證悟爲要務，能親入大乘菩提之實相般若智慧中故，般若實相智慧非二乘聖人所能知故。此書則以台灣世俗化佛教之三大法師，說法似是而非之實例，配合眞悟祖師之公案解析，提示證悟般若之關節，令學人易得悟入。平實導師著，全書五百餘頁，售價500元（2007年起，凡購買公案拈提第一輯至第七輯，每購一輯皆贈送本公司精製公案拈提〈超意境〉CD一片，市售價格280元，多購多贈）。

淨土聖道—兼評日本本願念佛：佛法甚深極廣，般若玄微，非諸二乘聖僧所能知之，一切凡夫更無論矣！所謂一切證量皆歸淨土是也！是故大乘法中「聖道之淨土、淨土之聖道」，其義甚深，難可了知；乃至眞悟之人，初心亦難知也。今有正德老師眞實證悟後，復能深探淨土與聖道之緊密關係，憐憫眾生之誤會淨土實義，亦欲利益廣大淨土行人同入聖道，同獲淨土中之聖道門要義，乃振奮心神、書以成文，今得刊行天下。主文279頁，連同序文等共301頁，總有十一萬六千餘字，正德老師著，成本價200元。

起信論講記：詳解大乘起信論**心生滅門**與**心眞如門**之眞實意旨，消除以往大師與學人對起信論所說**心生滅門**之誤解，由是而得了知眞心如來藏之非常非斷中道正理；亦因此一講解，令此論以往隱晦而被誤解之眞實義，得以如實顯示，令大乘佛菩提道之正理得以顯揚光大；初機學者亦可藉此正論所顯示之法義，對大乘法理生起正信，從此得以眞發菩提心，眞入大乘法中修學，世世常修菩薩正行。平實導師演述，共六輯，都已出版，每輯三百餘頁，售價各250元。

優婆塞戒經講記：本經詳述在家菩薩修學大乘佛法，應如何受持菩薩戒？對人間善行應如何看待？對三寶應如何護持？應如何正確地修集此世後世證法之福德？應如何修集後世「行菩薩道之資糧」？並詳述第一義諦之正義：五蘊非我非異我、自作自受、異作異受、不作不受……等深妙法義，乃是修學大乘佛法、行菩薩行之在家菩薩所應當了知者。出家菩薩今世或未來世登地已，捨報之後多數將如華嚴經中諸大菩薩，以在家菩薩身而修行菩薩行，故亦應以此經所述正理而修之，配合《楞伽經、解深密經、楞嚴經、華嚴經》等道次第正理，方得漸次成就佛道；故此經是一切大乘行者皆應證知之正法。平實導師講述，每輯三百餘頁，售價各250元；共八輯，已全部出版。

真假活佛—略論附佛外道盧勝彥之邪說：人人身中都有眞活佛，永生不滅而有大神用，但眾生都不了知，所以常被身外的西藏密宗假活佛籠罩欺瞞。本來就眞實存在的眞活佛，才是眞正的密宗無上密！諾那活佛因此而說禪宗是大密宗，但藏密的所有活佛都不知道、也不曾實證自身中的眞活佛。本書詳實宣示眞活佛的道理，舉證盧勝彥的「佛法」不是眞佛法，也顯示盧勝彥是假活佛，直接的闡釋第一義佛法見道的眞實正理。眞佛宗的所有上師與學人們，都應該詳細閱讀，包括盧勝彥個人在內。正犀居士著，優惠價140元。

阿含正義—唯識學探源：廣說四大部《阿含經》諸經中隱說之眞正義理，一一舉示佛陀本懷，令阿含時期初轉法輪根本經典之眞義，如實顯現於佛子眼前。並提示末法大師對於阿含眞義誤解之實例，一一比對之，證實唯識增上慧學確於原始佛法之阿含諸經中已隱覆密意而略說之，證實 世尊確於原始佛法中已曾密意而說第八識如來藏之總相；亦證實 世尊在四阿含中已說此藏識是名色十八界之因、之本—證明如來藏是能生萬法之根本心。佛子可據此修正以往受諸大師（譬如西藏密宗應成派中觀師：印順、昭慧、性廣、大願、達賴、宗喀巴、寂天、月稱、……等人）誤導之邪見，建立正見，轉入正道乃至親證初果而無困難；書中並詳說三果所證的**心解脫**，以及四果**慧解脫**的親證，都是如實可行的具體知見與行門。全書共七輯，已出版完畢。平實導師著，每輯三百餘頁，售價300元。

超意境ＣＤ：以平實導師公案拈提書中超越意境之頌詞，加上曲風優美的旋律，錄成令人嚮往的超意境歌曲，其中包括正覺發願文及平實導師親自譜成的黃梅調歌曲一首。詞曲雋永，殊堪翫味，可供學禪者吟詠，有助於見道。內附設計精美的彩色小冊，解說每一首詞的背景本事。每片280元。【每購買公案拈提書籍一冊，即贈送一片。】

鈍鳥與靈龜：鈍鳥及靈龜二物，被宗門證悟者說爲二種人：前者是精修禪定而無智慧者，也是以定爲禪的愚癡禪人；後者是或有禪定、或無禪定的宗門證悟者，凡已證悟者皆是靈龜。但後來被人虛造事實，用以嘲笑大慧宗杲禪師，說他雖是靈龜，卻不免被天童禪師預記「患背」痛苦而亡：「**鈍鳥離巢易，靈龜脫殼難**。」藉以貶低大慧宗杲的證量；同時又將天童禪師實證如來藏的證量，曲解爲意識境界的離念靈知。自從大慧禪師入滅以後，錯悟凡夫對他的不實毀謗就一直存在著，不曾止息，並且捏造的假事實也隨著年月的增加而越來越多，終至編成「鈍鳥與靈龜」的假公案、假故事。本書是考證大慧與天童之間的不朽情誼，顯現這件假公案的虛妄不實；更見大慧宗杲面對惡勢力時的正直不阿，亦顯示大慧對天童禪師的至情深義，將使後人對大慧宗杲的誣謗至此而止，不再有人誤犯毀謗賢聖的惡業。書中亦舉出大慧與天童二師的證悟內容，證明宗門的所悟確以第八識如來藏爲標的，詳讀之後必可改正以前被錯悟大師誤導的參禪知見，日後必定有助於實證禪宗的開悟境界，得階大乘眞見道位中，即是實證般若之賢聖。全書459頁，售價350元。

我的菩提路第一輯：凡夫及二乘聖人不能實證的佛菩提證悟，末法時代的今天仍然有人能得實證，由正覺同修會釋悟圓、釋善藏法師等二十餘位實證如來藏者所寫的見道報告，已爲當代學人見證宗門正法之絲縷不絕，證明大乘義學的法脈仍然存在，爲末法時代求悟般若之學人照耀出光明的坦途。由二十餘位大乘見道者所繕，敘述各種不同的學法、見道因緣與過程，參禪求悟者必讀。全書三百餘頁，售價300元。

我的菩提路第二輯：由郭正益老師等人合著，書中詳述彼等諸人歷經各處道場學法，一一修學而加以檢擇之不同過程以後，因閱讀正覺同修會、正智出版社書籍而發起抉擇分，轉入正覺同修會中修學；乃至學法及見道之過程，都一一詳述之。其中張志成等人係由前現代禪轉進正覺同修會，張志成原爲現代禪副宗長，以前未閱本會書籍時，曾被人藉其名義著文評論平實導師（詳見《宗通與說通》辨正及《眼見佛性》書末附錄…等）；後因偶然接觸正覺同修會書籍，深覺以前聽人評論平實導師之語不實，於是投入極多時間閱讀本會書籍、深入思辨，詳細探索中觀與唯識之關聯與異同，認爲正覺之法義方是正法，深覺相應；亦解開多年來對佛法的迷雲，確定應依八識論正理修學方是正法。乃不顧面子，毅然前往正覺同修會面見平實導師懺悔，並正式學法求悟。今已與其同修王美伶（亦爲前現代禪傳法老師），同樣證悟如來藏而證得法界實相，生起實相般若眞智。此書中尚有七年來本會第一位眼見佛性者之見性報告一篇，一同供養大乘佛弟子。全書四百頁，售價300元。

我的菩提路第三輯：由王美伶老師等人合著。自從正覺同修會成立以來，每年夏初、冬初都舉辦精進禪三共修，藉以助益會中同修們得以證悟明心發起般若實相智慧；凡已實證而被平實導師印證者，皆書具見道報告用以證明佛法之眞實可證而非玄學，證明佛法並非純屬思想、理論而無實質，是故每年都能有人證明正覺同修會的「實證佛教」主張並非虛語。特別是眼見佛性一法，自古以來中國禪宗祖師實證者極寡，較之明心開悟的證境更難令人信受；至2017年初，正覺同修會中的證悟明心者已近五百人，然而其中眼見佛性者至今唯十餘人爾，可謂難能可貴，是故明心後欲冀眼見佛性者實屬不易。黃正倖老師是懸絕七年無人見性後的第一人，她於2009年的見性報告刊於本書的第二輯中，爲大眾證明佛性確實可以眼見；其後七年之中求見性者都屬解悟佛性而無人眼見，幸而又經七年後的2016冬初，以及2017夏初的禪三，復有三人眼見佛性，希冀鼓舞四眾佛子求見佛性之大心，今則具載一則於書末，顯示求見佛性之事實經歷，供養現代佛教界欲得見性之四眾弟子。全書四百頁，售價300元。

我的菩提路第四輯：由陳晏平等人著。中國禪宗祖師往往有所謂「見性」之言，所言多屬看見如來藏具有能令人發起成佛之自性，並非《大般涅槃經》中如來所說之眼見佛性。眼見佛性者，於親見佛性之時，即能於山河大地眼見自己佛性，亦能於他人身上眼見自己佛性及對方之佛性，如是境界無法爲尚未實證者解釋；勉強說之，縱使眞實明心證悟之人聞之，亦只能以自身明心之境界想像之，但不論如何想像多屬非量，能有正確之比量者亦是稀有，故說眼見佛性極爲困難。眼見佛性之人若所見極分明時，在所見佛性之境界下所眼見之山河大地、自己五蘊身心皆是虛幻，自有異於明心者之解脫功德受用，此後永不思證二乘涅槃，必定邁向成佛之道而進入第十住位中，已超第一阿僧祇劫三分有一，可謂之爲超劫精進也。今又有明心之後眼見佛性之人出於人間，將其明心及後來見性之報告，連同其餘證悟明心者之精彩報告一同收錄於此書中，供養眞求佛法實證之四眾佛子。全書380頁，售價300元。

楞嚴經講記：楞嚴經係密教部之重要經典，亦是顯教中普受重視之經典；經中宣說明心與見性之內涵極為詳細，將一切法都會歸如來藏及佛性—妙真如性；亦闡釋佛菩提道修學過程中之種種魔境，以及外道誤會涅槃之狀況，旁及三界世間之起源。然因言句深澀難解，法義亦復深妙寬廣，學人讀之普難通達，是故讀者大多誤會，不能如實理解佛所說之明心與見性內涵，亦因是故多有悟錯之人引為開悟之證言，成就大妄語罪。今由平實導師詳細講解之後，整理成文，以易讀易懂之語體文刊行天下，以利學人。全書十五輯，全部出版完畢。每輯三百餘頁，售價每輯300元。

勝鬘經講記：如來藏為三乘菩提之所依，若離如來藏心體及其含藏之一切種子，即無三界有情及一切世間法，亦無二乘菩提緣起性空之出世間法；本經詳說無始無明、一念無明皆依如來藏而有之正理，藉著詳解煩惱障與所知障間之關係，令學人深入了知二乘菩提與佛菩提相異之妙理；聞後即可了知佛菩提之特勝處及三乘修道之方向與原理，邁向攝受正法而速成佛道的境界中。平實導師講述，共六輯，每輯三百餘頁，售價各250元。

菩薩底憂鬱CD將菩薩情懷及禪宗公案寫成新詞，並製作成超越意境的優美歌曲。1.主題曲〈菩薩底憂鬱〉，描述地後菩薩能離三界生死而迴向繼續生在人間，但因尚未斷盡習氣種子而有極深沈之憂鬱，非三賢位菩薩及二乘聖者所知，此憂鬱在七地滿心位方才斷盡；本曲之詞中所說義理極深，昔來所未曾見；此曲係以優美的情歌風格寫詞及作曲，聞者得以激發嚮往諸地菩薩境界之大心，詞、曲都非常優美，難得一見；其中勝妙義理之解說，已印在附贈之彩色小冊中。2.以各輯公案拈提中直示禪門入處之頌文，作成各種不同曲風之超意境歌曲，值得玩味、參究；聆聽公案拈提之優美歌曲時，請同時閱讀內附之印刷精美說明小冊，可以領會超越三界的證悟境界；未悟者可以因此引發求悟之意向及疑情，眞發菩提心而邁向求悟之途，乃至因此眞實悟入般若，成眞菩薩。3.正覺總持咒新曲，總持佛法大意；總持咒之義理，已加以解說並印在隨附之小冊中。本CD共有十首歌曲，長達63分鐘，附贈二張購書優惠券。每片280元。

禪意無限CD平實導師以公案拈提書中偈頌寫成不同風格曲子，與他人所寫不同風格曲子共同錄製出版，幫助參禪人進入禪門超越意識之境界。盒中附贈彩色印製的精美解說小冊，以供聆聽時閱讀，令參禪人得以發起參禪之疑情，即有機會證悟本來面目，實證大乘菩提般若。本CD共有十首歌曲，長達69分鐘，每盒各附贈二張購書優惠券。每片280元。

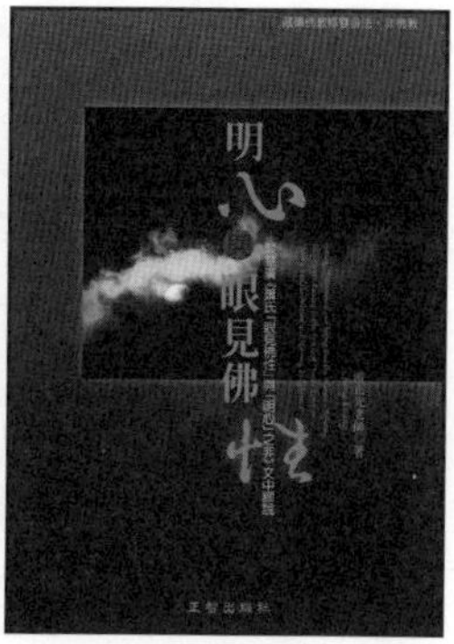

明心與眼見佛性：本書細述明心與眼見佛性之異同，同時顯示了中國禪宗破初參明心與重關眼見佛性二關之間的關聯；書中又藉法義辨正而旁述其他許多勝妙法義，讀後必能遠離佛門長久以來積非成是的錯誤知見，令讀者在佛法的實證上有極大助益。也藉慧廣法師的謬論來教導佛門學人回歸正知正見，遠離古今禪門錯悟者所墮的意識境界，非唯有助於斷我見，也對未來的開悟明心實證第八識如來藏有所助益，是故學禪者都應細讀之。游正光老師著　共448頁　售價300元

見性與看話頭：黃正倖老師的《見性與看話頭》於《正覺電子報》連載完畢，今結集出版。書中詳說禪宗看話頭的詳細方法，並細說看話頭與眼見佛性的關係，以及眼見佛性者求見佛性前必須具備的條件。本書是禪宗實修者追求明心開悟時參禪的方法書，也是求見佛性者作功夫時必讀的方法書，內容兼顧眼見佛性的理論與實修之方法，是依實修之體驗配合理論而詳述，條理分明而且極為詳實、周全、深入。本書內文375頁，全書415頁，售價300元。

維摩詰經講記：本經係 世尊在世時，由等覺菩薩維摩詰居士藉疾病而演說之大乘菩提無上妙義，所說函蓋甚廣，然極簡略，是故今時諸方大師與學人讀之悉皆錯解，何況能知其中隱含之深妙正義，是故普遍無法為人解說；若強為人說，則成依文解義而有諸多過失。今由平實導師公開宣講之後，詳實解釋其中密意，令維摩詰菩薩所說大乘不可思議解脫之深妙正法得以正確宣流於人間，利益當代學人及與諸方大師。書中詳實演述大乘佛法深妙不共二乘之智慧境界，顯示諸法之中絕待之實相境界，建立大乘菩薩妙道於永遠不敗不壞之地，以此成就護法偉功，欲冀永利娑婆人天。已經宣講圓滿整理成書流通，以利諸方大師及諸學人。全書共六輯，每輯三百餘頁，售價各250元。

真假外道：本書具體舉證佛門中的常見外道知見實例，並加以教證及理證上的辨正，幫助讀者輕鬆而快速的了知常見外道的錯誤知見，進而遠離佛門內外的常見外道知見，因此即能改正修學方向而快速實證佛法。游正光老師著。成本價200元。

金剛經宗通：三界唯心，萬法唯識，是成佛之修證內容，是諸地菩薩之所修；般若則是成佛之道（實證三界唯心、萬法唯識）的入門，若未證悟實相般若，即無成佛之可能，必將永在外門廣行菩薩六度，永在凡夫位中。然而實相般若的發起，全賴實證萬法的實相；若欲證知萬法的眞相，則必須探究萬法之所從來，則須實證自心如來—金剛心如來藏，然後現觀這個金剛心的金剛性、眞實性、如如性、清淨性、涅槃性、能生萬法的自性性、本住性，名爲證眞如；進而現觀三界六道唯是此金剛心所成，人間萬法須藉八識心王和合運作方能現起。如是實證《華嚴經》的「三界唯心、萬法唯識」以後，由此等現觀而發起實相般若智慧，繼續進修第十住位的如幻觀、第十行位的陽焰觀、第十迴向位的如夢觀，再生起增上意樂而勇發十無盡願，方能滿足三賢位的實證，轉入初地；自知成佛之道而無偏倚，從此按部就班、次第進修乃至成佛。第八識自心如來是般若智慧之所依，般若智慧的修證則要從實證金剛心自心如來開始；《金剛經》則是解說自心如來之經典，是一切三賢位菩薩所應進修之實相般若經典。這一套書，是將平實導師宣講的《金剛經宗通》內容，整理成文字而流通之；書中所說義理，迥異古今諸家依文解義之說，指出大乘見道方向與理路，有益於禪宗學人求開悟見道，及轉入內門廣修六度萬行。講述完畢後結集出版，總共9輯，每輯約三百餘頁，售價各250元。

空行母—性別、身分定位，以及藏傳佛教：本書作者爲蘇格蘭哲學家，因爲嚮往佛教深妙的哲學內涵，於是進入當年盛行於歐美的假藏傳佛教密宗，擔任卡盧仁波切的翻譯工作多年以後，被邀請成爲卡盧的空行母（又名佛母、明妃），開始了她在密宗裡的實修過程；後來發覺在密宗雙身法中的修行，其實無法使自己成佛，也發覺密宗對女性岐視而處處貶抑，並剝奪女性在雙身法中擔任一半角色時應有的身分定位。當她發覺自己只是雙身法中被喇嘛利用的工具，沒有獲得絲毫應有的尊重與基本定位時，發現了密宗的父權社會控制女性的本質；於是作者傷心地離開了卡盧仁波切與密宗，但是卻被恐嚇不許講出她在密宗裡的經歷，也不許她說出自己對密宗的教義與教制下對女性剝削的本質，否則將被咒殺死亡。後來她去加拿大定居，十餘年後方才擺脫這個恐嚇陰影，下定決心將親身經歷的實情及觀察到的事實寫下來並且出版，公諸於世。出版之後，她被流亡的達賴集團人士大力攻訐，誣指她爲精神狀態失常、說謊……等。但有智之士並未被達賴集團的政治操作及各國政府政治運作吹捧達賴的表相所欺，使她的書銷售無阻而又再版。正智出版社鑑於作者此書是親身經歷的事實，所說具有針對「藏傳佛教」而作學術研究的價值，也有使人認清假藏傳佛教剝削佛母、明妃的男性本位實質，因此洽請作者同意中譯而出版於華人地區。珍妮·坎貝爾女士著，呂艾倫 中譯，每冊250元。

霧峰無霧—給哥哥的信：本書作者藉兄弟之間信件往來論義，略述佛法大義；並以多篇短文辨義，舉出釋印順對佛法的無量誤解證據，並一一給予簡單而清晰的辨正，令人一讀即知。久讀、多讀之後即能認清楚釋印順的六識論見解，與眞實佛法之牴觸是多麼嚴重；於是在久讀、多讀之後，於不知不覺之間提升了對佛法的極深入理解，正知正見就在不知不覺間建立起來了。當三乘佛法的正知見建立起來之後，對於三乘菩提的見道條件便將隨之具足，於是聲聞解脫道的見道也就水到渠成；接著大乘見道的因緣也將次第成熟，未來自然也會有親見大乘菩提之道的因緣，悟入大乘實相般若也將自然成功，自能通達般若系列諸經而成實義菩薩。作者居住於南投縣霧峰鄉，自喻見道之後不復再見霧峰之霧，故鄉原野美景一一明見，於是立此書名爲《霧峰無霧》；讀者若欲撥霧見月，可以此書爲緣。游宗明　老師著　售價250元。

假藏傳佛教的神話—性、謊言、喇嘛教：本書編著者是由一首名叫「阿姊鼓」的歌曲爲緣起，展開了序幕，揭開假藏傳佛教—喇嘛教—的神秘面紗。其重點是蒐集、摘錄網路上質疑「喇嘛教」的帖子，以揭穿「假藏傳佛教的神話」爲主題，串聯成書，並附加彩色插圖以及說明，讓讀者們瞭解西藏密宗及相關人事如何被操作爲「神話」的過程，以及神話背後的眞相。作者：張正玄教授。售價200元。

達賴真面目—**玩盡天下女人**：假使您不想戴綠帽子，請記得詳細閱讀此書；假使您不想讓好朋友戴綠帽子，請您將此書介紹給您的好朋友。假使您想保護家中的女性，也想要保護好朋友的女眷，請記得將此書送給家中的女性和好友的女眷都來閱讀。本書爲印刷精美的大本彩色中英對照精裝本，爲您揭開達賴喇嘛的眞面目，內容精彩不容錯過，爲利益社會大眾，特別以優惠價格嘉惠所有讀者。編著者：白志偉等。大開版雪銅紙彩色精裝本。售價800元。

喇嘛性世界—**揭開假藏傳佛教譚崔瑜伽的面紗**：這個世界中的喇嘛，號稱來自世外桃源的香格里拉，穿著或紅或黃的喇嘛長袍，散布於我們的身邊傳教灌頂，吸引了無數的人嚮往學習；這些喇嘛虔誠地爲大眾祈福，手中拿著寶杵（金剛）與寶鈴（蓮花），口中唸著咒語：「唵・嘛呢・叭咪・吽……」，咒語的意思是說：「我至誠歸命金剛杵上的寶珠伸向蓮花寶穴之中」！「喇嘛性世界」是什麼樣的「世界」呢？本書將爲您呈現喇嘛世界的面貌。當您發現眞相以後，您將會唸：「噢！喇嘛・性・世界，譚崔性交嘛！」作者：張善思、呂艾倫。售價200元。

黯淡的達賴—失去光彩的諾貝爾和平獎：本書舉出很多證據與論述，詳述達賴喇嘛不爲世人所知的一面，顯示達賴喇嘛並不是眞正的和平使者，而是假借諾貝爾和平獎的光環來欺騙世人；透過本書的說明與舉證，讀者可以更清楚的瞭解，達賴喇嘛是結合暴力、黑暗、淫欲於喇嘛教裡的集團首領，其政治行爲與宗教主張，早已讓諾貝爾和平獎的光環染污了。本書由財團法人正覺教育基金會寫作、編輯，由正覺出版社印行，每冊250元。

人間佛教—實證者必定不悖三乘菩提　「大乘非佛說」的講法似乎流傳已久，卻只是日本人企圖擺脫中國正統佛教的影響，而在明治維新時期才開始提出來的說法；台灣佛教、大陸佛教的淺學無智之人，由於未曾實證佛法而迷信日本人錯誤的學術考證，錯認爲這些別有用心的日本佛學考證的講法爲天竺佛教的眞實歷史；甚至還有更激進的反對佛教者提出「釋迦牟尼佛並非眞實存在，只是後人揑造的假歷史人物」，竟然也有少數人願意跟著「學術」的假光環而信受不疑，於是開始有一些佛教界人士造作了反對中國佛教而推崇南洋小乘佛教的行爲，使佛教的信仰者難以檢擇，導致一般大陸人士開始轉入基督教的盲目迷信中。在這些佛教及外教人士之中，也就有一分人根據此邪說而大聲主張「大乘非佛說」的謬論，這些人以「人間佛教」的名義來抵制中國正統佛教，公然宣稱中國的大乘佛教是由聲聞部派佛教的凡夫僧所創造出來的。這樣的說法流傳於台灣及大陸佛教界凡夫僧之中已久，卻非眞正的佛教歷史中曾經發生過的事，只是繼承六識論的聲聞法中凡夫僧依自己的意識境界立場，純憑臆想而編造出來的妄想說法，卻已經影響許多無智之凡夫僧俗信受不移。本書則是從佛教的經藏法義實質及實證的現量內涵本質立論，證明大乘佛法本是佛說，是從《阿含正義》尚未說過的不同面向來討論「人間佛教」的議題，證明「大乘眞佛說」。閱讀本書可以斷除六識論邪見，迴入三乘菩提正道發起實證的因緣；也能斷除禪宗學人學禪時普遍存在之錯誤知見，對於建立參禪時的正知見有很深的著墨。平實導師　述，內文488頁，全書528頁，定價400元。

童女迦葉考——論呂凱文〈佛教輪迴思想的論述分析〉之謬　童女迦葉是佛世率領五百大比丘遊行於人間的歷史事實，是以童貞行而依止菩薩戒弘化於人間的大菩薩，不依別解脫戒（聲聞戒）來弘化於人間。這是大乘佛教與聲聞佛教同時存在於佛世的歷史明證，證明大乘佛教不是從聲聞法中分裂出來的部派佛教的產物，卻是聲聞佛教分裂出來的部派佛教聲聞凡夫僧所不樂見的史實；於是古今聲聞法中的凡夫都欲加以扭曲而作詭說，更是末法時代高聲大呼「大乘非佛說」的六識論聲聞凡夫極力想要扭曲的佛教史實之一，於是想方設法扭曲迦葉菩薩爲聲聞僧，以及扭曲迦葉童女爲比丘僧等荒謬不實之論著便陸續出現，古時聲聞僧寫作的《分別功德論》是最具體之事例，現代之代表作則是呂凱文先生的〈佛教輪迴思想的論述分析〉論文。鑑於如是假藉學術考證以籠罩大眾之不實謬論，未來仍將繼續造作及流竄於佛教界，繼續扼殺大乘佛教學人法身慧命，必須舉證辨正之，遂成此書。平實導師　著，每冊180元。

中觀金鑑——詳述應成派中觀的起源與其破法本質　學佛人往往迷於中觀學派之不同學說，被應成派與自續派所迷惑；修學般若中觀二十年後自以爲實證般若中觀了，卻仍不曾入門，甫聞實證般若中觀者之所說，則茫無所知，迷惑不解；隨後信心盡失，不知如何實證佛法；凡此，皆因惑於這二派中觀學說所致。自續派中觀所說同於常見，以意識境界立爲第八識如來藏之境界，應成派所說則同於斷見，但又同立意識爲常住法，故亦具足斷常二見。今者孫正德老師有鑑於此，乃將起源於密宗的應成派中觀學說，追本溯源，詳考其來源之外，亦一一舉證其立論內容，詳加辨正，令密宗雙身法祖師以識陰境界而造之應成派中觀學說本質，詳細呈現於學人眼前，令其維護雙身法之目的無所遁形。若欲遠離密宗此二大派中觀謬說，欲於三乘菩提有所進道者，允宜具足閱讀並細加思惟，反覆讀之以後將可捨棄邪道返歸正道，則於般若之實證即有可能，證後自能現觀如來藏之中道境界而成就中觀。本書分上、中、下三冊，每冊250元，已全部出版完畢。

實相經宗通：學佛之目的在於實證一切法界背後之實相，禪宗稱之爲本來面目或本地風光，佛菩提道中稱之爲實相法界；此實相法界即是金剛藏，又名佛法之祕密藏，即是能生有情五陰、十八界及宇宙萬有（山河大地、諸天、三惡道世間）的第八識如來藏，又名阿賴耶識心，即是禪宗祖師所說的眞如心，此心即是三界萬有背後的實相。證得此第八識心時，自能瞭解般若諸經中隱說的種種密意，即得發起實相般若——實相智慧。每見學佛人修學佛法二十年後仍對實相般若茫然無知，亦不知如何入門，茫無所趣；更因不知三乘菩提的互異互同，是故越是久學者對佛法越覺茫然，都肇因於尚未瞭解佛法的全貌，亦未瞭解佛法的修證內容即是第八識心所致。本書對於修學佛法者所應實證的實相境界提出明確解析，並提示趣入佛菩提道的入手處，有心親證實相般若的佛法實修者，宜詳讀之，於佛菩提道之實證即有下手處。平實導師述著，共八輯，全部出版完畢，每輯成本價250元。

真心告訴您（一）——達賴喇嘛在幹什麼？這是一本報導篇章的選集，更是「破邪顯正」的暮鼓晨鐘。「破邪」是戳破假象，說明達賴喇嘛及其所率領的密宗四大派法王、喇嘛們，弘傳的佛法是仿冒的佛法；他們是假藏傳佛教，是坦特羅（譚崔性交）外道法和藏地崇奉鬼神的苯教混合成的「喇嘛教」，推廣的是以所謂「無上瑜伽」的男女雙身法冒充佛法的假佛教，詐財騙色誤導眾生，常常造成信徒家庭破碎、家中兒少失怙的嚴重後果。「顯正」是揭櫫眞相，指出眞正的藏傳佛教只有一個，就是覺囊巴，傳的是　釋迦牟尼佛演繹的第八識如來藏妙法，稱爲他空見大中觀。正覺教育基金會即以此古今輝映的如藏正法正知見，在眞心新聞網中逐次報導出來，將箇中原委「眞心告訴您」，如今結集成書，與想要知道密宗眞相的您分享。售價250元。

真心告訴您（二）——達賴喇嘛是佛教僧侶嗎？補祝達賴喇嘛八十大壽：這是一本針對當今達賴喇嘛所領導的喇嘛教，冒用佛教名相，於師徒間或師兄姊間，實修男女邪淫，而從佛法三乘菩提的現量與聖教量，揭發其謊言與邪術，證明達賴及其喇嘛教是仿冒佛教的外道，是「假藏傳佛教」。藏密四大派教義雖有「八識論」與「六識論」的表面差異，然其實修之內容，皆共許「無上瑜伽」四部灌頂為究竟「成佛」之法門，也就是共以男女雙修之邪淫法為「即身成佛」之密要，雖美其名曰「欲貪為道」之「金剛乘」，並誇稱其成就超越於（應身佛）釋迦牟尼佛所傳之顯教般若乘之上；然詳考其理論，則或以意識離念時之粗細心為第八識如來藏，或以中脈裡的明點為第八識如來藏，或如宗喀巴與達賴堅決主張第六意識為常恆不變之眞心者，分別墮於外道之常見與斷見中；全然違背 佛說能生五蘊之如來藏的實質。售價300元。

西藏「活佛轉世」制度——附佛、造神、世俗法：歷來關於喇嘛教活佛轉世的研究，多針對歷史及文化兩部分，於其所以成立的理論基礎，較少系統化的探討。尤其是此制度是否依據「佛法」而施設？是否合乎佛法眞實義？現有的文獻大多含糊其詞，或人云亦云，不曾有明確的闡釋與如實的見解。因此本文先從活佛轉世的由來，探索此制度的起源、背景與功能，並進而從活佛的尋訪與認證之過程，發掘活佛轉世的特徵，以確認「活佛轉世」在佛法中應具足何種果德。定價150元。

法華經講義：此書為平實導師始從2009/7/21演述至2014/1/14之講經錄音整理所成。世尊一代時教，總分五時三教，即是華嚴時、聲聞緣覺教、般若教、種智唯識教、法華時；依此五時三教區分為藏、通、別、圓四教。本經是最後一時的圓教經典，圓滿收攝一切法教於本經中，是故最後的圓教聖訓中，特地指出無有三乘菩提，其實唯有一佛乘；皆因眾生愚迷故，方便區分為三乘菩提以助眾生證道。世尊於此經中特地說明如來示現於人間的唯一大事因緣，便是為有緣眾生「開、示、悟、入」諸佛的所知所見——第八識如來藏妙真如心，並於諸品中隱說「妙法蓮花」如來藏心的密意。然因此經所說甚深難解，真義隱晦，古來難得有人能窺堂奧；平實導師以知如是密意故，特為末法佛門四眾演述《妙法蓮華經》中各品蘊含之密意，使古來未曾被古德註解出來的「此經」密意，如實顯示於當代學人眼前。乃至〈藥王菩薩本事品〉、〈妙音菩薩品〉、〈觀世音菩薩普門品〉、〈普賢菩薩勸發品〉中的微細密意，亦皆一併詳述之，開前人所未曾言之密意，示前人所未見之妙法。最後乃至以〈法華大意〉而總其成，全經妙旨貫通始終，而依佛旨圓攝於一心如來藏妙心，厥為曠古未有之大說也。平實導師述已於2015/05/31起開始出版，每二個月出版一輯，共有25輯。每輯300元。

涅槃——解說四種涅槃之實證及內涵：真正學佛之人，首要即是見道，由見道故方有涅槃之實證，證涅槃者方能出生死，但涅槃有四種：二乘聖者的有餘涅槃、無餘涅槃，以及大乘聖者的本來自性清淨涅槃、佛地的無住處涅槃。大乘聖者實證本來自性清淨涅槃，入地前再取證二乘涅槃，然後起惑潤生捨離二乘涅槃，繼續進修而在七地心前斷盡三界愛之習氣種子，依七地無生法忍之具足而證得念念入滅盡定；八地後進斷異熟生死，直至妙覺地下生人間成佛，具足四種涅槃，方是真正成佛。此理古來少人言，以致誤會涅槃正理者比比皆是，今於此書中廣說四種涅槃、如何實證之理、實證前應有之條件，實屬本世紀佛教界極重要之著作，令人對涅槃有正確無訛之認識，然後可以依之實行而得實證。本書共有上下二冊，每冊各四百餘頁，對涅槃詳加解說，每冊各350元。

解深密經講記：本經係 世尊晚年第三轉法輪，宣說地上菩薩所應熏修之唯識正義經典，經中所說義理乃是大乘一切種智增上慧學，以阿陀那識—如來藏—阿賴耶識爲主體。禪宗之證悟者，若欲修證初地無生法忍乃至八地無生法忍者，必須修學《楞伽經、解深密經》所說之八識心王一切種智；此二經所說正法，方是眞正成佛之道；印順法師否定第八識如來藏之後所說萬法緣起性空之法，是以誤會後之二乘解脫道取代大乘眞正成佛之道，尚且不符二乘解脫道正理，亦已墮於斷滅見中，不可謂爲成佛之道也。平實導師曾於本會郭故理事長往生時，於喪七中從首七開始宣講，於每一七各宣講三小時，至第十七而快速略講圓滿，作爲郭老之往生佛事功德，迴向郭老早證八地、速返娑婆住持正法。茲爲今時後世學人故，將擇期重講《解深密經》，以淺顯之語句講畢後，將會整理成文，用供證悟者進道；亦令諸方未悟者，據此經中佛語正義，修正邪見，依之速能入道。平實導師述著，全書輯數未定，每輯三百餘頁，將於未來重講完畢後逐輯出版。

阿含經講記——小乘解脫道之修證：數百年來，南傳佛法所說證果之不實，所說解脫道之虛妄，所弘解脫道法義之世俗化，皆已少人知之；從南洋傳入台灣與大陸之後，所說法義虛謬之事，亦復少人知之；今時台灣全島印順系統之法師居士，多不知南傳佛法數百年來所說解脫道之義理已然偏斜、已然世俗化、已非眞正之二乘解脫正道，猶極力推崇與弘揚。彼等南傳佛法近代所謂之證果者多非眞實證果者，譬如阿迦曼、葛印卡、帕奧禪師、一行禪師……等人，悉皆未斷我見故。近年更有台灣南部大願法師，高抬南傳佛法之二乘修證行門爲「捷徑究竟解脫之道」者，然而南傳佛法縱使眞修實證，得成阿羅漢，至高唯是二乘菩提解脫之道，絕非究竟解脫，無餘涅槃中之實際尚未得證故，法界之實相尚未了知故，習氣種子待除故，一切種智未實證故，焉得謂爲「究竟解脫」？即使南傳佛法近代眞有實證之阿羅漢，尚且不及三賢位中之七住明心菩薩本來自性清淨涅槃智慧境界，則不能知此賢位菩薩所證之無餘涅槃實際，仍非大乘佛法中之見道者，何況普未實證聲聞果乃至未斷我見之人？謬充證果已屬逾越，更何況是誤會二乘菩提之後，以未斷我見之凡夫知見所說之二乘菩提解脫偏斜法道，焉可高抬爲「究竟解脫」？而且自稱「捷徑之道」？又妄言解脫之道即是成佛之道，完全否定般若實智、否定三乘菩提所依之如來藏心體，此理大大不通也！平實導師爲令修學二乘菩提欲證解脫果者，普得迴入二乘菩提正見、正道中，是故選錄四阿含諸經中，對於二乘解脫道法義有具足圓滿說明之經典，預定未來十年內將會加以詳細講解，令學佛人得以了知二乘解脫道之修證理路與行門，庶免被人誤導之後，未證言證，干犯道禁，成大妄語，欲升反墮。本書首重斷除我見，以助行者斷除我見而實證初果爲著眼之目標，若能根據此書內容，配合平實導師所著《識蘊眞義》《阿含正義》內涵而作實地觀行，實證初果非爲難事，行者可以藉此三書自行確認聲聞初果爲實際可得現觀成就之事。此書中除依二乘經典所說加以宣示外，亦依斷除我見等之證量，及大乘法中道種智之證量，對於意識心之體性加以細述，令諸二乘學人必定得斷我見、常見，免除三縛結之繫縛。次則宣示斷除我執之理，欲令升進而得薄貪瞋痴，乃至斷五下分結…等。平實導師述，共二冊，每冊三百餘頁。每輯300元。

修習止觀坐禪法要講記：修學四禪八定之人，往往錯會禪定之修學知見，欲以無止盡之坐禪而證禪定境界，卻不知修除性障之行門才是修證四禪八定不可或缺之要素，故智者大師云「性障初禪」；性障不除，初禪永不現前，云何修證二禪等？又：行者學定，若唯知數息，而不解六妙門之方便善巧者，欲求一心入定，未到地定極難可得，智者大師名之爲「事障未來」：障礙未到地定之修證。又禪定之修證，不可違背二乘菩提及第一義法，否則縱使具足四禪八定，亦不能實證涅槃而出三界。此諸知見，智者大師於《修習止觀坐禪法要》中皆有闡釋。作者平實導師以其第一義之見地及禪定之實證證量，曾加以詳細解析。將俟正覺寺竣工啓用後重講，不限制聽講者資格；講後將以語體文整理出版。欲修習世間定及增上定之學者，宜細讀之。平實導師述著。

★聲明★

本公司於2015/01/01開始調整本目錄中部分書籍之售價，以因應各項成本的持續增加。

＊喇嘛教修外道雙身法，墮識陰境界，非佛教＊

＊弘揚如來藏他空見的覺囊派才是真正藏傳佛教＊

總經銷： 飛鴻 國際行銷股份有限公司

231 新北市新店區中正路 501 之 9 號 2 樓

Tel.02－82186688（五線代表號） Fax.02-82186458、82186459

零售：1.**全台連鎖經銷書局：**

三民書局、誠品書局、何嘉仁書店

敦煌書店、紀伊國屋、金石堂書局、建宏書局

諾貝爾圖書城、墊腳石圖書文化廣場

2.**台北市：**佛化人生 **大安區**羅斯福路 3 段 325 號 6 樓之 4 台電大樓對面

3.**新北市：**春大地書店 **蘆洲區**中正路 117 號

4.**桃園市：**御書堂 **龍潭區**中正路 123 號

5.**新竹市：**大學書局 **東區**建功路 10 號

6.**台中市：**瑞成書局 **東區**雙十路 1 段 4 之 33 號

佛教詠春書局 **南屯區**永春東路 884 號

文春書店 **霧峰區**中正路 1087 號

7.**彰化市：**心泉佛教文化中心 南瑤路 286 號

8.**高雄市：**政大書城 **苓雅區**光華路 148-83 號

明儀書局 **三民區**明福街 2 號\

青年書局 **苓雅區**青年一路 141 號

9.**宜蘭市：**金隆書局 中山路 3 段 43 號

10.**台東市：**東普佛教文物流通處 博愛路 282 號

11.**其餘鄉鎮市經銷書局：**請電詢總經銷**飛鴻**公司。

12.**大陸地區請洽：**

香港：樂文書店

旺角店 :香港九龍旺角西洋菜街 62 號 3 樓

電話 :(852) 2390 3723 email: luckwinbooks@gmail.com

銅鑼灣店 :香港銅鑼灣駱克道 506 號 2 樓

電話 :(852) 2881 1150 email: luckwinbs@gmail.com

廈門：廈門外圖臺灣書店有限公司

地址：廈門市思明區湖濱南路809 號 廈門外圖書城3 樓 郵編：361004

電話：0592-5061658（臺灣地區請撥打 86-592-5061658）

E-mail：JKB118@188.COM

13.**美國：世界日報圖書部：**紐約圖書部 電話 7187468889#6262

洛杉磯圖書部 電話 3232616972#202

14.**國內外地區網路購書：**

正智出版社 書香園地 http://books.enlighten.org.tw/

（書籍簡介、經銷書局可直接聯結下列網路書局購書）

三民 網路書局 http://www.sanmin.com.tw

誠品 網路書局 http://www.eslitebooks.com

博客來 網路書局　http://www.books.com.tw
金石堂 網路書局　http://www.kingstone.com.tw
飛鴻 網路書局　http://fh6688.com.tw

附註：1.請儘量向各經銷書局購買：郵政劃撥需要八天才能寄到（本公司在您劃撥後第四天才能接到劃撥單，次日寄出後第二天您才能收到書籍，此六天中可能會遇到週休二日，是故共需八天才能收到書籍）若想要早日收到書籍者，請劃撥完畢後，將劃撥收據貼在紙上，旁邊寫上您的姓名、住址、郵區、電話、買書詳細內容，直接傳眞到本公司 02-28344822，並來電 02-28316727、28327495 確認是否已收到您的傳眞，即可提前收到書籍。 **2**.因台灣每月皆有五十餘種宗教類書籍上架，書局書架空間有限，故唯有新書方有機會上架，通常每次只能有一本新書上架；本公司出版新書，大多上架不久便已售出，若書局未再叫貨補充者，書架上即無新書陳列，則請直接向書局櫃台訂購。 **3**.若書局不便代購時，可於晚上共修時間向正覺同修會各共修處請購（共修時間及地點，詳閱**共修現況表**。每年例行年假期間請勿前往請書，年假期間請見共修現況表）。 **4**.郵購：郵政劃撥帳號 19068241。 **5**.正覺同修會會員購書都以八折計價（戶籍台北市者爲一般會員，外縣市爲護持會員）都可獲得優待，欲一次購買全部書籍者，可以考慮入會，節省書費。入會費一千元（第一年初加入時才需要繳），年費二千元。**6.尚未出版之書籍，請勿預先郵寄書款與本公司，謝謝您！ 7**.若欲一次購齊本公司書籍，或同時取得正覺同修會贈閱之全部書籍者，請於正覺同修會共修時間，親到各共修處請購及索取；**台北市讀者**請洽：103 台北市承德路三段 267 號 10 樓（捷運淡水線 圓山站旁）請書時間：週一至週五爲 18.00~21.00，第一、三、五週週六爲 10.00~21.00，雙週之週六爲 10.00~18.00 請購處專線電話：25957295-分機 14（於請書時間方有人接聽）。

敬告大陸讀者：

大陸讀者購書、索書捷徑（尚未在大陸出版的書籍，以下二個途徑都可以購得，電子書另包括結緣書籍）：

1.**廈門外國圖書公司**：廈門市思明區湖濱南路 809 號 廈門外圖書城 3F
郵編：361004 電話：0592-5061658 網址：http://www.xibc.com.cn/

2.**電子書**：正智出版社有限公司及正覺同修會在台灣印行的各種局版書、結緣書，已有『**正覺電子書**』陸續上線中，提供讀者於手機、平板電腦上購書、下載、閱讀正智出版社、正覺同修會及正覺教育基金會所出版之電子書，詳細訊息敬請參閱『正覺電子書』專頁：
http://books.enlighten.org.tw/ebook

關於平實導師的書訊，請上網查閱：

成佛之道 http://www.a202.idv.tw

正智出版社 書香園地 http://books.enlighten.org.tw/

中國網採訪佛教正覺同修會、正覺教育基金會訊息：

http://big5.china.com.cn/gate/big5/fangtan.china.com.cn/2014-06/19/content_32714638.htm

http://pinpai.china.com.cn/

★ 正智出版社有限公司售書之稅後盈餘，全部捐助財團法人正覺寺籌備處、佛教正覺同修會、正覺教育基金會，供作弘法及購建道場之用；懇請諸方大德支持，功德無量。

★ 聲 明 ★

本社於 2015/01/01 開始調整本目錄中部分書籍之售價，以因應各項成本的持續增加。

＊ 喇嘛教修外道雙身法、墮識陰境界，非佛教 ＊

＊ 弘揚如來藏他空見的覺囊派才是真正藏傳佛教 ＊

換書及道歉公告

《法華經講義》第十三輯，因謄稿、印製等相關人員作業疏失，導致該書中的經文及內文用字將「**親近**」誤植成「清淨」。茲為顧及讀者權益，自 2017/8/30 開始免費調換新書；敬請所有讀者將以前所購第十三輯初版首刷及二刷本，攜回或寄回本社免費換新，或請自行更正其中的錯誤之處；郵寄者之回郵由本社負擔，不需寄來郵票。同時對因此而造成讀者閱讀、以及換書的困擾及不便，在此向所有讀者致上最誠懇的歉意，祈請讀者大眾見諒！錯誤更正說明如下：

一、第 256 頁第 10 行~第 14 行：【就是先要具備「**法親近處**」、「**眾生親近處**」；法**親近**處就是在實相之法有所實證，如果在實相法上有所實證，他在二乘菩提中自然也能有所實證，以這個作為第一個**親近**處——第一個基礎。然後還要有第二個基礎，就是瞭解應該如何善待眾生；對於眾生不要有排斥或者是貪取之心，平等觀待而攝受、親近一切有情。以這兩個**親近**處作為基礎，來實行其他三個安樂行法。】。

二、第 268 頁第 13 行：【具足了那兩個「**親近處**」，使你能夠在末法時代，如實而圓滿的演述《法華經》時，那麼你作這個夢，它就是如理作意的，完全符合邏輯去完成這個過程，就表示你那個晚上，在那短短的一場夢中，已經度了不少眾生了。】

正智出版社有限公司 敬啟

售後服務—換書啓事（免附回郵）　　2017/12/05

《楞伽經詳解》第三輯初版免費調換新書啓事：茲因 平實導師弘法早期尚未回復往世全部證量，有些法義接受他人的說法，寫書當時並未察覺而有二處（同一種法義）跟著誤說，如今發現已將之修正。茲爲顧及讀者權益，已開始免費調換新書；敬請所有讀者將以前所購第三輯（不論第幾刷），攜回或寄回本公司免費換新；郵寄者之回郵由本公司負擔，不需寄來郵票。因此而造成讀者閱讀、以及換書的不便，在此向所有讀者致上萬分的歉意，祈請讀者大眾見諒！

《楞嚴經講記》第 14 輯初版首刷本免費調換新書啓事：本講記第 14 輯出版前因 平實導師諸事繁忙，未將之重新閱讀而只改正校對時發現的錯別字，故未能發覺十年前所說法義有部分錯誤，於第 15 輯付印前重閱時才發覺第 14 輯中有部分錯誤尚未改正。今已重新審閱修改並已重印完成，煩請所有讀者將以前所購第 14 輯初版首刷本，寄回本公司免費換新（初版二刷本無錯誤），本公司將於寄回新書時同時附上您寄書來換新時的郵資，並在此向所有讀者致上最誠懇的歉意。

《心經密意》初版書免費調換二版新書啓事：本書係演講錄音整理成書，講時因時間所限，省略部分段落未講。後於再版時補寫增加 13 頁，維持原價流通之。茲爲顧及初版讀者權益，自 2003/9/30 開始免費調換新書，原有初版一刷、二刷書籍，皆可寄來本公司換書。

《宗門法眼》已經增寫改版爲 464 頁新書，2008 年 6 月中旬出版。讀者原有初版之第一刷、第二刷書本，都可以寄回本公司免費調換改版新書。改版後之公案及錯悟事例維持不變，但將內容加以增說，較改版前更具有廣度與深度，將更能助益讀者參究實相。

換書者**免附回郵**，亦無截止期限；舊書請寄：111 台北郵政 73-151 號信箱 或 103 台北市承德路三段 267 號 10 樓 正智出版社有限公司。舊書若有塗鴨、殘缺、破損者，仍可換取新書；但缺頁之舊書至少應仍有五分之三頁數，方可換書。所有讀者不必顧念本公司是否有盈餘之問題，都請踴躍寄來換書；本公司成立之目的不是營利，只要能眞實利益學人，即已達到成立及運作之目的。若以郵寄方式換書者，免附回郵；並於寄回新書時，由本公司附上您寄來書籍時耗用的郵資。造成您不便之處，再次致上萬分的歉意。

正智出版社有限公司 啓

國家圖書館出版品預行編目資料

優婆塞戒經講記／平實導師講述. —初版—
臺北市：正智，2005—　〔民94—　〕
冊；　公分

ISBN 978-986-81358-2-6（第1輯：平裝）
ISBN 978-986-81358-3-3（第2輯：平裝）
ISBN 978-986-81358-5-7（第3輯：平裝）
ISBN 978-986-81358-7-1（第4輯：平裝）
ISBN 978-986-82992-0-7（第5輯：平裝）
ISBN 978-986-82992-3-8（第6輯：平裝）
ISBN 978-986-82992-6-9（第7輯：平裝）
ISBN 978-986-82992-8-3（第8輯：平裝）

1.律藏

223.1　　94024925

優婆塞戒經講記——第五輯

著 述 者：平實導師
音文轉換：正覺同修會編譯組
校　　對：章乃鈞 陳介源 白志偉 李嘉因
出 版 者：正智出版社有限公司
電話：〇二 28327495 28316727（白天）
傳眞：〇二 28344822
111台北郵政73-151號信箱
郵政劃撥帳號：一九〇六八二四一
正覺講堂：總機〇二 25957295（夜間）
總 經 銷：飛鴻國際行銷股份有限公司
電話：〇二 82186688（五線代表號）
傳眞：〇二 82186458 82186459
231新北市新店區中正路501-9號2樓
初版首刷：公元二〇〇六年十二月底 二千冊
初版六刷：公元二〇一九年三月 二千冊
定　　價：二五〇元